勁草法律実務シリーズ

民事証拠収集
相談から執行まで

民事証拠収集実務研究会［編］

勁草書房

発刊にあたって

　民事証拠収集実務研究会は、東京弁護士会民事訴訟問題等特別委員会の有志によって構成された研究会である。同委員会は、日頃、民事訴訟を中心とする民事手続全般に関し、制度に関する調査・研究を行うとともに、東京地方裁判所及び東京家庭裁判所との手続の運用改善に関する協議、シンポジウムの開催などを通じて、会員への情報提供、民事手続法に関する制度の立法及び運用改善の提言のとりまとめを行うことを目的として設置された委員会である。

　同委員会の委員の間から、証拠収集の実務の解説書は数多あるものの、弁護士が相談を受けて交渉を開始し、訴訟等の法的手続の準備を行う段階、提起後の手続係属中の段階、強制執行段階の順を追って、どの段階で、どのような証拠収集方法が利用可能かを体系的に整理した実務書は意外にも存在しないのではないかという問題提起があったことが本研究会結成の切っ掛けとなった。

　民事訴訟法や周辺的な制度にちりばめられている証拠収集に関する制度が、どのような場面で使われ、かつ、有用なのかは、使い慣れている弁護士にとっては、当たり前のことであっても、若手、ベテランを問わず、制度は知っていても、使ったことがないという弁護士も少なからずいることは事実であり、今更聞けない状態になっていると思われる。

　当研究会では、各証拠収集制度が、どのような場面で使えるか、利用するのが適切かを体系的に示すことは、十分に意義がある試みであると捉え、制度の趣旨と要件を整理するにあたって、手続進行の時系列にそって、解説を施す方針を採用することとしたものである。手続の流れに沿って証拠収集手段を概観する意味合いを込めて、副題に「**相談から執行まで**」を付した。

　訴訟は、法廷を舞台とした戦いである。自陣に有利な武器（証拠）を確保し、戦略的に、その効果を最大限に発揮して勝訴に結びつけられるような利用方法を模索することになる。逆に、必ずしも勝算ありとはいいきれないときには、相手に気づかれないように証拠を収集し、依頼者に不利な事実が判明すれば、相手とは一戦交えない方法をとったり、早期に和解の可能性を探ったりすることも、弁護士としては、必要な戦略である。

メリットとデメリットを具体的にわかりやすく解説することに意を用いた。具体的なイメージを持ちやすいように、制度利用上の注意点や失敗談なども加えて、可能な限り、事件の種別ごとにどのような証拠が有益かも具体的に盛り込んでみた。

われわれの試みが幾ばくかでも功を奏し、広く弁護士諸氏に活用されれば幸いである。

平成31年2月

編集代表　弁護士　山﨑雄一郎

大目次

第1編　相談から交渉段階でできる証拠収集

第1章　弁護士法23条の2に基づく照会制度——いわゆる「23条照会」 …… 2

第2章　職務上請求 …… 36

第3章　固定資産評価証明書の交付申請 …… 56

第4章　行政文書の公開 …… 63

第5章　私的鑑定 …… 72

第6章　依頼者が持参した資料の取扱い …… 84

第7章　その他調査 …… 98

第2編　訴訟提起を見据えた提訴前に可能な証拠収集

第1章　訴えの提起前における照会 …… 104

第2章　訴えの提起前における証拠収集の処分 …… 113

第3章　証拠保全 …… 121

第4章　送達場所の調査 …………………………………… 138

第3編　訴訟係属中にできる証拠収集

第1章　当事者照会 ……………………………………………… 144

第2章　調査嘱託 ………………………………………………… 152

第3章　文書送付嘱託 …………………………………………… 173

第4章　鑑定 ……………………………………………………… 195

第5章　専門委員 ………………………………………………… 213

第6章　検証 ……………………………………………………… 222

第7章　文書提出命令 …………………………………………… 234

第4編　判決を得た段階（確定前と確定後）にできる証拠収集──執行を見据えて

第1章　強制執行準備 …………………………………………… 260

第2章　財産開示手続 …………………………………………… 263

細目次

第1編　相談から交渉段階でできる証拠収集

第1章　弁護士法23条の2に基づく照会制度
　　　　——いわゆる「23条照会」…………2

1　概説 …………2

(1)　制度趣旨 …………2
(2)　二段階構造 …………2
(3)　照会に対する報告義務 …………2
(4)　個人情報保護法との関係 …………3

2　照会の要件（制度利用の要件） …………5

(1)　照会申出人 …………5
(2)　事件を受任していること …………5
(3)　照会先 …………6
(4)　照会を求める事項 …………8
(5)　照会を求める理由の開示 …………9
(6)　費用（手数料） …………10
(7)　弁護士会による照会申出の審査 …………11
(8)　弁護士会が照会申出を拒否した場合の対応 …………11
(9)　照会先からの回答 …………13
(10)　目的外使用の禁止——最も気を遣うべきことである！ …14

3　活用 …………15

(1)　金融機関 …………15

（A）相続預貯金の有無・残高及び入出金履歴の照会…………15
　　（B）第三者名義（依頼者及び被相続人以外の名義）の
　　　　 預貯金の有無、残高照会………………………………………15
　　　（a）保全・執行準備の場合……………………………………16
　　　（b）離婚事案における財産分与請求の場合………………16
（2）保険・共済契約の有無・内容……………………………………17
　　（A）生命保険……………………………………………………17
　　（B）損害保険……………………………………………………17
　　（C）共済契約……………………………………………………17
（3）通信会社……………………………………………………………18
　　（A）郵便…………………………………………………………18
　　（B）電話番号の利用者の住所・銀行口座等…………………19
　　　（a）固定電話──子番号の照会………………………………19
　　　（b）携帯電話──契約会社の確認……………………………19
　　　（c）携帯電話のメールアドレスからの電話番号照会………20
　　　（d）プロバイダー契約の発信者情報…………………………20
　　　（e）アカウント情報……………………………………………21
　　　（f）LINE…………………………………………………………21
（4）ライフライン（電気・ガス・水道）各社………………………21
（5）服役場所……………………………………………………………22
（6）飲食店の営業主体調査……………………………………………22
（7）診療報酬債権者の調査……………………………………………22
（8）海外在留邦人の所在調査…………………………………………23
（9）外国人の所在調査…………………………………………………24
（10）捜査機関への照会──主に交通事件について…………………24
（11）戸籍の届出（婚姻届・離婚届・養子縁組届）の照会…………26
（12）印鑑証明書に関する照会…………………………………………26
（13）不動産登記簿・商業登記簿の附属書類の照会…………………27
（14）供託に関する書類の照会…………………………………………27
（15）遺言などの公正証書の有無・内容照会…………………………28

- (16) 税務関係の照会 ……………………………………………28
  - （A）所得税、相続税、住民税、固定資産税などの照会 …………28
  - （B）土地名寄帳、家屋名寄帳に登録されている不動産照会 ……28
- (17) 自動車等に関する照会 ……………………………………29
  - （A）自動車の登録事項等証明書記載事項の照会 …………29
  - （B）軽二輪（排気量250CC以下のオートバイ）……………29
  - （C）軽自動車の登録事項照会の場合 …………………………29
  - （D）原動機付自転車の場合 ……………………………………29

4 照会先の回答拒否と不法行為責任 ……………………30

- (1) 依頼者ないし照会申出弁護士が原告の場合 ………………30
- (2) 弁護士会が原告の場合 ……………………………………31

5 当該制度のメリット・デメリット …………………………32

- (1) メリット ……………………………………………………32
  - （A）密行性 ………………………………………………………32
  - （B）柔軟な利用方法 ……………………………………………32
- (2) デメリット …………………………………………………33
  - （A）費用 …………………………………………………………33
  - （B）時間 …………………………………………………………33
  - （C）回答拒否 ……………………………………………………33

6 実務上の工夫――失敗談、NG対応 ……………………34

- (1) 照会先の選択自体も慎重に …………………………………34
- (2) 照会理由の「過剰」記載はしないこと ……………………34

7 まとめ ……………………………………………………35

第2章　職務上請求 ……………………………………36

1　概説 ………………………………………………………36
(1)　職務上請求とは ………………………………………36
(2)　制度趣旨 ………………………………………………36

2　交付請求できるもの …………………………………37
(1)　戸籍法に基づき交付請求できるもの ………………37
　(A)　戸籍謄本（戸籍全部事項証明書）・
　　　戸籍抄本（戸籍個人事項証明書） ………………37
　(B)　除籍謄本（除籍全部事項証明書）・
　　　除籍抄本（除籍個人事項証明書） ………………37
　(C)　改製原戸籍謄本・改製原戸籍抄本 ………………38
(2)　住民基本台帳法に基づき交付等請求できるもの …38
　(A)　住民票の写し ………………………………………38
　(B)　住民票記載事項証明書 ……………………………39
　(C)　戸籍の附票の写し …………………………………39
　(D)　住民票の除票の写し ………………………………39
　(E)　住民基本台帳の閲覧 ………………………………40

3　手続・要件 ………………………………………………40
(1)　請求の方法 ……………………………………………40
(2)　請求の要件 ……………………………………………40
(3)　記載事項（戸籍謄本等を請求する場合・A用紙）…42
　(A)　「裁判手続又は裁判外における民事上若しくは行政上の
　　　紛争処理の手続についての代理業務」（4項1号）…42
　(B)　「刑事事件の弁護人、少年保護事件の付添人、医療観察法
　　　3条の付添人、逃亡犯罪人引渡審査請求事件の補佐人、人
　　　身保護法14条2項の代理人、人事訴訟法13条2項及び3

項の訴訟代理人、民事訴訟法第35条第1項の特別代理人
　　　としての業務」(5項) ………………………………………43
　(C) (A)(B)以外で、受任している事件又は事務に関する業務
　　　(3項) ………………………………………………………43
(4) 記載事項(住民票の写し等を請求する場合・B用紙) ……44
(5) 記載事項(戸籍謄本等を請求する場合・C用紙) …………45
(6) 記載事項(住民票の写し等を請求する場合・D用紙) ……45
(7) 費用 ……………………………………………………………46
(8) 取得に要する期間 ……………………………………………46

4　活用 …………………………………………………………46

5　留意点 ………………………………………………………47

(1) 請求用紙の使い分け …………………………………………47
(2) 請求に係る者の氏名を書き間違えないように気をつける
　………………………………………………………………………47
(3) 役所は利用目的等の記載をきちんと見ている ……………47
(4) DV等支援措置の下での被害者の住民票の写し等の
　　取得 ……………………………………………………………48
(5) 郵送で請求する場合の留意点 ………………………………49
(6) 戸籍謄本等を遡って調査する場合 …………………………49
　　書式例1　戸籍謄本等送付依頼書 …………………………50
(7) 懲戒処分 ………………………………………………………50
(8) 法的制裁 ………………………………………………………50

6　メリット及びデメリット …………………………………51

(1) メリット ………………………………………………………51
(2) デメリット ……………………………………………………51
　　書式例2　戸籍等請求・A用紙 ……………………………52
　　書式例3　戸籍等請求・C用紙 ……………………………53

書式例4　住民票写し等請求・B用紙 …………………………… 54
　　書式例5　住民票写し等請求・D用紙 …………………………… 55

第3章　固定資産評価証明書の交付申請 …………… 56

1　概説 …………………………………………………………………… 56

(1) 固定資産評価証明書の交付申請とは ………………………………… 56
(2) 制度趣旨 ………………………………………………………………… 56

2　手続・要件 …………………………………………………………… 57

(1) 申請の方法 ……………………………………………………………… 57
(2) 申請の要件 ……………………………………………………………… 57
(3) 費用（手数料） ………………………………………………………… 58
(4) 取得に要する期間 ……………………………………………………… 58

3　活用 …………………………………………………………………… 59

4　留意点 ………………………………………………………………… 59

(1) 使用目的に注意 ………………………………………………………… 59
(2) 当該年度のものしか交付申請できない ……………………………… 59
(3) 定額小為替の利用 ……………………………………………………… 59

5　メリット及びデメリット …………………………………………… 60

(1) メリット ………………………………………………………………… 60
(2) デメリット ……………………………………………………………… 60
　　書式例6　固定資産評価証明書の交付申請書 …………………… 62

第4章　行政文書の公開……63

1　概説……63

2　手続（行政機関情報公開法に基づく情報公開請求）…63

(1) 申立て……63
- (A) 申立人……63
- (B) 相手方……64
- (C) 申立ての方式……64
- (D) 申立書の記載事項……64
- (E) 費用……65

(2) 開示拒絶事由……65
- (A) 不開示・開示請求の拒否……65
- (B) 不開示事由……66

(3) 開示義務・開示に要する期間……68

3　活用……68

(1) 開示対象となる情報……68
- (A) 開示対象となる情報……68
- (B) 開示対象外となる情報……69
- (C) 他の法令による開示との調整……69

(2) 時期……70

4　メリット及びデメリット……70

(1) メリット……70
(2) デメリット……70

5　工夫事例……71

第5章　私的鑑定 ·· 72

1　概説 ·· 72

2　手続・要件 ·· 72

3　活用 ·· 73

(1) DNA鑑定 ·· 73
（A）意義 ·· 73
（B）検査方法 ··· 73
（C）費用 ·· 73
（D）DNA鑑定を利用する際の留意点 ··· 73
　(a) DNA鑑定は100％確実な検査方法ではない ····················· 73
　(b) DNA鑑定と嫡出推定 ·· 74
　(c) 鑑定業者の選定 ··· 74

(2) 筆跡鑑定 ·· 75
（A）意義 ·· 75
（B）検査方法 ··· 75
（C）費用 ·· 76
（D）簡易の検査 ··· 76
（E）筆跡鑑定を利用する際の留意点 ··· 76
　(a) 筆跡鑑定の裁判実務における位置付け ··························· 76
　(b) 筆跡鑑定の精度を上げるために留意すべき事項 ··········· 77

(3) 賃料増減額請求の相当賃料の算定のための私的鑑定 ········· 78
（A）意義 ·· 78
（B）算定方法 ··· 78
（C）費用 ·· 78
（D）留意点 ·· 79

(4) 建築紛争における私的鑑定 ·· 79

（A）意義 ·· 79
　　（B）費用 ·· 80
　　（C）調査報告書の作成における留意点 ············ 80
（5）医療過誤事件における私的鑑定 ···················· 80
　　（A）意義 ·· 80
　　（B）費用 ·· 80
　　（C）意見書の作成における留意点 ·················· 80

4　留意点 ·· 81

（1）私的鑑定を利用するメリット及びデメリット ········ 81
　　（A）メリット ·· 81
　　（B）デメリット ·· 82
（2）民事訴訟法上の鑑定との違い
　　（私的鑑定書の証明力を高める心がけを） ············ 82
（3）専門家との対応 ·· 83

第6章　依頼者が持参した資料の取扱い ···· 84

1　概説 ·· 84

2　信用性の確認──原典にあたる ············ 84

3　取得方法の確認 ································ 85

（1）使用者・用途（目的）が制限されている場合 ······ 85
（2）違法収集証拠 ·· 85
　　（A）違法収集証拠の証拠能力 ························ 85
　　（B）参照裁判例 ·· 87
　　　　(a)　証拠能力肯定 ··································· 87

(b) 証拠能力限定肯定 …………………………………………… 90
　　　(c) 証拠能力否定 ………………………………………………… 90
　(3) 裁判例の考察 ……………………………………………………… 92

4　調査会社の調査結果の取扱い …………………………………… 93

(1) 違法収集証拠 ………………………………………………………… 93
(2) 興信所と依頼人との契約上の利用制限 ………………………… 94
(3) 興信所による調査の費用は「損害」たりうるか ……………… 94

5　刑事事件記録の取扱い …………………………………………… 95

(1) 起訴されて判決確定している場合、若しくは未終結で
　　あっても記録取得者が当該被告事件の被害者等である場合
　　………………………………………………………………………… 96
(2) 不起訴事件や刑事被告事件の終結前の場合 …………………… 96
(3) 補：刑事事件の記録と弁護士 …………………………………… 97

第7章　その他調査 …………………………………………………… 98

1　反社会的勢力に関する調査 ……………………………………… 98

(1) はじめに ……………………………………………………………… 98
(2) 暴追センターへの照会 …………………………………………… 98
(3) 弁護士会照会による照会 ………………………………………… 99
(4) 公共工事からの排除措置等 ……………………………………… 100
(5) 反社であることが明らかになった場合の対応 ………………… 100
　（A）取引拒否、解除通知の方法 …………………………………… 100
　（B）立証 ……………………………………………………………… 101

2　特許、実用新案、意匠、商標の調査 …………………………… 101

第2編　訴訟提起を見据えた提訴前に可能な証拠収集

第1章　訴えの提起前における照会 …………………104

1　制度の意義・概要 ……………………………………104

2　手続・要件 ……………………………………………104

(1) 概要 ……………………………………………………104
(2) 予告通知の方法 ………………………………………105
(3) 予告通知の記載事項 …………………………………105
　書式例7　予告通知 ……………………………………106
(4) 照会の書面の記載事項 ………………………………107

3　被予告通知者による回答 ……………………………108

(1) 手続・要件 ……………………………………………108
(2) 照会事項に対する回答の記載方法 …………………108
(3) 照会事由に対する拒否回答をするときの手続・要件 ……108

4　実務上の留意点 ………………………………………109

(1) 手続選択の検討 ………………………………………109
(2) 照会できる事項 ………………………………………110
(3) 照会者の留意点 ………………………………………110
(4) 被照会者の留意点 ……………………………………111

第2章　訴えの提起前における証拠収集の処分 …113

1　概要 ……………………………………………………113

(1) 制度趣旨 ………………………………………………113

(2) 意義 …………………………………………………………113

2　手続・要件 ………………………………………………………114

　(1) 申立て …………………………………………………………114
　(2) 要件 ……………………………………………………………114
　　(A) ②当該予告通知に係る訴えが提起された場合の立証に
　　　　必要であることが明らかな証拠となるべきものであること
　　　　（民事訴訟法132条の4第1項）………………………………114
　　(B) ③申立人が自ら収集することが困難であると思われる
　　　　とき（民事訴訟法132条の4第1項）……………………………115
　　(C) ④その収集に要すべき時間又は嘱託を受けるべき者の
　　　　負担が不相当なものとなることその他の事情により、
　　　　相当でないと認められる場合でないこと
　　　　（民事訴訟法132条の4第1項ただし書）………………………116
　(3) 手続 ……………………………………………………………116
　(4) 管轄裁判所 ……………………………………………………116
　(5) 処分の効果 ……………………………………………………117

3　活用 ………………………………………………………………117

　(1) 総論──実務における活用の程度 …………………………117
　(2) 活用例 …………………………………………………………119

第3章　証拠保全 ……………………………………………………121

1　概説（制度趣旨）…………………………………………………121

2　手続・要件 ………………………………………………………122

　(1) 申立て …………………………………………………………122
　(2) 申立書の記載事項 ……………………………………………122

(A)　①相手方（民事訴訟規則153条2項1号） ……………122
　　　(B)　②証明すべき事実（民事訴訟規則153条2項2号）…………123
　　　(C)　③証拠（民事訴訟規則153条2項3号） ………………123
　　　(D)　④証拠保全の事由（民事訴訟規則153条2項4号） ………123
　　(3)　要件（証拠保全の事由） ………………………………………123
　　(4)　管轄裁判所 ……………………………………………………124
　　(5)　不服申立て ……………………………………………………125
　　(6)　手続 ……………………………………………………………125
　　(7)　証拠保全の記録の送付（民事訴訟規則154条） ……………125
　　(8)　証拠保全の証拠調べの結果の援用 …………………………126
　　(9)　民事訴訟法240条違反の証拠調べの効果 …………………126
　　(10)　証拠保全の費用（民事訴訟法241条） ………………………126

3　証拠保全の疎明の程度 ……………………………………………127

　　(1)　改ざんのおそれの疎明の程度 ………………………………127
　　(2)　廃棄のおそれの疎明の程度 …………………………………127

4　証拠保全申立以降のスケジュール ………………………………128

　　(1)　面接 ……………………………………………………………128
　　(2)　証拠調べの実施 ………………………………………………129

5　活用例1──客観的資料 …………………………………………129

　　(1)　医療事件 ………………………………………………………129
　　　(A)　活用場面 ……………………………………………………129
　　　(B)　記載例 ………………………………………………………129
　　　　書式例8　申立書（医療関係） ………………………………129
　　　(C)　相手方病院が法人である場合の送達先 …………………132
　　　(D)　電子カルテの検証における注意点 ………………………132
　　(2)　労働事件 ………………………………………………………133
　　(3)　金融商品取引事件 ……………………………………………133

書式例9　申立書・検証物目録 ································· 133

6　活用例2——証拠保全における証人尋問 ················ 136
(1)　活用場面 ··· 136
(2)　申立書の記載例 ·· 136

第4章　送達場所の調査 ································· 138

1　住所等送達場所の調査を求められる場合 ················ 138
(1)　送達の不奏功 ·· 138
(2)　全戸不在の場合 ·· 138
(3)　当該住所に居住していない場合 ······················· 139

2　調査方法 ··· 139
(1)　住民票等の取得 ·· 139
(2)　現地の調査方法 ·· 140
(3)　報告書の作成 ·· 140

3　調査にあたっての注意事項 ···························· 141

4　調査の結果を報告した後の対応 ······················· 141

第3編　訴訟係属中にできる証拠収集

第1章　当事者照会 ···································· 144

1　概説 ·· 144
(1)　概要 ·· 144
(2)　立法趣旨 ··· 144

2　手続・要件 …………………………………………………………145

(1) 申立て ………………………………………………………………145
　(A) 相手方 …………………………………………………………145
　(B) 申立ての方式 …………………………………………………145
　(C) 申立書の記載事項 ……………………………………………145
　　書式例10　当事者照会 …………………………………………146
　(D) 費用 ……………………………………………………………147
(2) 回答拒絶事由 ………………………………………………………147
(3) 回答義務 ……………………………………………………………148

3　活用 ……………………………………………………………………149

(1) 対象事項 ……………………………………………………………149
(2) 求釈明の対象との相違 ……………………………………………149
(3) 時期 …………………………………………………………………150

4　メリット及びデメリット …………………………………………150

(1) メリット ……………………………………………………………150
(2) デメリット …………………………………………………………150

5　工夫事例 ………………………………………………………………151

第2章　調査嘱託 ………………………………………………………152

1　概説 ……………………………………………………………………152

(1) 概要 …………………………………………………………………152
(2) 立法趣旨 ……………………………………………………………153

2　手続・要件 …………………………………………………………153

(1) 調査の開始 ……………………………………………………… 153
　　　（A）申立ての方式 ………………………………………………… 153
　　　（B）副本の取扱い ………………………………………………… 154
　　　（C）費用 …………………………………………………………… 154
　　　（D）嘱託先 ………………………………………………………… 155
　　　（E）申立書の記載事項 …………………………………………… 155
　　　　　書式例11　調査嘱託申立書 ………………………………… 157
　　(2) 証拠決定 ………………………………………………………… 158
　　(3) 嘱託及び調査報告 ……………………………………………… 158
　　(4) 調査結果の証拠化 ……………………………………………… 159

3　活用 …………………………………………………………………… 160
　　(1) 個々の事案に応じた様々な活用例 …………………………… 160
　　(2) 気象条件に関する調査嘱託 …………………………………… 163
　　(3) 目撃者の特定のための情報の提供 …………………………… 164
　　(4) 家事調停・審判等における活用 ……………………………… 165
　　(5) DV等支援措置が実施されている場合の調査嘱託 ………… 165

4　留意点 ………………………………………………………………… 166
　　(1) 個人情報・プライバシーの保護 ……………………………… 166
　　(2) 調査嘱託か文書送付嘱託か …………………………………… 167
　　(3) 調査嘱託に応じる公法上の義務と不法行為の成否 ……… 168
　　　（A）調査嘱託に応じる義務の有無 ……………………………… 168
　　　（B）義務違反の場合における不法行為の成否 ………………… 168
　　(4) 調査嘱託の目的・必要性の記載 ……………………………… 169
　　(5) 手持ち資料がある場合の調査嘱託のタイミング ………… 170

5　メリット及びデメリット ………………………………………… 170
　　(1) メリット ………………………………………………………… 170
　　(2) デメリット ……………………………………………………… 170

(3) 補：調査嘱託に類似する制度 ……………………………………… 171

第3章　文書送付嘱託 …………………………………………………… 173

1　概説 …………………………………………………………………… 173

2　手続・要件 …………………………………………………………… 174

(1) 申立て ………………………………………………………………… 174
　(A) 申立ての方式 …………………………………………………… 174
　(B) 副本の取扱い …………………………………………………… 174
　(C) 費用 ……………………………………………………………… 174
　(D) 申立書の記載事項 ……………………………………………… 175
　　書式例12　文書送付嘱託申立書 ………………………………… 176
　(E) 証拠提示の申出 ………………………………………………… 177
　　書式例13　記録提示申出書 ……………………………………… 178
(2) 証拠決定 ……………………………………………………………… 179
(3) 嘱託先への嘱託 ……………………………………………………… 180
(4) 嘱託先から裁判所への文書の送付 ………………………………… 180
(5) 謄写及び書証としての提出 ………………………………………… 181

3　活用 …………………………………………………………………… 182

(1) 争点の明確化（事件の基礎固め）又は
　　争点の判断に必要な文書の送付 …………………………………… 182
(2) 不動産登記関係書類の文書送付嘱託 ……………………………… 183
(3) 送付文書全体の検討による新たな事実の判明 …………………… 183
(4) 刑事記録の取寄せ …………………………………………………… 184
　(A) 不起訴事件記録中の客観的証拠 ……………………………… 184
　(B) 不起訴事件記録中の供述調書 ………………………………… 184
　　書式例14　検察庁に捜査関係書類の送付を求める場合 ……… 185

（C）起訴後の刑事記録 …………………………………… 187
　　（D）裁判確定後の刑事記録 ………………………………… 187
　（5）医療記録の取寄せ …………………………………………… 187
　（6）その他の場合のモデル書式 ………………………………… 188
　　（A）銀行に取引履歴の送付を求める場合 ………………… 188
　　　書式例 15　銀行に取引履歴の送付を求める場合 ……… 188
　　（B）ゆうちょ銀行に取引履歴の送付を求める場合 ……… 189
　　　書式例 16　ゆうちょ銀行に取引履歴の送付を求める場合 … 189
　　（C）税務署に税務申告書等の送付を求める場合 ………… 190
　　　書式例 17　税務署に税務申告書等の送付を求める場合 … 190

4　留意点 …………………………………………………………… 191

（1）文書送付嘱託と調査嘱託のいずれを申し立てるか
　　迷った場合 ……………………………………………………… 191
（2）閲覧・謄写の制限等の可能性 ……………………………… 191
（3）個人情報・プライバシーの保護への配慮 ………………… 192

5　メリット及びデメリット …………………………………… 192

（1）メリット ……………………………………………………… 192
（2）デメリット …………………………………………………… 193
　　（A）送付を拒絶されるリスク ……………………………… 193
　　（B）制裁規定がないこと …………………………………… 193
　　（C）23 条照会との差異 ……………………………………… 194

6　失敗談 …………………………………………………………… 194

第 4 章　鑑定 ……………………………………………………… 195

1　概説 ……………………………………………………………… 195

(1)　鑑定とは ……………………………………………………195
　(2)　鑑定の対象 …………………………………………………195
2　手続・要件 ………………………………………………………196
　(1)　鑑定の申出 …………………………………………………196
　(2)　鑑定事項の決定 ……………………………………………196
　(3)　鑑定費用の予納 ……………………………………………197
　(4)　鑑定の結果 …………………………………………………197
　　　書式例18　鑑定申出書 ……………………………………198
3　鑑定の種類 ………………………………………………………198
　(1)　アンケート方式による鑑定 ………………………………199
　(2)　カンファレンス鑑定 ………………………………………199
　(3)　複数鑑定 ……………………………………………………199
4　鑑定嘱託 …………………………………………………………200
　(1)　鑑定嘱託 ……………………………………………………200
　(2)　調査嘱託との差異 …………………………………………201
5　活用方法 …………………………………………………………201
　(1)　医療事件と鑑定 ……………………………………………201
　　（A）　医療事件と鑑定 …………………………………………201
　　（B）　カンファレンス鑑定の実施 ……………………………201
　(2)　建築事件と鑑定 ……………………………………………202
　(3)　不動産・賃料価格と鑑定 …………………………………203
　(4)　筆跡鑑定 ……………………………………………………204
　(5)　親子、親族関係事件 ………………………………………204
　(6)　意思能力が問題となる事件 ………………………………205
　(7)　成年後見と鑑定 ……………………………………………206

6　実務上の注意点 ……………………………………………… 206
(1)　鑑定事項の整理 ………………………………………… 206
(2)　鑑定資料の確認及び鑑定人とのやりとり ……………… 207
(3)　鑑定結果と私的鑑定書の証拠価値 ……………………… 207
(4)　鑑定結果の批判的検討の必要性 ………………………… 208
(5)　鑑定費用 ………………………………………………… 209

7　実際の鑑定費用 ………………………………………………… 210
(1)　医療事件での鑑定 ……………………………………… 210
(2)　不動産価格鑑定 ………………………………………… 210
(3)　筆跡鑑定 ………………………………………………… 211
(4)　DNA鑑定 ………………………………………………… 211
(5)　株価と鑑定 ……………………………………………… 211
(6)　後見申立と鑑定 ………………………………………… 212

第5章　専門委員 ………………………………………………… 213

1　概説 ……………………………………………………………… 213

2　専門委員の関与 ………………………………………………… 214
(1)　関与決定の手続・要件 ………………………………… 214
　(A)　争点若しくは証拠の整理又は訴訟手続の進行に関し
　　　必要な事項の協議をする場合（民事訴訟法92条の2第1項）
　　　………………………………………………………… 214
　(B)　証拠調べの場合（民事訴訟法92条の2第2項） ……… 214
　(C)　和解の場合（民事訴訟法92条の2第3項） …………… 215
(2)　関与決定の方法 ………………………………………… 215
(3)　人数 ……………………………………………………… 215

（4）関与の態様 ……………………………………………………216
　（A）争点若しくは証拠の整理又は訴訟手続の進行に関し
　　　必要な事項の協議をする場合（民事訴訟法92条の2第1項）
　　　………………………………………………………………216
　（B）証拠調べの場合（民事訴訟法92条の2第2項）…………216
　（C）和解の場合（民事訴訟法92条の2第3項）………………217
（5）関与決定の取消し ……………………………………………217

3　活用方法 …………………………………………………………217

（1）活用が考えられる訴訟類型 …………………………………217
　（A）医療訴訟 ……………………………………………………217
　（B）建築関係訴訟 ………………………………………………218
　（C）知的財産権関係訴訟 ………………………………………218
　（D）ソフト開発・プログラミング等のコンピュータ関係訴訟…218
　（E）賃料増減額請求訴訟 ………………………………………218
　（F）不動産明渡請求訴訟 ………………………………………218
　（G）製造物責任訴訟 ……………………………………………219
（2）運用上の工夫 …………………………………………………219

4　留意点 ……………………………………………………………219

5　メリット及びデメリット ……………………………………220

（1）メリット ………………………………………………………220
（2）デメリット ……………………………………………………220

第6章　検証 ……………………………………………………………222

1　概説 ………………………………………………………………222

（1）検証とは ………………………………………………………222

（2）検証の対象 …………………………………………………… 222
２　手続・要件 …………………………………………………………… 223
　（1）検証の申出 …………………………………………………… 223
　　書式例19　検証申出書 ………………………………………… 223
　（2）検証の目的の提示 …………………………………………… 224
　　（Ａ）目的物を所持している場合 …………………………… 224
　　（Ｂ）検証物提示命令・検証受忍命令 ……………………… 225
　　（Ｃ）検証目的物の送付嘱託の申立て ……………………… 225
　　書式例20　検証物提示命令申立書 …………………………… 226
　（3）検証の実施 …………………………………………………… 226
　（4）検証協力義務違反への対応 ………………………………… 227
３　検証の活用例 ………………………………………………………… 227
　（1）不動産の検証 ………………………………………………… 227
　（2）動産の検証 …………………………………………………… 228
　（3）騒音、振動、悪臭の検証 …………………………………… 228
　（4）証拠保全における検証 ……………………………………… 228
４　検証の実施状況 ……………………………………………………… 228
５　検証に代わる手段 …………………………………………………… 229
　（1）準文書による証拠調べ ……………………………………… 229
　（2）進行協議期日、現地調停 …………………………………… 230
６　注意点 ………………………………………………………………… 230
　（1）事前準備 ……………………………………………………… 230
　　（Ａ）事前準備の必要性 ……………………………………… 230
　　（Ｂ）具体的な準備の内容 …………………………………… 231
　（2）検証調書への意識 …………………………………………… 231

（A）検証調書 ……………………………………………………… 231
　　（B）検証調書における指示説明 ………………………………… 232
　(3) 裁判官の交代 ……………………………………………………… 232
　(4) 検証のタイミング ………………………………………………… 233

第7章　文書提出命令 …………………………………………… 234

1　概説 ……………………………………………………………… 234

2　要件 ……………………………………………………………… 235

　(1) 申立権者 …………………………………………………………… 235
　(2) 申立ての時期 ……………………………………………………… 235
　(3) 申立ての方式 ……………………………………………………… 235
　(4) 文書の特定のための手続 ………………………………………… 235
　(5) 文書提出命令申立書の記載事項 ………………………………… 236
　　（A）①文書の表示 ………………………………………………… 236
　　（B）②文書の趣旨 ………………………………………………… 236
　　（C）③文書の所持者 ……………………………………………… 237
　　（D）④証明すべき事実 …………………………………………… 237
　　（E）⑤文書の提出義務の原因 …………………………………… 237
　　（F）文書提出命令によってする必要性 ………………………… 237
　(6) 個別提出義務と一般的提出義務 ………………………………… 238

3　審理 ……………………………………………………………… 239

　(1) 相手方の対応（意見聴取） ……………………………………… 239
　(2) 必要的第三者審尋 ………………………………………………… 239
　(3) 公務秘密文書 ……………………………………………………… 240
　(4) イン・カメラ手続 ………………………………………………… 240

4 裁判 ……………………………………………………… 240

(1) 申立却下決定 ……………………………………………… 240
(2) 提出命令 …………………………………………………… 241
(3) 裁判の告知方法 …………………………………………… 241

5 命令後の手続 …………………………………………… 241

(1) 提出の方法 ………………………………………………… 241
(2) 文書到着後の措置 ………………………………………… 241
(3) 提出命令に従わない場合の効果 ………………………… 242

6 活用 ……………………………………………………… 242

　　書式例21　文書提出命令申立書 ………………………… 243

第4編　判決を得た段階（確定前と確定後）にできる証拠収集——執行を見据えて

第1章　強制執行準備 ……………………………………… 260

1　23条照会による預金口座の照会 …………………… 260

(1)「債務名義」があっても…… ……………………………… 260
(2)「債務名義」の実効性確保 ………………………………… 261
　（A）「全店」照会へ ………………………………………… 261
　（B）「全店照会」により得られる回答事項 ……………… 261
　（C）ゆうちょ銀行の取扱い ……………………………… 262

第 2 章　財産開示手続 ……………………………………263

1　財産開示手続とは ……………………………………263

2　財産開示手続の要件（民事執行法 197 条 1 項・2 項） …263
（1）申立権者 ……………………………………………264
（2）実施決定 ……………………………………………264
　（A）実施決定の要件 ………………………………264
　（B）1 号要件に該当する場合 ……………………264
　（C）執行開始要件の具備が必要であること ……265
（3）疎明の程度、方法 ………………………………265
（4）管轄 …………………………………………………266
（5）再申立ての制限（3 項）…………………………266

3　申立てに要する費用等 ………………………………267

4　開始決定後の進行 ……………………………………267
（1）期日の指定及び財産目録の提出 ………………267
（2）期日の進行 ………………………………………267
（3）質問権（民事執行法 199 条 3 項・4 項）………268
　（A）執行裁判所の許可 ……………………………268
　（B）質問が可能な事項 ……………………………268
　（C）質問の内容（どのような形での質問ができるか）……268
　（D）事前の質問事項書の提出 ……………………269
　（E）期日における質問の方法 ……………………269
（4）開示義務者のプライバシー保護 ………………269
（5）不出頭の場合 ……………………………………270

5　不出頭等の制裁 ………………………………………270

6　制度運用状況及び民事執行法の改正 … 270
（1）制度運用の状況 … 270
（2）民事執行法の改正 … 271
　　書式例22　財産開示手続申立書 … 271
　　書式例23　質問事項書 … 273

判例索引 … 275
事項索引 … 280

第1編

相談から交渉段階でできる証拠収集

第1編　相談から交渉段階でできる証拠収集

第1章　弁護士法23条の2に基づく照会制度
——いわゆる「23条照会」

1　概説

(1) 制度趣旨

　弁護士法23条の2に基づく照会制度（いわゆる「弁護士会照会制度」「23条照会」。本書では「23条照会」と記載する）とは、弁護士が受任している事件について、所属の弁護士会を通じて、公務所や公私団体に照会をして、必要な事項の報告を求める制度である（弁護士法23条の2、弁護士法人につき準用、弁護士法30条の21）。

(2) 二段階構造

　23条照会は、弁護士「会」照会制度であるところ、個々の弁護士には所属の弁護士会に対して照会申出権があるにとどまる点が特徴である（二段階構造）。申出を受けた弁護士会が照会権を有しているのであって、弁護士会は、当該照会申出が相当でないと判断すると、当該照会については拒絶できる（照会申出を拒絶された場合についての仔細は後出）。

(3) 照会に対する報告義務

　弁護士法23条の2には「弁護士は、受任している事件について、所属弁護士会に対し、公務所又は公私の団体に照会して必要な事項の報告を求めること

第1章　弁護士法23条の2に基づく照会制度──いわゆる「23条照会」

を申し出ることができる」旨規定されており、照会を受けた公務所又は公私の団体は、当該照会により報告を求められた事項について、照会をした弁護士会に対して、法律上、報告する公的な義務を負う（大阪高判平成19年1月30日判時1962号78頁）とされる。

　ただし、いかなる場合にも照会先は回答を拒絶できないというものではなく、「正当な理由」がある場合、すなわち、照会に応じて報告することのもつ公共的利益にも優先して保護しなければならない法益が他に存する場合には報告を拒絶することができると解されている[1]。

　つまり、具体的利益衡量がなされるわけであるが、①当該照会事項における秘密の性質と法的保護の必要性の程度、②当該個人と係争当事者との関係や③報告を求める事項の争点としての重要性の程度、④他の方法によって容易に同様な情報を得られるか否かといった諸点を考慮要素として判断されるものである（日本弁護士連合会の23条照会の申出に対する審査基準のモデル案参照）。

　照会制度と対比される他方の利益・法益の例としては以下のものがある[2]。

・個人の名誉
・プライバシー
・公務員等の秘密保持義務
・捜査の密行性
・親書の秘密
・預金者の秘密保護
・円滑な職務執行

(4) 個人情報保護法との関係

　照会された事項が個人の情報であった場合、個人情報の保護に関する法律

---

1) 日本弁護士連合会調査室編著『条解弁護士法（第4版）』（弘文堂、2007）168〜169頁参照。23条照会は、「弁護士の受任事件を契機として、裁判における真実の発見と公正な判断に寄与するものであり、その意味で公益的性格を有する」ため照会先は回答義務を負うが、他方で、保護されるべき他の基本的人権や利益と衝突する場面も少なくない。その場合にどちらの保護を優先させるべきかという利益衡量が必要になってくるのである。
2) 日本弁護士連合会調査室編著・前掲注1) 168〜169頁。

（個人情報保護法）との関係において問題とされることがあるが、23条照会は弁護士が受任している事件につき、事案を解明し法的正義の実現に寄与するものであって公共的性格を有することから、個人情報保護法23条1項1号「法令に基づく場合」に該当し、目的外使用の禁止及び第三提供の禁止の例外となっているので、一般にその者の同意の有無にかかわらず回答義務を負うものと解されている（前掲大阪高判平成19年1月30日）。

この点、個人情報保護法施行当初は、各省庁作成のガイドラインや解説書において「法令」の範囲が必ずしも明確にされておらず、弁護士法23条の2が「法令」に含まれると明示されていないものが多かった。日本弁護士連合会が各団体と協議しガイドライン等において「法令」の例示として弁護士法23条の2を明記すべく働きかけを行った結果、現在は多くの団体において「法令」の例示として弁護士法23条の2を明記するガイドラインが増えている。

ところで、平成28年1月1日に設置された個人情報保護委員会が、個人情報保護法ガイドライン（通則編）」を公表するに至った。かかるガイドラインは、すべての事業者に対するものであるところ、同ガイドラインにおいて弁護士23条の2に基づく弁護士会照会に対応する場合は「法令に基づく場合」に当たると明記されており、すべての事業者に対して23条照会が「法令に基づく場合」に該当する旨を、当該ガイドラインをもって理解させうるようになった。

なお、個人情報保護法は、民間事業者における個人情報の取扱いを定めるものであるところ、国の機関については「行政機関の保有する個人情報の保護に関する法律」、独立行政法人等については「独立行政法人等の保有する個人情報の保護に関する法律」が適用されるが、これらの法律においても個人情報保護法と同様に、「法令に基づく場合」における保有個人情報の第三者提供が認められており、23条照会も「法令に基づく場合」に含まれるものと解され

---

3) 同委員会は、「行政手続における特定の個人を識別するための番号の利用等に関する法律」（マイナンバー法）に基づき設置された内閣府の下に置かれた委員会であり、内閣総理大臣の指揮命令を受けずに独自に権限を行使できる委員会である。個人情報保護法の全面施行日である平成29年5月30日以降、主務大臣による監督権限が廃止され、当該委員会が全面的に監督権限を有するようになった。

第1章　弁護士法23条の2に基づく照会制度——いわゆる「23条照会」

る。

　この点、総務省が「行政機関・独立行政法人等における個人情報の保護」に関する「よくある質問とその回答」[4]をホームページ上で公開しており、弁護士会からの照会が「法令に基づく場合」に該当することを周知している。

2　照会の要件（制度利用の要件）

　照会申出から回答受領までの流れは大まかに図示すると図表1のようになる。

(1) 照会申出人

　照会申出人は、当該弁護士会の会員のみである。準会員や業務停止の懲戒処分を受けて期間満了していない者はできない（弁護士としての業務を行うことのできる者のみに申出資格がある）。

(2) 事件を受任していること

　照会申出人が、「弁護士として受任している事件」、つまり弁護士法3条（同法3条は弁護士の職務範囲を規定）に定める「事件」を現に受任していることが必要である。

　照会申出人が、弁護士法3条に定める「事件」を現に受任していることが必要である。具体的には以下のとおりである。[5]

- ○　民事・刑事・家事・行政等の別を問わない。
- ○　訴訟事件に限らず、示談交渉・契約締結・法律相談・鑑定等でもかまわない。

---

[4] 質問「Q5-7　保護法は『法令に基づく場合』（第8条第1項）を利用目的以外の利用提供の原則禁止から除外していますが、これに該当する法律の例としてどのようなものがありますか」の項目において、「弁護士法第23条の2」が明記されている。
[5] 日本弁護士連合会作成の「審査基準規則モデル」第3条第2項参照。

> × 辞任・解任により委任関係が終了した後（依頼者死亡の場合も、訴訟事件の代理権は別として、受任事件はないことになる）
> × 当該弁護士が当事者本人になっている事件、民事調停委員・家事調停委員として行う事件や弁護士会・日本弁護士連合会・それらの各種委員会としての役員・委員、各種行政委員会、審査会の委員として行う事件
> × 純粋に資料のみの入手を依頼された場合

(3) 照会先

照会先は、公務所等の「団体」でなければならない。個人に対しては23条照会はなしえない（23条の2「公務所又は公私の団体」と限定列挙されている）。

あえて個人が除外されているのは、公務所又は公私の団体の報告は一般的に信用性が高いと認められることや、資料の保管や回答の手続等が一般的に整備されており、報告義務を課しても不合理ではないと考えることによると説明されている[6]。

実際の運用においては、純然たる個人以外は広く対象となると考えられており、弁護士・税理士・司法書士等の事務所や個人経営の病院・診療所、興信所、商店、大家業を営む個人事業主なども照会先として扱われていることが多い。一個の組織体として社会的機能を営んでいると認められる場合には、その報告に信用性が認められるとともに報告義務を課すことに社会的妥当性が認められるからである。

なお、受任事件の当事者以外の第三者であることを要するか（紛争の直接の相手方に対する照会は認められるか）という点が問題となる。

この点、消極説と積極説双方があるところ、各弁護士会における運用が異なっている可能性があるので、申出の際には所属弁護士会の運用につき確認するべきであろう[7]。

受任事件の直接の相手方の手中にある資料の収集に対しては、23条照会以

---

6) 日本弁護士連合会調査室編著・前掲注1) 163頁。
7) 日本弁護士連合会作成の「審査基準規則モデル」第2条参照。文献としては、飯畑正男『照会制度の実証的研究』（日本評論社、1984) 7頁など。

第1章　弁護士法23条の2に基づく照会制度——いわゆる「23条照会」

図表1　23条照会

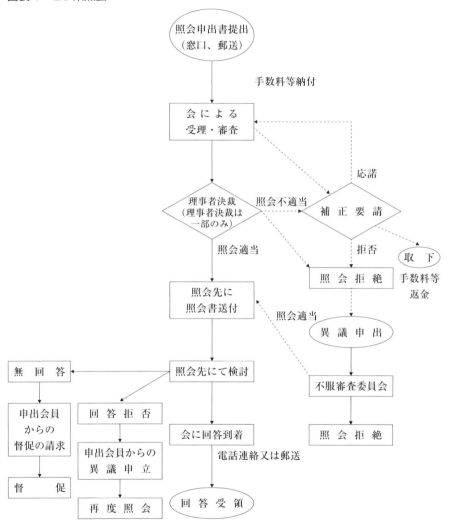

出典：東京弁護士会調査室編『弁護士会照会制度（第5版）』（商事法務、2016）8頁
※本図表は東京弁護士会における流れを示すもので、各単位会のそれは異なる場合があり、それぞれ確認する必要がある。

外の手段（当事者照会、文書提出命令、検証、証拠保全等）があることから、日本弁護士連合会の調査室などは消極的に解しているが[8]、東京弁護士会では、むしろ、当事者照会制度が新設されて以来（1996年民事訴訟法改正）、慎重な取扱いのうえで積極説に基づき運用している。

主な照会先具体例は以下のとおりである。

① 市区町
② 都道府県——公安委員会、保健所、医療関係、不動産関係ほか
③ 裁判所
④ 法務省・法務局
⑤ 入国管理局
⑥ 検察庁・警察
⑦ 経済産業省
⑧ 国土交通省・運輸局・軽自動車検査協会・海上保安部
⑨ 厚生労働省・労働基準局・労働基準監督署
⑩ ゆうちょ銀行・電信電話株式会社
⑪ 外務省
⑫ 大学・高等学校・中学校・小学校
⑬ 銀行・証券会社
⑭ 病院
⑮ その他

(4) 照会を求める事項

法文上は、受任している事件につき、「必要な事項」とのみ規定されており、特段の制限はない[9]。

---

8) 日本弁護士連合会調査室編著・前掲注1) 164頁。
9) 日本弁護士連合会作成「審査基準規則モデル」第4条では、照会を求める事項として、「①照会事項が照会先の所管事項でない場合であっても、照会先が資料を有していて、報告が可能であるとき等は、照会申出をすることができるものとする。②意見や判断を求める照会申出は、することができない。但し、照会先において容易に判断できる法律解釈、医学的意見等についての照会申出は、この限りではない。」と規定していることは参考になろう。

第1章　弁護士法23条の2に基づく照会制度——いわゆる「23条照会」

しかし、照会先に対して報告を求める事項であるところ、その事項について照会先が所管していること、取り扱ったこと、処理する権限又はその地位にあることのいずれかが必要である[10]。

報告事項は、事実に限らず意見を求めることも可能である。

たとえば、新法令や先例のない登記実務取扱いについて、行政庁の公権的解釈を求める場合がある。ただし、照会先の報告義務は手元の資料の限度で報告書が作成できる範囲内で認められるものであるから、膨大な資料の検討が必要であったり、あらめて研究が必要となるような事項の照会は許されない。

また、写し・コピー等の送付を求めることも報告の一態様として可能と考えられる。

何よりも、回答してもらえるように工夫して照会事項を記載する必要がある。

照会先には先に述べた回答義務はあるが回答せずとも罰則はない。照会を受ける側に立って丁寧な記載を心がけなければならない。

具体的な照会を求める事項の具体的記載例については、複数の弁護士会で「手引き」[11]を出版しているのでぜひ活用すべきである。かかる手引書は、これまで蓄積されてきたノウハウ・注意点が集約されているので、23条照会を行う際は必ず参照すべきといっても過言ではない。

(5) 照会を求める理由の開示

弁護士会が会員からの照会申出の必要性・相当性を検討し適切な判断を行うため、そして照会先でも報告することによる公共的利益と保護されるべき利益/法益とを具体的に衡量するためにも、照会申出の際には、照会により照会先から一定の報告を受ける必要性を具体的に開示しなければならない。

単に、「訴訟資料にするため」「受任事件の調査のため」「事件の処理に必要」といった抽象的な記載では足りない。その具体的内容が理解できないからであ

---

10) 日本弁護士連合会調査室編著・前掲注1) 165頁。
11) 東京弁護士会では、東京弁護士会調査室編『弁護士会照会制度（第5版）』（商事法務、2016）を出版している。なお、佐藤三郎ほか編『弁護士会照会ハンドブック』（きんざい、2018）も参考になる。

第1編　相談から交渉段階でできる証拠収集

る。[12)]

　どの程度具体的な記載が要求されるかは受任事件や照会事項により一概には示すことはできないが、照会事項と関連する受任事件の争点、要証事実、照会事項によって証明しようとする事実とその関係を明記するべきである。

　特に、照会先は必ずしも法律実務に精通しているわけではないので、法律に詳しくない者でも一見して照会を必要とする理由と照会事項との関連性がわかるよう丁寧な表記が求められる。

　照会を求める理由を弁護士会に開示することは、弁護士の守秘義務との関係で問題となるが、受任事件の開示と同様に弁護士会の審査のために必要な限度でなされる場合には、「正当な理由がある」として守秘義務違反にはならないと解されている。

(6) 費用（手数料）

　弁護士会によって異なるが、各弁護士会ではその会則等によって23条照会申出につき手数料納付義務を定めている。申出1件につき数千円かかる。[13)]

　なお、国選事件及び法律扶助事件に関する申出手数料に関しては免除するとの会則を設けている弁護士会もあるので、申出の際には要確認である。[14)]

　「件数」の取り扱いについてはよく問題になる。何件とカウントするかによって費用の金額に影響するからである。

　「1件の照会」とは1つの受任事件に基づく1つの照会先であり、同一の受任事件であっても照会先が複数であれば照会先ごとに申出を行う必要がある。異なる受任事件の照会であれば受任事件ごとに申出を行う必要がある。たとえば、同一金融機関の本店と支店の場合でも、「別の照会先」として考え本店につき1件、他の支店1店につき1件とカウントするのが原則である（後掲3の活用の項も参照されたい）。

---

12) 日本弁護士連合会作成「審査基準規則モデル」第5条。
13) 平成31年2月1日現在の東京弁護士会における基本手数料は8344円（手数料7560円＋郵便料784円/簡易書留最低基本料金往復分）である。
14) 東京弁護士会では郵券代のみ784円とされている。

第 1 章　弁護士法 23 条の 2 に基づく照会制度——いわゆる「23 条照会」

また、照会先からの「手数料等」の請求がなされることもある（たとえば、金融機関、病院など）。

照会先としても回答義務があるとはいえ、必ずしも無償で回答する義務があるとまではいえないため、請求が合理的な範囲の金額である限り、これに応じるのが相当であろう。事前に照会先に対して費用負担の要否や金額を確認しておくことも円滑に回答を得るためには有用である。

(7) 弁護士会による照会申出の審査

公務所又は公私の団体に対し照会権限があるのは弁護士会であり、弁護士会での審査手続は各弁護士会の自律に委ねられている。弁護士会では、照会申出につき、まずは所定の形式面の審査のうえ、弁護士法 23 条の 2 に規定された要件と照会制度の趣旨に照らして申出の適否を判断することとなる。

審査の結果、適当と認めない場合には照会を拒否することができる（弁護士法 23 条の 2 第 1 項後段）[15]。

(8) 弁護士会が照会申出を拒否した場合の対応

弁護士会に照会申出が拒否された場合、照会申出人が不服を申し立てる手段はあるだろうか。この点、弁護士法には何ら規定がない。

たいていの弁護士会においては「照会手続申出規則」が定められ、照会申出拒否の場合には、当該弁護士会に対し異議を述べることができる旨規定している[16]。

よって、照会申出を拒否された弁護士は、その各弁護士会における規則に従い同会対する不服申出ての権限が認められているが、具体的な不服申出の手続・内容は各弁護士会により異なる[17]。

その他の不服申出手段はあるだろうか。

---

15) 東京弁護士会では、直ちに照会を拒否するのではなく審査担当者から訂正・補正・補充等の要請が照会申出弁護士に対し連絡をし、質問や要請等を行って不備の解消に努めている。
16) 日本弁護士連合会作成「照会手続会規モデル」第 6 条参照。

また、上記不服申立棄却に対する不服申立の手段は認められるのであろうか。以下、検討する。
① 行政審査法に基づく審査請求・行政訴訟法に基づく抗告訴訟
行政審査法・行政訴訟法に基づく不服申立てはできない。
弁護士会の審査はその自律に任されていること、及び、弁護士が直接照会権を有していないことから、照会の申出の拒否は弁護士と弁護士会の内部的な行為とみられ弁護士の権利義務を形成し又はその範囲を確定するものとはいえないと解されるところ、両法の「処分」行為に該当するとはいえないからである。
② 日本弁護士連合会に対する不服申立て
日本弁護士連合会に対しても不服申立てはできない。
日本弁護士連合会は、弁護士会の指導・連絡・監督に関する事務を行う（弁護士法45条2項）が、監督権能は照会制度の運用に関する一般的なものにとどまるのであって、個々の照会申出の適否を審査することにまでは及ばないと解されているからである。
③ 裁判所へ取消しを求めて提訴
裁判所に対しても不服申立てはできない。
①で述べたとおり照会申出に対する拒否は行政法の「処分」とは解されないところ、司法審査の対象にならない。
札幌高判昭和53年11月20日判タ373号79頁は、いわゆる部分社会の法理（「一般社会とは異なる特殊な部分社会を形成している」とし、大学における授業科目の単位授与行為は司法審査の対象に当たらないとした富山大学事件（最判昭和52年3月15日民集31巻2号234頁）を用いて、法律上の争訟がある場合に当たらないと解するのが相当と判示した。
なお、同訴訟では日本弁護士連合会が監督権を発動しないと回答したこ

17）東京弁護士会では、照会申出拒否に対しては東京弁護士会に対して異議申出をなしうる（東京弁護士会照会手続申出規則6条1項）。異議申出は不服審査委員会に付され（同条2項）、速やかに審査される。
　異議申出に理由ありとされれば弁護士会は照会手続を行わねばならず、理由なしとの場合には異議は棄却され、照会手続はなされず、かつ、当該棄却の決定にはさらなる不服申出てはなしえない旨規定されている（東京弁護士会不服審査委員会規則13条4項）。

との回答取消も求めていたが、裁判所は「監督権を行使するか否かは日弁連の自主的な判断に委ねられているものであることは明らかである。それゆえ、弁護士が日本弁護士連合会の監督権を行使しないことに不服があったとしても、法律に特に出訴を認める規定がない限り、裁判所の司法審査の対象」にはならないとも判示している。

以上のとおり、弁護士会に対する不服申立て以外には照会権行使を求める手段は認められていない。

(9) 照会先からの回答

弁護士会から照会書を発送してから回答受領までの期間は、照会先や照会事項等の関係から一概には明らかではないが、おおよそ、2週間から1か月程度であることが多い。

照会は弁護士会会長名で行われ、回答は弁護士会になされるが、まれに照会先が直接弁護士あてに送付してしまうこともある。この場合は、いつまでも未回答の状態になってしまうため、受領した弁護士は遅滞なく弁護士会にその旨報告すべきである。

原則として照会申出書発送から1か月以上経過しても、照会先から何ら回答がなされない場合につき、たいていの弁護士会では、照会申出弁護士から請求がなされれば、照会先に対し、適宜方法により（原則は書面であろう）回答の督促を行っている。照会申出人からの督促の請求が必要であることに注意が必要である。

回答先から拒否された場合の対応としては、まず、照会申出人において、回答内容に不備がある場合も含めて、再照会が可能である。

この点、弁護士会としての対応については、各弁護士会により差異がある[18]。照会先の拒否回答事案全件につき弁護士会内の調査室会議に付して対応を検討し不当な拒否回答であった場合には「要望書」を送付する対応をする弁護士会もあれば、上記再申立てを前提に再申立てにつき適当と認める場合には照会先

---

18) 東京弁護士会では、再度照会書を送付して照会の趣旨を説明して説得しており、それでも無回答かつ著しく不当な場合には抗議文送付などの措置をとることもあるとのことである。

第 1 編　相談から交渉段階でできる証拠収集

に対し説得を行うとする弁護士会もある。

（10）目的外使用の禁止——最も気を遣うべきことである！

　照会により取得した情報（回答書及びその内容）の取扱いについては、極めて慎重な配慮が必要である。

　照会にかかる情報の開示は、少なくとも形式的には関係者の秘密やプライバシーの侵害に当たる例が多く、また公務所等の担当職員の側からは業務上の守秘義務に抵触する場合がほとんどである。

　23 条照会が、弁護士の公的責務に鑑みて法が特に認めた重要な調査・証拠収集手段であることを常に意識し、照会によって得た回答書（及びその内容）は、決して、照会申出の目的以外に使用してはならない[19]。

　保管に注意を図るのは当然のことであるが、照会回答書（及びその内容）をそのまま依頼者へ交付・報告する際にも細心の配慮が必要である。

　23 条照会にはそれなりに費用を要し、かかる費用を拠出するのは依頼者であることから、成果物となる照会回答書の取得、閲覧を欲する依頼者が多い。

　しかし、照会回答書（及びその内容）を得たのは「弁護士」ではなく、「弁護士会」であることを理解し、依頼者に開示、交付することが受任事件の解決に資するかを吟味する必要がある。

　漫然と、照会回答書そのもの（写しでも同じこと）を、依頼者へ交付、または記載されている情報をすべてそのまま与えたことにより、受け取った依頼者が、さらに第三者にその書面や情報を渡してしまうことも十分に想定されることである。この場合、目的外使用がされたと同じ結果が発生してしまう可能性が高く、場合によっては照会申出弁護士又は弁護士法人が懲戒対象とされたり、損害賠償請求の相手方にもなりうるのである。

19）日本弁護士連合会作成「照会手続会規モデル」第 9 条。
　東京弁護士会の照会申出規則には明文で照会により得られた報告（回答）の照会申出の目的外使用を禁止している。これに違反した場合、当該規則違反をもって懲戒の対象ともなる旨、「弁護士会照会のご利用についてのお願いとご注意（簡易マニュアル）」（2018 年 9 月 12 日更新）にも明記されており、慎重な取扱いを徹底させている。

第1章　弁護士法23条の2に基づく照会制度——いわゆる「23条照会」

依頼者への説明や報告は、多くの場合、弁護士が作成した報告書や口頭で行えば足りると考えられるから、原則そのように取り扱うことをおすすめしたい。

一番肝要なのは、23条照会を用いる際に、あらかじめ、依頼者に対して照会により得た情報・書面を交付することはできない（取得した弁護士が事件解決の限りで使用する）ことを説明して理解を得ておくという気配りである。

3　活用

照会事項の具体的な記載方法は、複数の弁護士会から出版されている「手引き」を活用し、簡潔かつ要領よく記載すべきであるところ、以下では実務に参考になると思われる照会先の選択や各照会先の特性等を紹介する。

(1) 金融機関

(A) 相続預貯金の有無・残高及び入出金履歴の照会

共同相続人の1人からの被相続人の預金取引経過の開示請求が最高裁において認められたことから（最判平成21年1月22日民集63巻1号228頁）、相続人の代理人として23条照会を用いる必要性は低下したともいえる。[20]

共同相続人の1人の代理人となった場合は、依頼者本人からの委任状をもって各金融機関窓口に赴き手続をすることで、早い場合にはその場で、たいていは1〜2週間で回答を取得しうる。

(B) 第三者名義（依頼者及び被相続人以外の名義）の預貯金の有無、残高照会

第三者名義の預金口座照会をする場合、金融機関は名義人の「承諾書」を要求することがほとんどである。

このような金融機関の対応は、個人情報保護の観点と、実質的には回答したことによる当該金融機関に対する名義人からのクレームを厭わってのことと理解される。[21]

---

20) この判断がなされる前は、相続時点の残高証明書は共同相続人の一人であれば本人が取得できたが、取引履歴等は相続人全員の承諾がないと開示されなかった。

第1編　相談から交渉段階でできる証拠収集

(a) 保全・執行準備の場合

保全・執行は密行性が必要である。

しかし、上記のとおり23条照会を行なった場合には名義人の承諾（つまり照会することが名義人に知られてしまう）が要求されるため、23条照会を行って回答を得られることは少ないといえよう。

他方「債務名義」がある場合には、かかる承諾書を要しないで開示する場合が多くなってきたので、本執行の場合には23条照会を用いて預金口座の有無を確認することは有益ではある。

本執行の場合についての子細は、第4編第1章を参照されたい。

(b) 離婚事案における財産分与請求の場合

離婚事件を受任すると、他方配偶者（夫ないし妻）に対する財産分与を検討することはほぼ必須である。

依頼者が他方配偶者（夫ないし妻）名義の財産（共有財産）を把握している場合にはその情報に基づいて分与請求内容を検討できるが、必ずしもそうとは限らず、他方配偶者の保有資産（特に金融資産）を調査したいところである。

しかしながら、離婚事件を受任したことを前提に他方配偶者（夫ないし妻）名義の財産（預貯金）につき23条照会を行っても、ほとんどの金融機関が他方配偶者の「承諾」を求める（回答の条件とする）のが現状である。

夫婦別産制（民法755条）が原則であるところ、確かに配偶者の預金は「第三者」名義預金ともいえる。

しかし、他方配偶者名義の預貯金であっても夫婦の共有財産の性格を有しているものもあり、かかる性格を有する預貯金の一部は依頼者自身の預貯金との理屈は十分に説得力があり必要性も相当性の要件を満たすと考えるが、名義人の承諾なき限り回答を拒否する金融機関は多く存在するのが現状である。

よって、他方配偶者が任意に開示せず、23条照会をすることに承諾を得られない場合は、訴訟提起を行った（訴訟提起予告でも可能）うえでの文書送付嘱託申出をすることとなるケースが多い。

---

21) 極端な例をあげれば、法的義務があるとして回答した某金融機関の大口顧客が、当該金融機関の預金をすべて引き揚げてしまったこともあったようである。

第1章　弁護士法23条の2に基づく照会制度——いわゆる「23条照会」

金融機関に対し、改善を求めていくべきである。

(2) 保険・共済契約の有無・内容

被相続人の相続財産の把握や保全・執行のために対象者名義の保険契約の有無や内容を調べたい場合には、多数ある保険会社へすべて照会をかけることは多大な費用と労力を要する。そこで、全店一括照会がなしうるなら便宜であるが、可能であろうか。

(A) 生命保険

従前、生命保険契約締結の有無を確認する場合、「一般社団法人生命保険協会」宛てに照会をすると、生命保険協会に加盟している各生命保険会社の情報をまとめて回答を得ることが可能であった。

同協会が、各保険会社への取次をサービスとして実施していることを前提としたものであったが、平成29年5月17日をもって終了となってしまった。日本弁護士連合会から取次の継続を申し入れたようであるが、現時点（平成31年2月1日現在）でも再開するとの情報はない。

現状では、生命保険会社各社に対し直接照会請求を行うしかない。

(B) 損害保険

各損害保険（火災・自動車・傷害等）契約締結の有無を確認する場合、「一般社団法人日本損害保険協会」ないしは「一般社団法人外国損害保険協会」宛てに照会をすると、当該損害保険協会に加盟している各損害保険会社の情報をまとめて照会することが可能である。[22]

(C) 共済契約

共済契約締結の有無を確認する場合、従前は個々の共済連合会に対し個別に照会を行う必要があったが、平成24年4月1日から「一般社団法人日本共済

---

[22] 未加盟の保険会社もあるので注意が必要である。

協会」宛てに照会をすると、「契約先が不明な場合に限り」、当該共済協会に加盟している各生命保険会社の情報をまとめて紹介することが可能となった。

保険会社とは異なり、生命分野と損害分野を兼営し団体ごとに実施共済が異なることから、照会の共済分野（生命・火災・自動車）を特定する必要があることに留意すべきである。

(3) 通信会社

(A) 郵便

郵便物に関する照会（他人宛の郵便物の転送先や郵便物の受取人名義など）は、「通信の秘密」（憲法21条2項後段）や、「会社（郵便局）の取扱中にかかる信書の秘密は、これを侵してはならない」、「郵便の事業に従事する者は、在職中郵便物に関して知り得た他人の秘密を守らなければならない。その職を退いた場合においても、同様とする」旨規定する郵便法8条を理由に回答を拒否される場合が極めて多い。

かかる報告拒否に正当な理由があったとは認められないと判示する裁判例は数多く存在するが（東京高判平成22年9月29日判タ1356号227頁等）、郵便事業者側の拒否回答をする取扱いに変化はみられていない。

この点、行方不明になった民事訴訟の被告の転居先を調べるため23条照会を行ったところ拒否された事案につき、当該照会を行った弁護士会が原告となって提起した損害賠償請求訴訟においては、郵便法上の守秘義務を負う者が23条照会にかかる報告を拒否する正当な理由があるか否かは、照会事項ごとに、「報告することによって生じる不利益と報告を拒絶することによって犠牲となる利益」を比較衡量することにより決せられるべきとし、①郵便物についての転居届の提出の有無、②転居届の提出年月日、③転出届記載の新住所（居所）については、報告義務を認め、④転居届に記載された電話番号については認めないとの判断がなされた（名古屋高判平成29年6月30日判時2349号56頁）。[23)]

当該判断以後の裁判例は現時点では見受けられず確認は取れていないが、上記照会事項①②③について、少なくとも回答が得られる運用への変更を期待し

第 1 章　弁護士法 23 条の 2 に基づく照会制度——いわゆる「23 条照会」

たい。

(B) 電話番号の利用者の住所・銀行口座等

　事件の相手方につき、電話番号（固定電話、携帯電話）しかわからない場合には、電話会社に対し当該番号の利用者の住所等を照会することが可能である。

　同照会に際し、電話料金が口座引落の場合には銀行口座を紹介することもできるが、強制執行や保全の必要性の記載が求められること（相手方に対する権利性の確かさ、差押え・仮差押えの必要性の高さ、任意履行の可能性の低さ等）に留意する。債務名義がある場合は事件番号の記載が求められる。

(a) 固定電話——子番号の照会

　固定電話の場合、電話番号が追加番号（子番号）の場合がありうる。この場合、子番号だけで照会を行うと「照会番号は追加番号のため、権利なし。料金情報は不明です。課金番号は○○です。」との回答がなされ、契約者名と契約者の住所などは回答がえられるものの、料金情報や権利年月日、設置年月日などの情報は新たに課金番号での照会を要する。

　そこで、この 2 度手間を防ぐために「追加番号（子番号）の場合には、課金番号（親番号）についても回答をお願い致します」との一文を挿入することが望ましい。

---

23) 当該判決は、最判平成 28 年 10 月 18 日民集 70 巻 7 号 1725 頁を受けての差戻審である。当該事件の裁判経過を概説する。
① 名古屋高判平成 27 年 2 月 26 日判時 2256 号 11 頁（差戻前）
・差戻審と同様に転居届記載の電話番号以外の情報についての拒否は正当な理由がなく違法。
・郵便事業者の過失を認容。同社は、対立する利益の比較衡量をせずに一律に回答を拒否する方針を決定し、同方針に基づき漫然と対応したことに通常尽くすべき注意義務を尽くしていないとして過失を認定した。
② 最判平成 28 年 10 月 18 日
・不法行為性は否定。23 条照会に対する報告を拒絶する行為が、同照会をした弁護士会の法律上保護される利益を侵害するとして当該弁護士会に対する不法行為を構成することはない（木内道祥裁判官の補足意見あり）
・報告義務確認請求に関する部分は審理を尽くしていないとして差戻しとした。

第1編　相談から交渉段階でできる証拠収集

(b) 携帯電話——契約会社の確認

　携帯電話の番号の場合は、あらかじめ、総務省のホームページから電話事業者の調査が可能であるので[24]、当該番号を所管する電話会社を特定し、その会社宛てに23条照会を行う。

　なお、プリペイド式携帯電話であった場合には、通常の照会事項を記載しただけでは、「プリペイド式携帯のため、回答できません」との回答がなされることがある。そこで、「プリペイド式携帯の場合には、購入者情報について回答願います」との一文を加えることが有益である。

　ところで、平成22年初めころより、大手携帯電話会社1社が、一律に回答を拒否するに至った。当事者特定・事案解明に大きな支障をきたしており、国民の裁判を受ける権利をも侵害していたが、平成30年4月現在では、回答ないし一部回答がなされるようになった。

(c) 携帯電話のメールアドレスからの電話番号照会

　相手方の携帯電話のメールアドレスしか分からない場合には、まず携帯電話番号の照会を行ったうえで、回答を得た携帯電話番号をもって上記(b)の照会を行う(2段階)ことにより、相手方の住所等の情報を得ることができる。

　メールアドレスから相手方の住所等は直接には照会はできないこと、そしてメールアドレスのデータの保管期間はタイトであり[25]、かつ電話会社ごとに異なるので、照会前に各電話会社に確認するなどの注意が必要である。

(d) プロバイダー契約の発信者情報

　プロバイダーに対する発信者情報に関する照会については、「通信の秘密」(憲法21条2項)及び電気通信事業法4条の「通信」に該当するとの理由で、特に大手通知事業者からは回答拒否をされる場合が多い。

　なお、平成14年5月に施行された「特定電気通信役務提供者の損害賠償責

---

24) 総務省のホームページを開き、「電話番号の利用について」と入力してキーワード検索を行い、「電気通信番号指定状況」→「携帯電話の番号ポータビリティ」→「電気通信番号指定状況」と進む。
25) NTTドコモの場合、照会書の到達日を含めて180日間である(平成30年4月現在)。

任の制限及び発信者情報の開示に関する法律」の4条1項に基づき発信者情報の開示請求を行っても、回答を拒んだ特定電気通信役務提供者には「当該開示請求が同4条1項各号所定の要件のいずれにも該当することを認識し、または当該要件いずれにも該当することが一件明白であり、その旨認識することができなかったことに重大な過失がある場合にのみ、損害賠償責任を負う」と判示されたことを受けて（最判平成22年4月13日集民234号31頁）、権利侵害が明白な場合でない限り開示条件に該当しないとして回答拒否をされる場合が多いのが現状である。

(e) アカウント情報

海外法人が運営している企業の場合、「日本に記録がない」、「日本法人では回答権限がない」として事実上の回答拒否をされる場合がほとんどである（Twitter、Facebook など）。

(f) LINE

LINE に対し、登録の電話番号や氏名を紹介しても、平成30年4月現在の照会状況は、個人情報保護を理由に拒否されているとのことである。

23条照会が個人情報保護法における「法令に基づく場合」（個人情報保護法23条1項1号）に該当することは明らかであるにもかかわらず、回答を拒否する者が依然として多いことは前記のとおりである。

(4) ライフライン（電気・ガス・水道）各社

相手方の特定（占有者の特定）のため、電気・ガス・水道の各供給契約の契約者名義や使用料等を照会する方法もある。

この点、23条照会を行った場合の回答には地域ごとに差異があり、東京・大阪といった大都市では回答拒否をされる場合が多いとの調査結果がある。

相手方がどの地域に居住しているかによって得られる法的救済が異なるという不合理な事態となっており、早急な改善が求められるが、現在も回答拒否の解消には至っていない。

(5) 服役場所

事件の相手方や関係者が刑務所に収監されている可能性がある場合、その刑務所名と収監年月日を紹介することが可能であるが、服役者の特定のためには氏名・生年月日・本籍が必要である。本籍不明の場合は収監前の住所により特定が可能な場合もあるので、具体的照会に応じて、服役者を特定できるよう配慮が必要である（刑事事件の事件番号がわかればそれでも対応可能である）。

なお、現在は法務省矯正局成人矯正課より、依頼者からの委任状（23条照会の委任状ではなく、事件受任の委任状）の添付（2通）を求められるので注意が必要である。

(6) 飲食店の営業主体調査

事件の相手方が飲食店を営んでいる場合、その店舗の営業者の氏名、代表者の氏名、営業の種類や屋号などを照会することが可能である。飲食店の食品衛生上の監督を行うのは保健所（法令上は都道府県知事又は市区長）であるので、所轄の「保健所」に照会を行うものである。

なお、風俗営業の場合は、「風俗営業等の規制及び業務の適正化等に関する法律」（風営法）により都道府県公安委員会の許可を得ることになっているので、風俗営業店の場合の照会先は各「公安委員会」であることに留意するべきである。

さらに、深夜酒類提供飲食店の場合は、上記風営法の規制を受けるため、公安委員会に照会できる場合もある。

(7) 診療報酬債権者の調査

事件の相手方が医療機関又は医師で、金銭債権の支払いを求める場合であれば、当該医療機関又は医師が受領するであろう診療報酬債権から回収することも検討するものである。

診療報酬は、保険者（患者が加入している国民健康保険や全国健康保険協

会・健康保険組合、いわゆる社会保険）から医院に対して約7割が支払われる（患者は一般が3割負担、小学生未満と70歳～75歳は2割負担、75歳以上は1割）。

　そこで、だれが診療報酬債権を有する者（法人なのか個人か、第三者かなど／診療報酬の支払先である住所と氏名）かを特定する必要がある。

　この場合も23条照会で確認することができる。診療報酬債務者は、その医療機関又は医師から治療を受けている患者が加入している保険の種類（国民健康保険か社会保険か）によるところ、当該医療機関又は医師の患者の傾向から判断して、下記団体のいずれか一方ないし双方に照会をかける（双方に診療報酬債権を有する医院が多い）。

① 　○○県（都道府県）社会保険診療報酬支払基金
② 　○○県（都道府県）国民健康保険団体連合会

(8) 海外在留邦人の所在調査

　海外に在住する日本国籍を有する者の住所地調査については、外務省領事局海外法人安全課宛てに照会することが可能であるが、回答には2～3か月ないし地域によっては半年以上かかる場合もある。

　当該照会は、住所地のみの調査であって、被調査人の親族及び相続権者の調査・生死確認、諸証明書の交付や人探しを目的とする場合には応じてもらえないし、外務省が調査した結果、被調査人の承諾がある場合でなければ回答は得られない。

　本調査の特色として「他に調査を尽くしたこと」が調査申込要件であることも留意が必要である（23条照会申出書に加えて外務省所定の書式による申出が必要）。

　判明している最後の住所地にEMS（国際スピード郵便）等を送付した結果「宛先に尋ねあたらず」となった場合や、親族全員に所在を尋ねてもわからないといった事実が必要となる。

(9) 外国人の所在調査

　従前は、外国人登録原票が原則として非公開であったため、23条照会により取得する方法が取られていたが、平成12年より職務上請求書による取得が可能となったことから、現在では原則として、外国人の日本国内における住所確認等は職務上請求で行うべきである。

　職務上請求書を利用できない場合（住所不明、転出先不明、帰国等）は、照会する外国人を特定して（本名、国籍、生年月日や最終住所など）、入局管理局宛てに23条照会することにより情報が得られる可能性はある。

　また、住民票に引き継がれない外国人登録原票記載事項（平成24年7月9日から外国人登録法が廃止となり、各自治体保有の外国人登録原票が法務省入局管理局に引き継がれている）の照会が必要な場合は、23条照会によることが可能であるが、通常の照会申出書・照会事項書に加えて、「回収された外国人登録原票照会」書の作成が必要となる。

(10) 捜査機関への照会——主に交通事件について

　交通事故事件などで「実況見分調書」「飲酒検知の結果」を証拠として用いたいケースは多々ある。

　まずは、刑事事件記録の閲覧謄写が可能かどうかを検討したうえで、できない場合には23条照会により取得する手段を用いるのがよい。

　刑事事件記録の閲覧謄写の可否につき概説すると以下のようになる。

① 　起訴され（略式起訴含む）判決が確定している場合には、当該刑事事件記録は、記録保管をしている検察庁に対して閲覧を求めることが可能である（刑事訴訟法53条、刑事確定訴訟記録法4条）。

② 　起訴後終結前の場合には、原則として閲覧謄写はできない。しかし、当該被告事件の被害者又は法定代理人（委託された弁護士）は、「犯罪被害者等の権利利益の保護を図るための刑事手続に付随する措置に関する法律」に定める要件のもとに、当該刑事事件が継続している裁判所に対して、訴訟記録の閲覧謄写を求めることが可能である（刑事確定訴訟記録法3

第 1 章　弁護士法 23 条の 2 に基づく照会制度――いわゆる「23 条照会」

条）。

③　不起訴（起訴猶予も含む）の場合は、その記録はすべて公判開廷前の訴訟に関する記録という扱いになるため、原則非公開であり、例外的に、「公益上の必要その他の事由があって、相当と認められる場合」には閲覧謄写が可能である（刑事訴訟法 47 条ただし書）。

よって、上記①②に該当する場合には、各法律の定める手続に従い、実況見分調書や飲酒検知の結果を閲覧謄写すればよい。

特に①の場合には、23 条照会ではなく、刑事訴訟法 53 条及び刑事確定訴訟記録法に基づく刑事確定記録の閲覧請求をするべきである。

問題は、③の場合（不起訴の場合）であるが、かかる場合に 23 条照会を行えば、たいていの場合は当該資料が代替性なく客観的な資料であることから、実況見分調書や飲酒検知の結果の写し（閲覧謄写許可）につき応じる検察庁が多い[26]。[27]

ただし、そのまま写しを送付してくれる場合もあるが、「閲覧謄写は差し支えないから、当該回答書と身分証明書を持参して検察庁に来庁されたい」といった内容の回答がされることが多い。

また、場合によっては事故証明などの添付を求められる場合もあるようである。事前に該当検察庁に照会の際に必要な書類などを確認することも回答取得までの時間を短縮できるだろう。

ちなみに、刑事事件一般において、起訴前の事件に関し、「捜査の内容」について担当警察署や検察庁に対し問い合わせをしたところで、「捜査中のため」という理由で拒否されることはほぼ間違いないので、留意されたい。

26）従前は、交通事故の不起訴記録については開示されてきたがそれ以外は難しい状況であった。しかし、新たに交通事故以外についても、「被害者等が民事訴訟などにおいて被害回復のため損害賠償請求権その他の権利を行使する場合において、客観的証拠で、かつ代替性がなく、その証拠なくしては、立証が困難であるという事情が認められるときに、弾力的な運用を行う」とされ、23 条照会だけでなく、被害者側の代理人からの請求に対しても開示に応じてもらえることになった。

27）東京地検と横浜地検宛に交通事故の不起訴記録の閲覧謄写を求める際には、照会申出書・照会事項書に加えて所定書式を要求するので、事前に確認する必要がある。謄写費用の支払い方も各庁により取扱が異なる。

第1編　相談から交渉段階でできる証拠収集

誰の立場で照会するのか、照会の時期、どのような事案における照会事項なのか等によって回答を得られるか否かが慎重に判断される。

特に捜査機関に対する照会は、プライバシー保護の観点や捜査の秘匿性などの要素が複雑に絡み合うため、細心の注意が必要である。

(11) 戸籍の届出（婚姻届・離婚届・養子縁組届）の照会

戸籍法48条2項が「利害関係人は、特別な事由がある場合に限り、届書その他市町村長の受理した書類の閲覧を請求し、又はその書類に記載した事項について証明書を請求することができる」と規定しているところ、23条照会を行うと、「弁護士会は利害関係人ではない」との理由で回答拒否をされる。

不当な回答拒否であることは明白であるが、戸籍の届については、裁判所へ提出するなどの必要性があれば、直接、法務局において「特別の事由」「利害関係人」であることを明らかにして、即日、写しを取得することが可能である。

利害関係人である当事者自身か、委任状を添付して弁護士が代理人として請求することが出来るので、ぜひ、この手段を用いることをお勧めする。当該届出を所管する法務局に必要書類と書式を確認されたい。

ちなみに、各戸籍の届出書は、受理した市区町村の戸籍課では概ね1か月後に所管する法務局に送付する。以後は、法務局にて保管する扱いになっているので、当該届出（受理）の時期により、請求先が異なることに留意されたい。

(12) 印鑑証明書に関する照会

印鑑登録の有無や印影、印鑑登録情報等に関して「市区町村」に23条照会を行うこともある。しかしながら、本人ないし第三者が照会をしても「印鑑登録原票その他印鑑の登録又は証明に関する書類を閲覧に供してはならない」とする閲覧の禁止を規定する条例などを根拠に拒否回答される場合が多い。

条例を以って法律に基づく23条照会の回答を拒否することはできないはずだが、各市区町村によって取り扱いが異なるのが実情であり、照会前に担当部署も含めて確認を行うことが必要である。

近年では、事務取扱要領により 23 条照会については例外として回答に応じる市区町村もあるとのことである。

(13) 不動産登記簿・商業登記簿の附属書類の照会

不動産登記法 121 条 2 項は「何人も、登記官に対し、手数料を納付して、登記簿の附属書類の閲覧を請求することができる。ただし、請求人が利害関係を有する部分に限る」と規定し、また商業登記法 11 条の 2 は「登記簿の附属書類の閲覧について利害関係を有する者は、手数料を納付して、その閲覧を請求することができる」と規定する。

ここでも、23 条照会を行うと、「弁護士会は利害関係人ではない」との理由で回答拒否をされる。

不当な回答拒否であることは明白であるが、直接、法務局において当事者本人又は代理人が「利害関係人」であることを明らかにして、即日、閲覧をすればよい。閲覧の際に写真撮影を行えば、必要な書類の写しを取得することが可能である。

ぜひ、この手段を用いることをお勧めする。

(14) 供託に関する書類の照会

供託規則 48 条 1 項が「供託につき利害の関係がある者は、供託に関する書類（電磁的記録を用紙に出力したものを含む）の閲覧を請求することができる」と規定していることから、戸籍の届出や登記簿の附属書類の場合と同様に、23 条照会を行うと「弁護士会は利害関係人ではない」との理由で回答拒否をされる。

不当な回答拒否であることは明白であるが、直接、法務局において当事者本人又は代理人が「利害関係人」であることを明らかにして、即日、閲覧をすればよい。閲覧の際に写真撮影を行えば、必要な書類の写しを取得することが可能である。ぜひ、この手段を用いることをお勧めする。

(15) 遺言などの公正証書の有無・内容照会

公証人法44条1項は、「嘱託人、其の承継人又は証書の趣旨に付法律上の利害関係を有することを証明したる者は証書の原本の閲覧を請求することを得」と規定しているので、23条照会を行うと、「弁護士会は利害関係人ではない」との理由で回答拒否をされる。

被相続人の公正証書遺言の存否、内容については、直接公証役場において、相続人本人又は代理人が被相続人（嘱託人）の氏名、生年月日を明らかにして、公正証書遺言の有無の調査をしてもらえ、存在する場合には謄本の請求が可能である。

被相続人が存命中は請求できないし、相続人であることを証明する書類の提示が必要になる。

なお、公正証書遺言の有無の照会（検索）は全国どこの公証役場でも実施可能であるが、存在した公正証書遺言の謄本請求は当該公正証書遺言を保管する公証役場に対して行わなければならない。

(16) 税務関係の照会

(A) 所得税、相続税、住民税、固定資産税などの照会

税務署に対し、税金に関する照会を行った場合には、特定人の総収入・課税所得・納付税額等に関するものはもとより、確定申告の有無についてすら、すべて回答を拒否される（裁判所からの調査嘱託にも応じない）。

国家公務員法100条1項、地方公務員法34条1項、所得税法243条、法人税法163条、相続税法72条、地方税法22条といった公務員の守秘義務（秘密漏示罪、場合によっては刑罰の制裁あり）を根拠にしているようである。

(B) 土地名寄帳、家屋名寄帳に登録されている不動産照会

市町村に対し、特定人の所有不動産の内容を照会するために23条照会を行っても、やはり地方公務員法34条1項、60条、地方税法22条及び行政通達により拒否をする事案が圧倒的多数である。

第1章　弁護士法23条の2に基づく照会制度——いわゆる「23条照会」

しかしながら裁判例でも回答義務を認めたものもあるところ（岐阜地判昭和46年12月20日判タ283号284頁）、照会を求める具体的必要性を明らかにして照会を行うことにより、回答が得られることもありえる。

　なお、地方税法387条3項により、納税義務者は名寄帳の閲覧が可能であるところ、自治体によっては、納税義務者や相続人に対しては名寄帳の写しを交付する。

(17) 自動車等に関する照会

(A) 自動車の登録事項等証明書記載事項の照会

　自動車の所有者・自動車の登録事項を確認したい場合、照会先は「○運輸局▲運輸支局××自動車検査登録事務所」である。

　照会先の各運輸支局、各自動車検査登録事務所において、取扱が異なるため、事前に照会先に確認することが望ましい。

(B) 軽二輪（排気量250CC以下のオートバイ）

　登録事項証明書はないので、車両番号を管理している運輸支局又は自動車検査登録事務所に照会することになる。

(C) 軽自動車の登録事項照会の場合

　軽自動車の場合の照会先は「軽自動車検査協会○○主管事務所△△支所」であるので、注意されたい。

　普通乗用車か軽自動車かは、登録番号中の分類番号により確認が出来るので、軽自動車検査協会のホームページを参照されたい。

(D) 原動機付自転車の場合

　原動機付自転車の標識交付証明書記載事項につき紹介する場合には、照会先は市区町村である。

　現状では、どの市区町村も地方税法22条を根拠に回答を拒否しているとのことである。

4　照会先の回答拒否と不法行為責任

　照会先から回答を拒否された場合において、①照会を申し出た弁護士の依頼者ないし照会を申し出た弁護士もしくは、②照会を行った弁護士会が原告となって、不法行為に基づく損害賠償訴訟を提起することが長年行われている。

(1) 依頼者ないし照会申出弁護士が原告の場合

　23条照会に対する報告（回答）拒絶と弁護士ないしその依頼者への不法行為の成否につき、積極消極両説あるが、23条照会は弁護士に職務上積極的に役立つ権利を付与するものではあるものの、公務所又は公私の団体に対して照会し回答を求めることができる権利の主体は弁護士会であって、個々の弁護士や非弁護士である一般私人が直接照会先に対して照会権を有するものではないことから、原則として損害賠償請求もなしえないと消極的に解されている（同旨根拠により不法行為の成立を消極的に解する裁判例として、前掲岐阜地判昭和46年12月20日、前掲大阪高判平成19年1月30日等）。

　裁判所も、消極的判断を行うケースが大半であって、前掲東京高判平成22年9月29日は「個々の弁護士の依頼者は、23条報告による利益を享受する立場にはあるが、23条報告が得られない場合に直ちに法的保護に値する法益侵害があったとみることは困難である。すなわち、23条照会の権利、利益の主体は、弁護士法23条の2の構造上、弁護士会に属するものであり、個々の弁護士及びその依頼者は、その反射的利益として、これを享受することがあるというべきものと解される」と判示し、当該事件の被告（金融機関）の報告拒絶には過失があると認めながらも照会弁護士及びその依頼者に対する不法行為の構成を否定した（かかる判断を参照したとされるその後の裁判例として、東京高判平成25年4月11日金法1988号114頁、福岡高判平成25年9月10日判時2258号58頁等がある）。

　よって、回答拒否において照会弁護士及びその依頼者が損害賠償請求を行っても、回答先に対する不法行為の成立が認められることは難しい。

第1章　弁護士法23条の2に基づく照会制度――いわゆる「23条照会」

しかしながら、事案によっては肯定される裁判例もある。

遺言執行者に対して遺言執行状況の報告を対象とした23条照会を行った事例において、守秘義務を理由に回答を拒否した遺言執行者に対する依頼者の損害賠償請求が認容された裁判例（京都地判平成19年1月24日判タ1238号325頁）、消防署に対して救急活動についての23条照会をしたところ公益目的でない・個人情報保護条例に基づき開示すべきとして拒否した事案につき、「本件回答拒否は公権力の行使により『違法に他人に損害を加えた』」として損賠賠償請求につき一部認めた裁判例（岐阜地判平成23年2月10日金法1988号145頁）を参考にされたい。

(2) 弁護士会が原告の場合

では、23条照会の主体たる弁護士会が回答を拒否先に対する損害賠償請求を行った場合、不法行為の成立は認められるのであろうか。

この点、照会先に回答（報告）義務（公法上の義務）を認める裁判例は多々存在するが、不法行為の成立を肯定しかつ損害賠償請求を認める裁判例は少ない状況であった。

回答拒否に対する不法行為責任を認めない根拠としては、23条照会が弁護士の使命である基本的人権の擁護及び社会正義の実現を容易にすることを目的としたものであり、私人の利益を擁護する目的で認められたものではない（前掲岐阜地判平成46年12月20日）ことが指摘されてきた。

そのような時流の中で、先の通信事業（郵便）の項で照会した差戻前の高裁判決では、23条照会の目的につき上記理解と同様の立場に立ちつつ、「法律上23条照会の権限を与えられた弁護士会が、その制度の適切な運用に向けて現実に力を注ぎ、国民の権利の実現という公益を図ってきたことからすれば、弁護士会が自ら照会をすることが適切であると判断した事項について、照会が実効性を持つ利益（報告義務が履行される利益）については法的義務に値する利益であるというべきである」と判示した（前掲名古屋高判平成27年2月26日）。

かかる判断が下されたことで期待が高まったが、上告審である前掲最判平成28年10月18日では、23条照会に対する回答を拒絶する行為が、同照会を行

った弁護士会の法律上保護される利益を侵害するものとして当該弁護士会に対する不法行為を構成することはないと判示され、回答拒否に対する不法行為の成立は認められるに至らなかった。

この判断において、「原審が、照会が実効性を持つ利益の侵害により無形損害が生ずることを認めるのは、23条照会に対する報告義務に実行性を持たせるためであると解される。しかし、不法行為に基づく損害賠償制度は、被害者に生じた現実の損害を金銭的に評価し、加害者にこれを賠償させることにより、被害者が被った不利益を補てんして、不法行為がなかったときの状態に回復させることを目的とするものであり、義務に実効性を持たせることを目的とするものではない。義務に実効性を持たせるために金銭給付を命ずるというのは、強制執行の方法としての間接強制の範疇に属するものであり、損害賠償制度とは異質なものである」との、木内道祥裁判官の補足意見がある。

なるほど傾聴にする補足意見であり、23条照会に対する回答拒否に対する改善方法として、不法行為に基づく損害賠償請求以外も模索されるべきであるが、当該訴訟提起以外の法的対応は難しいところであり、23条照会制度の改正も視野に入れた検討が続けられている。

5　当該制度のメリット・デメリット

(1) メリット

(A) 密行性
23条照会の一番のメリットは、やはり密行性、つまり事件の相手方に調査していることを知られずに行いうることである。

(B) 柔軟な利用方法
23条照会は、訴え提起前の証拠収集（文書送付嘱託等）と異なり、照会先から回答を得ても、訴え提起が義務付けられているわけではないので、照会によって取得した情報を活用して相手方と交渉を積み重ねることにより訴え提起によらずに和解によって紛争が解決される途も可能である点や、回答結果が自

己の依頼者にとって有益でない場合には、あえて証拠として提示する必要がないこともメリットといえるであろう。

(2) デメリット

(A) 費用
何よりも、他の証拠収集手段に比して費用が高いことがあげられるであろう。しかし、そうとはいえ、上記メリットに着眼すれば高額にすぎるということはない。

(B) 時間
照会申出から回答受領までおよそ1か月前後という時間を要することもデメリットといえるかもしれない。しかし、他の制度、たとえば送付嘱託・調査嘱託も同程度の時間を要するものであることからすれば、照会から回答（情報）を得るまでに要する時間については、23条特有のデメリットとはいえないともいえる。

(C) 回答拒否
また、必ずしも照会先が23条照会の制度趣旨を正確に理解していない場合、特に23条照会が個人情報保護法における「第三者提供に本人の同意の要らない法令による場合」に該当することにつき周知されていない場合に、しばしば回答拒否をされてしまっていること、回答拒否に対して制裁規定がないため、回答拒否に対して機動的に対処することが難しいこともデメリットといえよう。

この点、各弁護士会や日本弁護士連合会は照会先と協議会・懇談会を設け、有用な照会の仕方などの意見交換を行うことにより改善を図る努力を行っている（回答拒否と不法行為責任については前記）。

28）梅本吉彦「弁護士会照会制度の現代的意味」自由と正義62巻13号10頁。

6　実務上の工夫──失敗談、NG対応

(1) 照会先の選択自体も慎重に

　事件の解決解明のために必要と考え、必要な事項の照会を行うとしても、照会先に突然照会書が届くと、相手方や第三者に回復不能な損害を与えてしまうことがある。

　たとえば、婚姻費用分担請求をしたいがために、相手方の勤務先に給与の支払い額の照会をしたとしたら、会社内に家庭の揉め事が知れわたり、相手方が居ずらくなり就業困難となるという事態は想定できる。

　かかる場合には、照会の事前に相手方に任意提出を求め、提出ない場合は会社に照会するとの告知をしておくといった配慮をしたうえで照会を行うことも必要であろう

　また、工場のとある製品について取引先に当該製品の瑕疵に関して照会を行ったケースで、その製品が不良品であるかのような噂が業界に広がってしまったという場合も報告されており、慎重な対応が必要である。

　当該照会先に照会を行った際に、どのような不利益・損害が想定されるかは予めシミュレーションをして、回避可能な違う照会先を検討したり照会の手段を考え直す、照会事項を考え直すといった、不測の事態の可能性・結果を想定しての行動は、常に心がける必要がある。

(2) 照会理由の「過剰」記載はしないこと

　どうしても必要な回答事項であるからといって23条照会申出に際し、照会の理由を説得的に記載しようと本来は記載不要の余事記載をしてしまうことがありうる。

　余事記載は、照会先の公務所等に対し、事件の相手方について余計（有害）な情報を与えることとなり、プライバシー侵害や名誉・信用毀損を生じかねない。

具体的には、親子関係・男女関係・病名、病歴、前科、前歴等のプライバシーとしての保護の必要性が高い事項については、どの程度まで記載するべきかは極めて慎重に対応すべきである。

実際に、離婚事件に関し子供の就学先である学校に対して照会を行った事案で、事件の詳細が照会先に明らかにされたことで第三者たる子の福祉といった法益が侵害されたという事態が生じ、懲戒処分の可否が問題にされたことがあった。

照会を申出る際には、照会先に送付する照会理由は必要性と相当性がわかる最小限の記載にとどめ、弁護士会に対する照会理由の記載においては子細に記載した理由書を提出するという配慮も必要である。[29]

7　まとめ

23条照会は、各弁護士会によってその運用に差異があるうえ、時期によっても照会先の対応が変化するものであるから、利用する場合には事前に自己の所属弁護士会に手続を確認し、運用について問い合わせるなどして、効果的に利用していただきたい。[30]

---

[29] 東京弁護士会では、照会理由につき、照会先に対して開示不可（送付差支え）という選択をしうるという取り扱いをしている

[30] 日本弁護士連合会のホームページ（会員専用ページ）にも「弁護士照会QA」の掲載があるので、ぜひ参照されたい。

第2章　職務上請求

1　概説

(1) 職務上請求とは

　職務上請求とは、弁護士が、依頼者から委任を受けた代理人として、その職務を遂行するにあたり、戸籍法10条の2第3項から第5項、住民基本台帳法12条の3第2項等に基づき、日本弁護士連合会が発行する請求用紙を使用し、手数料を添えて、戸籍謄本、住民票の写し等の交付を市町村の長に請求する制度である。
　また、弁護士が、破産管財人、成年後見人、相続財産管理人、不在者財産管理人、遺言執行者等、特別の地位において、戸籍法10条1項又は10条の2第1項、住民基本台帳法12条の3第1項等に基づき、職務上請求と同様の方法で戸籍謄本等の交付を請求する制度を、本人請求・第三者請求という。

(2) 制度趣旨

　弁護士の職務遂行上、依頼者や事件の関係者の戸籍謄本、住民票の写し等を取得しなければならない場面は非常に多い。しかし、これらに記載されている内容は当該個人に関する極めてプライバシー性の高い情報であり、第三者がみだりに取得することができないものである。そのため、弁護士という職業に対する信頼の下、法の定めた要件を満たした場合に限り、本人の委任状がなくても取得できるものとされている。

2　交付請求できるもの

(1) 戸籍法に基づき交付請求できるもの

(A) 戸籍謄本（戸籍全部事項証明書）・戸籍抄本（戸籍個人事項証明書）

戸籍とは、日本国民各人の出生から死亡に至るまでの親族法上の身分関係を登録公証する公文書であり、市町村の区域内に本籍を定める一の夫婦及びこれと氏を同じくする子ごとに編製される（戸籍法6条）。戸籍には、本籍のほか、戸籍内の各人について氏名、出生年月日、戸籍に入った原因及び年月日、実父母の氏名及び実父母との続柄、養子であるときは養親の氏名及び養親との続柄、夫婦については夫又は妻である旨、他の戸籍から入った者についてはその戸籍の表示等が記載されている（戸籍法13条）。

戸籍謄本、戸籍抄本は、従前の紙戸籍（手書きで作成された戸籍）を綴って戸籍簿としていたときの証明書の呼称であり、戸籍事務をコンピュータ化した自治体が発行する証明書はそれぞれ戸籍全部事項証明書（戸籍に記載されている全員についての証明書）、戸籍個人事項証明書（戸籍に記載されている者のうちの一部の者についての証明書）と呼称が変わった。もっとも、実務上はいずれの呼称でも問題はない。

(B) 除籍謄本（除籍全部事項証明書）・除籍抄本（除籍個人事項証明書）

除籍とは、死亡、婚姻、離婚、転籍等の理由で1戸籍内の記載者全員が戸籍から除かれることをいい、除籍により閉鎖された戸籍を綴ったものを除籍簿という（戸籍法12条）。記載事項は戸籍と同じである。

除籍全部事項証明書（除籍謄本）とは除籍された者全員についての証明書であり、除籍個人事項証明書（除籍抄本）とは除籍された一部の者についての証明書である。

除籍簿については保存期間の定めがあり、戸籍法施行規則の改正（平成22年6月1日施行）により、除籍となった年度の翌年から150年とされている（戸籍法施行規則5条4項）。ただし、改正前の保存期間は80年だったため、

改正施行規則の施行日以前に80年が経過している除斥簿は自治体によっては廃棄されている可能性もある。廃棄された戸籍については廃棄証明書が発行される。

(C) 改製原戸籍謄本・改製原戸籍抄本

　改製原戸籍（「かいせいげんこせき」又は「かいせいはらこせき」と読む）とは、法改正により戸籍の改製（従前の戸籍を新しい様式の戸籍に書き換えること）が行われた際の、閉鎖された改製前の戸籍をいう。これまでの主な改製として、昭和改製（昭和32年法務省令第27号による改製。戸主を中心とする家単位の戸籍から、夫婦とその子を単位とする戸籍に変更）や、平成改製（平成6年法務省令第5号による改製。戸籍事務がコンピュータ化され、B4・B5サイズの縦書きからA4サイズの横書きに変更）などがある。改製により様式が変わるだけでその内容に変更はないが、改製の時点で戸籍に在籍する者のみが新しい戸籍に移記され、婚姻、離婚、死亡等の理由で除籍された者や離婚等すでに終了している身分事項の記載は改製後の戸籍に移記されない。そのため、過去の記載事項を確認するには改製原戸籍を遡る必要がある。なお、平成6年改製（コンピュータ化）の実施時期は自治体によって異なり、まだ改製が完了していない自治体では従来の縦書きの書式の戸籍が使用されている。

　改製原戸籍の記載事項は、本籍、氏名、生年月日、筆頭者名、筆頭者との続柄、身分関係の変動事項である。

　改製原戸籍についても保存期間の定めがあり、戸籍法施行規則の改正（平成22年6月1日施行）により、改製の年度の翌年から150年とされている。ただし、改正前の保存期間は50年、80年又は100年だったため、改正施行規則の施行日以前にその年数が経過している改製原戸籍は自治体によっては廃棄されている可能性があることは除籍簿と同様である。

(2) 住民基本台帳法に基づき交付等請求できるもの

　(A) 住民票の写し
　住民票とは、住民基本台帳法に基づき市町村がその住民個人又は世帯を単位

として作成する公文書をいう。住民票には、氏名、出生年月日、男女の別、世帯主である旨、世帯主との続柄、戸籍の表示、住民となった年月日、住所及びその住所を定めた年月日、届出日、従前の住所、個人番号、住民票コード等が記載されている（住民基本台帳法7条）。

役所で交付されるものは住民票の「写し」であり（住民基本台帳法12条以下）、住民票の原本そのものではない。世帯全員が記載されている証明書を住民票謄本、一部の者について記載されている証明書を住民票抄本という。

(B) 住民票記載事項証明書

住民票記載事項証明書とは、住民票の記載内容のうち申請者が必要とする項目について住民票原本に記載されている内容と相違ないことを証明するものをいう（住民基本台帳法12条1項）。

一般的には、提出先の会社や学校等が用意した住民票記載事項証明書の書式に申請者本人が必要事項を記載したもの（住民票記載事項の全部または一部）について、市町村が日付と認証文言を記載し、住民票の記載事項と相違ないことを証明する。会社等から指定された書式がない場合は、市町村にある書式で証明書を発行することもできる。

(C) 戸籍の附票の写し

戸籍の附票とは、市町村長がその市町村の区域内に本籍を有する者につき、その戸籍を単位として作成するものをいい（住民基本台帳法16条1項）、戸籍の表示、氏名、その戸籍が作られてから又はその戸籍に入籍してから現在に至るまで又はその戸籍から除籍されるまでの住所、住所を定めた日が記載されている（住民基本台帳法17条）。本籍を変更した場合、新しい戸籍の附票には変更後の住所しか記録されないため、それ以前の住所を調査したい場合は転籍前の戸籍の附票（除附票）の写しを取ることになる。除附票の保存期間は消除された日から5年である（住民基本台帳法施行令34条）。

(D) 住民票の除票の写し

住民票の除票とは、従前の住民票があった市町村から他の市町村への転出、

同一市町村内での転居、世帯主の変更、死亡、住民票の改製等により住民登録が抹消された住民票をいう。住民票に記載されている事項のほか、転出の場合は転出先の住所と移動年月日、死亡の場合は死亡年月日が記載されている。保存期間は住民票が消除された日から5年である（住民基本台帳法施行令34条）。

(E) 住民基本台帳の閲覧

住民基本台帳は、個人情報保護のため、一定の要件を満たした場合に閲覧請求をすることができる（住民基本台帳法11条の2第2項、住民基本台帳の一部の写しの閲覧及び住民票の写し等の交付に関する省令2条1項）。

3 手続・要件

(1) 請求の方法

日本弁護士連合会から会員用に発行されている所定の請求用紙を所属単位弁護士会で購入し、その請求用紙に必要事項を記載して職印を押印し、手数料を添えて、市町村の窓口に提出し又は郵送により請求する。

(2) 請求の要件

請求の要件は以下のとおりである[31]。
① 所属弁護士会で購入した請求用紙を用いること。
　請求用紙には通し番号が振られており、所属弁護士会には購入した弁護士名と番号が控えられる。各用紙とも原則として3か月以内に2冊まで購入可能である。
　登録換えをした場合は、新たな所属会に対し旧所属会との間で購入済み請求用紙の番号の引継ぎをするよう依頼し、これが認められれば引き続き使用することができる。

---

[31] 日本弁護士連合会「戸籍謄本等請求用紙に関する手引」(2014)。日本弁護士連合会HPの会員専用ページ「書式・マニュアル」から入手可能である。

また、弁護士登録を取り消した場合（懲戒処分としての除名、退会命令、1か月を超える業務停止処分を含む）は、購入した請求用紙を所属弁護士会に返還しなければならない。

　日本弁護士連合会から発行されている請求用紙は、次のA～Dの4種類である（後掲書式例2～5）。

　A用紙：戸籍謄本等職務上請求書（若草色）
　B用紙：住民票の写し等職務上請求書（ふじ色）
　C用紙：戸籍謄本等請求書【弁護士業務用】（さくら色）
　D用紙：住民票の写し等請求書【弁護士業務用】（レモン色）

　A用紙及びB用紙は、弁護士が依頼者から委任を受けた代理人としてその職務を遂行するため使用するものである（職務上請求）。C用紙及びD用紙は、弁護士が代理人としてではなく破産管財人、成年後見人、相続財産管理人、不在者財産管理人、遺言執行者などの特別の地位において請求する場合に使用するものである（本人請求、第三者請求）。

② 請求用紙は購入した弁護士本人のみが使用すること。

　請求用紙は第三者に譲渡、貸与、使用させてはならず、1冊の請求用紙を同一事務所の弁護士間で使い回したり、同一案件を共同受任している弁護士やパートナー弁護士の請求用紙を他の弁護士やアソシエイト弁護士が使用することもできない。また、盗難、紛失、第三者に使用され又はされるおそれがあることを知ったときは、直ちに所属弁護士会に届け出なければならない。

③ 職務上の必要（利用目的）に応じて使用すること。

④ 弁護士の職印を押印すること。

⑤ 弁護士が窓口請求する場合は、弁護士であることを証するもの（弁護士会発行の身分証明書、弁護士記章等）が必要。

⑥ 法律事務所の事務職員を使者として窓口請求する場合は、弁護士会発行の身分証明書、または、官公庁発行の身分証明書（免許証等）及び委任状が必要。

⑦ 弁護士法人が請求する場合は、代表者の資格証明書（原本）が必要（還付請求できる）。

⑧　成年後見人・保佐人・補助人の資格で請求する場合は、審判確定後3か月以内の審判書謄本及び確定証明書の原本、または、3か月以内に発行された登記事項証明書の原本（C用紙による請求の場合。D用紙による請求の場合は写しで足りる）が必要。

⑨　郵送で請求する場合は、請求者欄記載の法律事務所を返信先とする返信用封筒が必要。

(3) 記載事項（戸籍謄本等を請求する場合・A用紙）

　戸籍法は、10条の2第3項から第5項において、次の3つの職務を遂行するために必要がある場合（利用目的）に戸籍謄本等の交付を請求することができると定めており、利用目的の種別ごとに記載事項が異なる。

(A)「裁判手続又は裁判外における民事上若しくは行政上の紛争処理の手続についての代理業務」（4項1号）

　訴訟、調停、家事審判等の裁判手続、行政官庁による審判手続、民間又は行政ADRの紛争処理手続の代理業務をいう。現に手続が係属している必要はなく、戸籍謄本等の入手後に手続に移行しなくても問題はない。①事件の種類、②代理手続の種類、③戸籍の記載事項の利用目的を記載する。

記載例：
- □　離婚事件【事件の種類】の訴訟手続代理【代理手続の種類】の準備のため【利用目的】
- □　後見開始事件の審判手続代理の準備のため
- □　遺産分割事件の調停手続代理の準備のため
- □　競売申立事件の競売手続代理のため（競売申立手続中に当事者が死亡し承継人の調査をするため）
- □　損害賠償請求事件の訴訟手続代理の準備のため（証人と相手方当事者の親族関係を明らかにし証言の信用性を弾劾するため）
- □　○○弁護士会あっせんセンターにおける慰謝料請求事件のあっせん手続代理の準備のため（婚約不履行の慰謝料請求申立事件で相手方の婚姻の有無を調

査するため)

(B)「刑事事件の弁護人、少年保護事件の付添人、医療観察法3条の付添人、逃亡犯罪人引渡審査請求事件の補佐人、人身保護法14条2項の代理人、人事訴訟法13条2項及び3項の訴訟代理人、民事訴訟法第35条第1項の特別代理人としての業務」(5項)
①業務の別、②戸籍の記載事項の利用目的を記載する。

記載例：
□ 刑事弁護人【業務の別】として刑事訴訟手続準備のため（家族・親戚の情状証人の調査・特定）【利用目的】

(C) (A)(B)以外で、受任している事件又は事務に関する業務(3項)
依頼者から依頼された事項が民事上の手続であるが紛争性がないような場合をいう。①業務の種類、②依頼者の氏名又は名称、③依頼者について該当する事由（下記⑦～⑨に該当する事項・戸籍法10条の2第1項1号から3号）を記載する。
　⑦ 自己の権利を行使し、又は自己の義務を履行するために戸籍の記載事項を確認する必要がある場合は、その権利又は義務の発生原因及びその内容並びにその権利を行使し、又は義務を履行するために戸籍の記載事項の確認を必要とする理由（1号）
　④ 国又は地方公共団体の機関に提出する必要がある場合は、提出する機関及び提出を必要とする理由（2号）
　⑨ ⑦④以外の場合で戸籍の記載事項を利用する正当な理由がある場合は、利用の目的及び方法並びに利用を必要とする事由（3号）

第1編　相談から交渉段階でできる証拠収集

> 記載例：
> □　相続登記代理業務【業務の種類】／依頼者の父であるA【依頼者の氏名】が平成○年○月○日に死亡したので、Aの有した土地の相続登記手続のためAの戸籍謄本を○○法務局に添付書類として提出する必要がある（相続登記の受任・㋐㋑に該当）【理由】
> □　公正証書遺言作成業務／依頼人の公正証書遺言作成にあたり、「相続させる」遺言をするには受遺者Aが遺言者（依頼人）の推定相続人である必要があるところ、Aが推定相続人であることを明らかにするためAの戸籍謄本が必要である（「相続させる」遺言書の作成・㋐に該当）

（4）記載事項（住民票の写し等を請求する場合・B用紙）

　住民基本台帳法は、12条の3第2項等において、弁護士（特定事務受任者）が、受任している事件又は事務の依頼者が次の㋐から㋒に掲げる者（12条の3第1項1号から3号・利用目的）に該当することを理由として住民票の写し等が必要であるとの申出をし、申出が相当と認める場合に、住民票の写し等を交付できる旨を定めている。①利用目的（下記㋐から㋒の該当する事項にチェック。2つ以上でもよい）、②利用目的の内容、③業務の種類を記載する。

　㋐　自己の権利を行使し、又は自己の義務履行のために住民票の記載事項を確認する必要がある者（1号）
　㋑　国又は地方公共団体の機関に提出する必要がある場合（2号）
　㋒　アイ以外に住民票の記載事項を利用する正当な理由がある場合（3号）

> 「利用目的の内容」欄及び「業務の種類」欄の記載例：
> □　依頼者の父であるAが平成○年○月○日に死亡し、その相続登記のためAの相続人である次女Bの住民票が必要である【利用目的の内容】／相続登記代理業務【業務の種類】
> □　所有権移転登記請求訴訟の準備のため（登記義務者である被告の登記簿上の住所と現住所が異なる場合に連続性を調査するため）／訴訟手続の代理業務
> □　貸金請求訴訟提起の準備として当事者の特定・所在確認のため／訴訟手続の代理業務

(5) 記載事項（戸籍謄本等を請求する場合・C用紙）

下記㋐から㋒の利用目的の種別に応じて記載する。
㋐ 自己の権利を行使し、又は自己の義務を履行するために戸籍の記載事項を確認する必要がある場合は、①権利又は義務の発生原因及び内容、②権利の行使又は義務の履行のために戸籍の記載事項の確認を必要とする理由（1号）
㋑ 国又は地方公共団体の機関に提出する必要がある場合は、①提出すべき国又は地方公共団体の機関、②提出を必要とする理由（2号）
㋒ その他戸籍の記載事項を利用する正当な理由がある場合は、①戸籍の記載事項の利用目的及び方法、②その利用を必要とする事由（3号）

記載例：
☐ （㋐の事例）【権利又は義務の発生原因及び内容】請求者は平成○年○月○日に破産手続開始決定を受けた破産者Aの破産管財人であるところ、破産債権者B又はその相続人に対し配当を行う。【理由】Bの親族からBが死亡したと聞いたため、Bの死亡を確認し、死亡している場合にはその相続人を調査するため、Bの戸籍謄本が必要である。

---

(6) 記載事項（住民票の写し等を請求する場合・D用紙）

①下記㋐から㋒の利用目的（該当するものにチェック）、②利用目的の具体的内容を記載する。
㋐ 自己の権利を行使し、又は自己の義務を履行するために住民票の記載事項を確認する必要がある者
㋑ 国又は地方公共団体の機関に提出する必要がある者
㋒ その他、住民票の記載事項を利用する正当な理由がある者

第1編　相談から交渉段階でできる証拠収集

> 記載例：
> □　【利用目的】⑦にチェック【具体的内容】遺言者Ａが平成○年○月○日に死亡し、遺言執行者である請求者が遺言執行事務として受遺者Ｂの生存及び住所を確認するため、住民票が必要である。

(7) 費用

　職務上請求自体に手続費用はかからず、戸籍謄本等、住民票写しなどを役所窓口で取得する場合に請求される手数料を納付すれば足りる。

　郵送で取り寄せる場合の納付の方法は定額小為替の利用が一般的である（定額小為替については、第1編第3章「固定資産評価証明書の交付申請」4 (2)を参照）。戸籍謄本は1通450円、改製原戸籍謄本、除籍謄本は1通750円、住民票、戸籍附票は1通300円程度であるが、手数料は自治体によって異なり、また、窓口より郵送の方が手数料が高い場合もあるため、事前に役所に金額を確認しておくとよい。

　送付の際には、郵便切手を貼付した返信用封筒を忘れずに同封する。

(8) 取得に要する期間

　役所の窓口で請求する場合は即日、郵送で請求する場合は1週間程度で取得できる。郵送の場合に、請求書の記載内容に不備があったり、手数料として送付した定額小為替・現金の金額が不足するなどの場合は、その補正・補充のために日数を要することになるので、請求に際しては迅速・確実に取得できるよう、あらかじめ役所に手数料等を確認し、日数の余裕をもって請求すべきである。急ぎの場合は送付・返信共に速達を利用するとよい。

4　活用

　法律上定められた利用目的に沿った利用をする限り、戸籍謄本、住民票等を取得するのに一番簡便で安く利用できる手続であるので、大いに活用すべきで

ある。

5　留意点

(1) 請求用紙の使い分け

　請求用紙は請求する証明書ごと正確に使い分けなければ取得できない。
　たとえば、弁護士が破産管財人の資格で破産事件関係者の戸籍謄本を取得する場合に、C用紙を使用しなければならないところを誤ってA用紙を使用してしまうと、戸籍謄本を取得することができない。あらためてC用紙で申請し直すとしても、遠方の市町村と郵送でやり取りする場合は郵便の往復で1週間程度かかってしまうため事件処理が遅延することになる。用紙の選択には十分に気を付けなければならない。

(2) 請求に係る者の氏名を書き間違えないよう気をつける

　漢字の氏名をひらがなで記載したり、漢字を間違えたりすると、対象者の特定ができないとして戸籍謄本等の交付申請を拒否されることがあるため、対象者に関する事項は正確に記載する必要がある。

(3) 役所は利用目的等の記載をきちんと見ている

　戸籍謄本等の取得が必須ではない事件（たとえば不法行為に基づく損害賠償事件など）で職務上請求を利用する場合に、利用目的を雑に記載すると、役所側が所定の利用目的に該当しないと判断して交付申請を拒否することもある。このような場合でも役所に口頭で説明すれば対応してもらえる場合もあるが、時間的・金銭的浪費を防ぐための心がけとして、利用目的欄には当該事件において戸籍謄本等を必要とする具体的な内容を記載すべきである。

第 1 編　相談から交渉段階でできる証拠収集

(4) DV 等支援措置の下での被害者の住民票の写し等の取得

　DV 等の被害者が市町村に DV 等支援措置（ドメスティック・バイオレンス、ストーカー行為等、児童虐待及びこれらに準ずる行為の被害者の保護のための住民基本台帳事務における支援措置）を申し入れている場合、加害者本人による被害者の住民票の写しや戸籍附票の写しの交付の申出は拒否される[32]。一方、加害者の代理人弁護士が職務上請求をした場合の取扱いについては、これまで明らかでなく、市町村ごとの対応に委ねられていたが、平成 30 年 3 月 28 日付け総務省通知において、加害者の代理人からの申出を加害者本人からの申出と同視する取扱いとされたことにより、加害者の代理人が職務上請求により被害者の住民票の写し等を取得することができないことが明確になった[33]。

　この総務省の通知を受け、加害者が被害者を相手方として民事訴訟事件や人事訴訟事件、家事事件を提起する場合の今後の運用については、加害者である原告等又はその代理人から、被告等の住所を住居所不明と記載した訴状等とともに、DV 等支援措置の対象となっているため被告等の住所を調査することができない事情を報告する資料や、調査嘱託の実施及び回答された被告等の住民票等上の住所における送達を求める旨の上申書を提出し、これを受けて裁判所が市町村に対し被害者の住所に関する調査嘱託を行う方法によることとなった[34]。

　なお、このような運用の下でも、加害者の代理人弁護士が被害者の住所を知る可能性はありうる。被害者の安全に配慮し、弁護士自身の懲戒処分や損害賠償責任を回避するためにも、取得情報を加害者に漏洩することのないよう厳重に管理するとともに、被害者の住所の調査はあくまで裁判所に委ねるべきであ

---

32) 住民基本台帳事務処理要領（昭和 42 年 10 月 4 日付け自治振第 150 条等通知）第 5-10-コ-(イ)-(A) は、DV 等加害者からの被害者の住民票の写し等や戸籍附票の写しの交付、住民基本台帳の閲覧の申出を拒否することや、厳格に審査した結果申出に特別の必要があると認められる場合に市町村から直接裁判所等の機関に住民票の写し等の交付をすることなどの処理基準を定めている。

33) 平成 30 年 3 月 28 日付け総務省自治行政局住民制度課長「ドメスティック・バイオレンス、ストーカー行為等、児童虐待及びこれに準ずる行為の被害者の保護のための住民基本台帳事務における支援措置に関する取扱いについて」により、加害者の代理人等である特定事務受任者からの住民票の写し等の交付の申出を加害者本人からの申出と同視し、住民基本台帳事務処理要領第 5-10-コ-(イ)-(A) により対応することとなった。

る。

(5) 郵送で請求する場合の留意点

郵送で請求する場合、請求用紙に捨印を押しておくと、内容に不備がある場合でも役所側で処理してくれるので手間を省くことができる。

また、有効期限内の定額小為替を過不足なく準備し、返信用封筒と併せて同封する。

(6) 戸籍謄本等を遡って調査する場合

遺産分割調停申立てや相続登記などの準備として、ある人物の出生から死亡までの戸籍謄本等を取得しなければならない場合がある。その場合に、結婚、離婚、縁組等の事情による戸籍の変更や戸籍の改製などにより、複数の戸籍を辿らなければ出生まで遡れないことも多い。当該人物が同一地域で一生を過ごした人であれば1ヵ所の役所ですべての戸籍謄本等を取得できるが、複数の自治体に戸籍謄本等が点在している場合には地道に遡るしかない。

1ヵ所の役所で遡れそうなときは、あらかじめ請求用紙と手数料を多めに準備して出向くと二度手間を防止できる。郵送で申請する場合も、必要な範囲を明らかにして請求用紙と手数料を多めに同封する。申請の際には、請求用紙の余白部分にメモ書きで「〇〇〇〇氏についての記載のある〇〇市役所にある全ての戸籍謄本等を各1通請求する。」等と記載するなどして、必要な戸籍謄本等をすべて出してもらえるよう役所に伝えることが大切である。参考までに、筆者の事務所の事務局が使用している書式を紹介する。

34）平成30年11月30日付け最高裁判所事務総局民事局「DV等支援措置に関する取扱いの総務省自治行政局住民制度課長通知への対応等について（事務連絡）」、及び、総行住第199号平成30年12月3日付け総務省自治行政局住民制度課長「ドメスティック・バイオレンス、ストーカー行為等、児童虐待及びこれらに準ずる行為の被害者の保護のための住民基本台帳事務における支援措置に関する裁判所との連携について（通知）」による。

第1編　相談から交渉段階でできる証拠収集

書式例1　戸籍謄本等送付依頼書

<pre>
　　　　　　　　　　　　　依　頼　書
○○市役所　御中
　　　　　　　　　　　　　　　　　　　　　　　　　○年○月○日
　　　　　　　　　　　　　　　　　　　　　　　　　○○法律事務所
　　　　　　　　　　　　　　　　　　　　　　　　弁護士　○○　○○　㊞
　　　　　　　　　　　　　　　　　　　　　　　　（事務局　○○　○○）
　○○○○氏の相続関係調査のため、お手数ですが下記戸籍謄本等のうち、そちらにあるものをすべて各1通お送り下さい。
　なお、恐れ入りますが、余った請求用紙はご返送ください。
　よろしくお願い申し上げます。
　　　　　　　　　　　　　　　　　記
　○○○○氏についての記載がある　戸籍謄本
　　　　　　　　　　　　　　　　　除籍謄本
　　　　　　　　　　　　　　　　　改製原戸籍謄本
　　　　　　　　　　　　　　　　　　　　　　　　　　　　　　　　　以上
</pre>

(7) 懲戒処分

　戸籍謄本等に記載された内容は極めて個人的な情報であるため、職務上請求を利用できる場合は限定されている。弁護士が業務に関係なく職務上請求を利用して戸籍謄本等を取得したり、利用目的に従って取得したがその後の個人情報管理に不備があった場合には懲戒処分を受けることもある。たとえ依頼者の預り金で取り寄せたものであっても、取得した戸籍謄本等から知り得た情報を安易に依頼者に知らせたり閲覧・交付させてはならず、その情報の取扱いには細心の注意を払わなければならない。

(8) 法的制裁

　戸籍謄本や住民票を、偽りその他不正の手段により交付を受けた者は、30万円以下の罰金に処せられる（戸籍法133条、住民基本台帳法46条2号）。

6 メリット及びデメリット

(1) メリット

　依頼人が平日役所に出向く時間がない場合や、依頼者以外の第三者の戸籍謄本等を請求する必要がある場合に、弁護士が本人の委任状なくして請求することができ、事件処理を迅速に進めることができる。

(2) デメリット

　事件処理において戸籍謄本等を必要とする場合でも、法定された利用目的以外の目的で職務上請求を利用することはできない。その場合には、23条照会など他の手続を利用して取得するしかない。

第1編　相談から交渉段階でできる証拠収集

書式例2　戸籍等請求・A用紙

(例：相続登記を受任したとき)
〔日本弁護士連合会統一用紙〕
戸籍謄本等職務上請求書（戸籍法10条の2第3項から第5項までの規定による請求）

年　月　日

　　　　　長　殿

請求の種別	(戸籍)・除籍・原戸籍	(謄本)・抄本	1通
本　籍	○　○　○　○		
筆頭者の氏名	○　○　○　○		
請求に係る者の氏名	氏名（フリガナ） 生年月日　　M　T　(S)　H　　○年○月○日		
利用目的の種別　　（注1）	請求に際し明らかにしなければならない事項		
1　裁判手続又は裁判外における民事上若しくは行政上の紛争処理手続の代理業務に必要な場合（法10条の2第4項）	事件の種類、代理手続の種類及び戸籍の記載事項の利用目的		
2　刑事弁護人等として請求する場合（法10条の2第5項）　（注2）	業務の別及び戸籍の記載事項の利用目的		
(3)　上記1及び2以外の場合で受任事件又は事務に関する業務を遂行するために必要な場合（法10条の2第3項）	業務の種類：**相続登記代理業務** 依頼者の氏名又は名称：**甲　野　太　郎** 依頼者について該当する事由　　法10条の2第1項：☑1号　☑2号　□3号 上記に該当する具体的事由 　依頼者の父である○○○○が平成○年○月○日に死亡したので、その有した土地の相続登記手続のため○○○○の戸籍謄本を○○法務局に添付書類として提出する必要がある。		
請求者　　　　（注3） 事務所所在地 事務所名 氏　名 登録・電話番号	東　京　　　　弁護士会所属 東京都千代田区○○○○○ ○○法律事務所 弁護士　　○○○○　　　　　　　　　　　　　　　　　職印 登録番号　第○○○○号　　電話番号　(03)○○○○-○○○○		
使者（事務職員限定） 住　所　　　　（注4） 氏　名	住所　　東京都千代田区○○○○○　　○○法律事務所 氏名　　○　○　○　○　　　　　　　　　　　　　　　印		

[本用紙の使用方法に関するお問い合わせ　日本弁護士連合会事務局　　電話 (03)3580-9841（代）］
(注1) 該当する番号に○を付す。
(注2) 刑事弁護人等とは、刑事弁護人、少年保護事件の付添人、医療観察法3条の付添人、人身保護法上の代理人、民事訴訟法35条1項の特別代理人、その他法10条の2第5項に記載されているものをいう。（法10条の2第5項）
(注3) 弁護士法人が請求する場合は、事務所の所在地及び法人の名称、代表者氏名及び届出番号を記載する。この場合、「登録番号」を二重線で削除し、「届出番号」を記載する。なお、法10条の2第4項1号かっこ書参照。
(注4) 使者が事務職員身分証明書を有しない場合は、使者の自宅住所を記載する。事務職員身分証明書を有する場合は、事務所住所を記載する。
（ご注意）本請求書は、個人情報保護の重要性に鑑み、慎重に取り扱い、購入された会員以外ご使用にならないようお願い致します。
出典　日本弁護士連合会ホームページ会員専用ページ

第2章 職務上請求

書式例3 戸籍等請求・C用紙

(例:弁護士である成年後見人が、法定代理人として、成年被後見人本人や直系尊属等の謄本をとるとき)
〔日本弁護士連合会統一用紙〕
戸籍謄本等請求書(戸籍法10条1項又は10条の2第1項による請求)【弁護士業務用】　　　年　　月　　日

　　　　　　長　　殿

請求の種別	(戸籍)・除籍・原戸籍	謄本・抄本	1通
本　籍	○　○　○　○		
筆頭者の氏名	○　○　○　○		
請求に係る者の氏名	氏名(フリガナ) ○　○　○　○ 生年月日　M　T　(S)　H　×　年　×　月　×　日		
利用目的の種別　(注1)	請求に際し明らかにしなければならない事項(注5)		
1　自己の権利を行使し、又は義務を履行するために戸籍の記載事項を確認する必要がある場合	権利又は義務の発生原因及び内容		
	権利の行使又は義務の履行のために戸籍の記載事項の確認を必要とする理由		
2　国又は地方公共団体に提出する必要がある場合	提出すべき国又は地方公共団体の機関		
	提出を必要とする理由		
3　その他戸籍の記載事項を利用する正当な理由がある場合	戸籍の記載事項の利用目的及び方法		
	その利用を必要とする事由 請求者が成年後見人となっている成年被後見人○○○○の直系尊属の戸籍謄本の請求		
請求者　(注2)(注3) 事務所所在地 事務所名 氏名 登録・電話番号	東　京　　　　　弁護士会所属 東京都千代田区○○○○○ ○○法律事務所 弁護士　○　○　○　○　　　　　　　　　　　職印 登録番号　第○○○号　　電話番号　(03)○○○○-○○○○		
使者(事務職員限定) 住　所　　(注4) 氏　名	住所 氏名　　　　　　　　　　　　　　　　　　　　　　　　印		

[本用紙の使用方法に関するお問い合わせは　日本弁護士連合会事務局　電話(03)3580-9841(代)]
(注1) 該当する番号に○を付す。
(注2) 弁護士法人が請求する場合は、事務所の所在地及び法人の名称、代表者氏名及び届出番号を記載する。この場合、「登録番号」を二重線で削除し、「届出番号」を記載する。なお、法10条の2第4項1号かっこ書参照。
(注3) 成年後見人の場合は登記事項証明書又は後見開始の審判書の写しなどを添付する。
(注4) 使者が事務職員身分証明書を有しない場合は、使者の自宅住所を記載する。事務職員身分証明書を有する場合は、事務所住所を記載する。
(注5) 成年被後見人等の戸籍法10条第1項に基づく請求の代理請求を行う場合は、1、2、3の理由の記載に代えて、3の欄に成年後見人等法定代理人の資格、成年被後見人等の氏名及び成年被後見人等と請求に係る者との関係(本人、配偶者、直系尊属又は直系卑属)のみを記載する。
(ご注意) 本請求書は、個人情報保護の重要性に鑑み、慎重に取り扱い、購入された会員以外ご使用にならないようお願い致します。
出典　日本弁護士連合会ホームページ会員専用ページ

第1編　相談から交渉段階でできる証拠収集

書式例4　住民票写し等請求・B用紙

(例：移転登記請求訴訟で、登記義務者たる被告の登記簿上の住所と現在の住所が異なるため、連続性を調査するとき)
〔日本弁護士連合会統一用紙〕
住民票の写し等職務上請求書（住民基本台帳法12条の3第2項等による申出）

年　月　日

　　　　　　　長　　殿

請求の種別	住民票の写し・住民票記載事項証明書・⟨戸籍の附票の写し⟩・除票の写し	1通
	住民基本台帳の閲覧	
住所・本籍	(注1) (本籍地を記載)	
世帯主・筆頭者の氏名	(注1) (筆頭者名を記載)	
法12条の3第7項による基礎証明事項以外の事項　(注2)	☐ 世帯主についてその旨　　☐ 世帯主の氏名及び世帯主との続柄　　☐ 本籍 ☐ その他（　　　　　　　　　　　　　　　　　　　　　　　　　　　　　）	
請求に係る者の氏名	氏名（フリガナ） ○　○　○　○ 生年月日　　M　T　Ⓢ　H　　○　年　○　月　○　日	
利用目的（依頼者について該当するものにチェック）	☑ 自己の権利を行使し、又は自己の義務を履行するために住民票の記載事項を確認する必要がある者 ☐ 国又は地方公共団体の機関に提出する必要がある者 ☐ その他、住民票の記載事項を利用する正当な理由がある者	
利用目的の内容	所有権移転登記請求訴訟の準備のため	
業務の種類	訴訟手続の代理業務	
依頼者の氏名又は名称	(注3)	
請求者　　　　(注4) 事務所所在地 事務所名 氏　名 登録・電話番号	東　京　弁護士会所属 東京都千代田区○○○○○ ○○法律事務所 弁護士　○○○○ 登録番号　第○○○○号　　電話番号（03）○○○○－○○○○	職印
使者（事務職員限定） 住　所　　　(注5) 氏　名	住所　　東京都千代田区○○○○○　　○○法律事務所 氏名　　○　○　○　○	印

［本用紙の使用方法に関するお問い合わせは　日本弁護士連合会事務局　　電話（03）3580-9841（代）］
(注1) 戸籍の附票を請求する場合は本籍及び筆頭者名を各々記載する。
(注2) 基礎証明事項とは、法7条1号から3号まで及び6号から8号までに定める事項（氏名、生年月日、性別、住民となった年月日、住所、届出年月日、従前の住所等）をいい、これ以外の住民票の記載事項が記載された写し等を求める場合はその求める事項を記載する。
(注3) 依頼者の氏名等は、その受任している事件又は事務についての業務が裁判手続又は裁判外手続における民事上若しくは行政上の紛争処理手続についての代理業務である場合は記載する必要はない。
(注4) 弁護士法人が請求する場合は、事務所の所在地及び法人の名称、代表者氏名及び届出番号を記載する。この場合、「登録番号」を二重線で削除し、「届出番号」を記載する。
(注5) 使者が事務職員身分証明書を有しない場合は、使者の自宅住所を記載する。事務職員身分証明書を有する場合は、事務所住所を記載する。
(ご注意)　本請求書は、個人情報保護の重要性に鑑み、慎重に取り扱い、購入された会員以外ご使用にならないようお願い致します。

出典　日本弁護士連合会ホームページ会員専用ページ

第 2 章　職務上請求

書式例 5　住民票写し等請求・D 用紙

(例：遺言執行者の場合)
〔日本弁護士連合会統一書式〕
住民票の写し等請求書（住民基本台帳法 12 条の 3 第 1 項等による申出）【弁護士業務用】

　　　　　　　　　　　　　　　　　　　　　　　　　　　年　　月　　日

　　　　　　　　　長　　殿

請求の種別	㊙住民票の写し㊙・住民票記載事項証明書・戸籍の附票の写し・除票の写し	1 通
	住民基本台帳の閲覧	
住所・本籍	（注1）　○　○　○　○	
世帯主・筆頭者の氏名	（注1）　○　○　○　○	
法 12 条の 3 第 7 項による基礎証明事項以外の事項（注2）	□ 世帯主についてその旨　　□ 世帯主の氏名及び世帯主との続柄　　□ 本籍 □ その他（　　　　　　　　　　　　　　　　　　　　　　　　　　　　　　　）	
請求に係る者の氏名	氏名（フリガナ） 　　　○　○　○ 生年月日　　M　T　Ⓢ　H　　○ 年 ○ 月 ○ 日	
利用目的（該当するものにチェック）	☑ 自己の権利を行使し、又は自己の義務を履行するために住民票の記載事項を確認する必要がある者 □ 国又は地方公共団体の機関に提出する必要がある者 □ その他、住民票の記載事項を利用する正当な理由がある者	
利用目的の具体的内容	遺言者○○○○が平成○年○月○日に死亡したので、その遺言執行者である請求者が遺言執行事務として、受遺者である○○○○の生存及び住所等を確認するため住民票が必要	
請求者　（注3）（注4） 事務所所在地 事務所名 氏名 登録・電話番号	東京　弁護士会所属 東京都千代田区○○○○○ ○○法律事務所 弁護士　○○○○　　　　　　　　　　　　　　　　　　　職印 登録番号　第○○○号　　電話番号　(03)○○○○-○○○○	
使者（事務職員限定） 住　所　　（注5） 氏　名	住所　　東京都千代田区○○○○○　　　　○○法律事務所 氏名　　○　○　○　○　　　　　　　　　　　　　　　　　　印	

［本用紙の使用方法に関するお問い合わせは　日本弁護士連合会事務局　電話 (03)3580-9841（代）］
(注1) 戸籍の附票を請求する場合は本籍及び筆頭者名を各々記載する。
(注2) 基礎証明事項とは、法 7 条 1 号から 3 号まで及び 6 号から 8 号までに定める事項（氏名、生年月日、性別、住民となった年月日、住所、届出年月日、従前の住所等）をいい、これ以外の住民票の記載事項が記載された写し等を求める場合はその求める事項を記載する。
(注3) 弁護士法人が請求する場合は、事務所の所在地及び法人の名称、代表者氏名及び届出番号を記載する。この場合、「登録番号」を二重線で削除し、「届出番号」を記載する。
(注4) 成年後見人の場合は登記事項証明書又は後見開始の審判書の写しなどを添付する。
(注5) 使者が事務職員身分証明書を有しない場合は、使者の自宅住所を記載する。事務職員身分証明書を有する場合は、事務所住所を記載する。
(ご注意) 本請求書は、個人情報保護の重要性に鑑み、慎重に取り扱い、購入された会員以外ご使用にならないようお願い致します。

出典　日本弁護士連合会ホームページ会員専用ページ

第1編　相談から交渉段階でできる証拠収集

第3章　固定資産評価証明書の交付申請

1　概説

(1) 固定資産評価証明書の交付申請とは

　固定資産評価証明書の交付申請とは、弁護士が、統一用紙を使用して、訴えの提起など特定の使用目的で、固定資産評価証明書の交付を当該不動産所在地の市町村の長に申請する制度である（地方税法382条の3、地方税法施行令52条の15、民事訴訟費用等に関する法律別表第1第1項〜7項、10項、11項の2ロ、13項及び14項）。

(2) 制度趣旨

　固定資産評価証明書とは、固定資産課税台帳[35]に登録された事項のうち、当該年度の賦課期日現在の固定資産（土地、家屋、償却資産の総称。地方税法341条1号[36]）の評価額、課税標準額、所有者、所在等を証明する書類である。

　固定資産評価証明書には極めて個人的な情報が記載されているため、一般の申請手続においては、申請者は原則として所有者、その相続人、借地人、借家人等及びそれらの代理人に限られ、又、申請に際し本人確認書類と立場に応じた疎明資料（戸籍謄本等、賃貸借契約書、訴状等）、委任状の原本提出が求め

---

[35] 固定資産課税台帳とは、固定資産の所在、所有者、状況及び課税標準である価格等が登録された公簿である。土地については地目、地積等、建物については種類、床面積等、償却資産については種類、数量、価格等が記載されている（地方税法380条以下）。

られる（近年、本人になりすまして不正の目的で証明申請、公簿閲覧をする悪用ケースが多いことから、市町村、特に東京都主税局では申請時の本人確認が厳しくなっている）。

このように、通常の申請手続においては厳格な運用がされているが、弁護士の受任した事件においては、適正迅速な事件処理のため疎明資料や委任状がなくても申請できるとする取扱いのニーズが高まったことから、平成3年以降、弁護士に限り、その社会正義実現のための職責及び実績に信を置いて、統一様式に従って固定資産評価証明書の交付を申請できるものとされている。

2　手続・要件

(1) 申請の方法

統一用紙に必要事項を記入し、手数料を添えて、固定資産を管轄する市町村役場（東京23区では固定資産税は市町村税ではなく都税とされているため都税事務所）・都道府県税務事務所の窓口に提出又は郵送して申請する。

(2) 申請の要件

申請の要件は以下のとおりである[37]。
① 統一書式（固定資産評価証明書の交付申請書）を用いること
　　交付申請書は、日本弁護士連合会HPの会員専用ページでダウンロードできる（後掲書式例6）。
② 交付申請書には、弁護士事務所の所在地、弁護士名を記入し、職印を押

---

36) 固定資産とは、次のものをいう。
　　土地：田、畑、宅地、塩田、鉱泉地、池沼、山林、牧場、原野、その他の土地（雑種地）
　　家屋：住家、店舗・工場（発電所・変電所含む）、倉庫、その他の建物
　　償却資産：構築物、機械・装置、工具・器具及び備品、船舶、航空機などの事業用資産で、法人税法又は所得税法上、減価償却の対象となるべき資産。ただし、自動車税、軽自動車税の課税対象となるものは除く。
37)「固定資産評価証明書の交付申請書」（日本弁護士連合会書式）の注意書き参照。

印すること
③　定められた目的で申請すること

　　固定資産評価証明書の申請は、不動産を目的とする①訴えの提起、②保全処分（仮差押え、仮処分）申立て、③民事調停申立て、④借地非訟申立ての４つのいずれかを使用目的とする場合に限定される。①③④においては訴訟物の価額算定のため、②においては保全命令の担保額や不動産処分禁止仮処分の登録免許税の額の算定等のために固定資産評価証明書が必要となる。

　　近年、これ以外の目的（たとえば、遺産分割協議書作成目的など）で申請して市町村との間でトラブルが発生するケースもあるため、目的外申請をしないように気を付ける必要がある。

④　弁護士が事務職員を使者として窓口で申請する場合は、「事務職員○○を使者として交付申請する」旨を記載した文書を携行させること

(3) 費用（手数料）

　自治体によって手数料が異なるので、申請する際には事前に確認しておくとよい。郵送で申請する場合は、手数料の支払いのために過不足ない金額の定額小為替を同封する。１件につき200円から450円程度（東京23区は１件400円、２件以上申請の場合は２件目以降１件100円）であるが、自治体によっては750円かかるところもある。原則として、土地は１筆ごと、家屋は１棟ごと、償却資産は資産の種類ごとに１件と数える。

(4) 取得に要する期間

　窓口の場合は当日、郵送の場合は１週間程度である。郵送の場合、定額小為替に過不足があったり書類に不備があるとこれ以上の期間を要するため、急ぐ場合は直接窓口に出向くか、速達を利用する。

第3章　固定資産評価証明書の交付申請

3　活用

　法律上定められた利用目的に沿った利用をする限り、固定資産評価証明書を取得するのに一番簡便で安く利用できる手続であるので、大いに活用すべきである。

4　留意点

(1) 使用目的に注意

　弁護士が委任状なく交付申請できるのは、不動産を目的とする①訴えの提起、②保全処分（仮差押え、仮処分）申立て、③民事調停申立て、④借地非訟申立ての4つの目的の場合に限定される。

　近年、破産申立て、家事調停・審判申立て、遺産分割協議書作成目的や単なる調査目的などの目的外申請をするケースもあり、自治体から弁護士会に取扱いの周知徹底を呼びかける依頼が寄せられている。自己の便宜を優先してルールに従わないごく限られた弁護士の行いのために、将来交付申請制度が利用できなくなるなど弁護士全体の不利益を招くおそれもある。申請の要件は厳守するよう心がけてほしい。

(2) 当該年度のものしか交付申請できない

　統一書式を用いて取得する固定資産評価証明書は、交付申請の年度についてのものに限られ、過去の分や複数年にわたる交付申請をすることはできない。

(3) 定額小為替の利用

　固定資産評価証明書を郵送で請求する場合の手数料の支払いには通常、定額小為替を利用する。定額小為替とは、ゆうちょ銀行又は郵便局の貯金窓口を通

じて少額の現金を定額小為替証書に換えて送金する方法である。定額小為替証書を受け取った者は、近くのゆうちょ銀行又は郵便局貯金窓口で額面額の現金と交換することができる。定額小為替を利用する際にはいくつかの留意点がある。

① 郵便局のゆうちょ窓口で平日の営業時間内にしか購入できない（コンビニエンスストアや銀行では購入できない）。
② 購入の際に、定額小為替の金種にかかわらず、1枚につき100円の手数料がかかる。
③ 定額小為替の額面額は、50円、100円、150円、200円、250円、300円、350円、400円、450円、500円、750円、1000円の12種類ある。請求する証明書の金額が定額小為替1枚では足りない場合は組み合わせて使用するが、できるだけ枚数が少なくなる組み合わせにすると手数料を抑えられる（たとえば、650円必要なら500円と150円）。
④ 定額小為替には受取人欄があるが、市町村に送る際には何も記入しなくてよい（無記名の場合は持参人払になる）。
⑤ 定額小為替には発行日から6か月の有効期限があるので、送る際には有効期限まで余裕のあるものを使用する。なお、有効期限を経過していても為替証書の再発行請求はできるが、5年を経過すると時効により換金できなくなる。過不足ない額を用意したつもりでも、失効して使用できなくなっている場合には再度送り直すなど想定外の時間を要することになるので、気を付ける必要がある。

5 メリット及びデメリット

(1) メリット

依頼人が平日役所に出向く時間がなく固定資産評価証明書を急ぎ取り寄せる必要がある場合や、依頼者以外の事件関係者の固定資産評価証明書を請求する必要がある場合などにも、弁護士が本人の委任状なくして請求することができる。

(2) デメリット

　たとえば遺産分割調停・審判事件において遺産に不動産が含まれる場合には、固定資産評価証明書の取得は必須である。しかし、日本弁護士連合会の書式を用いて固定資産評価証明書の交付申請する場合の使用目的には遺産分割調停・審判事件が含まれていないため、依頼者から交付申請についての委任状をもらって通常の手続で申請するか、依頼者本人に取得してもらわなければならない点で不便はある。その他の家事調停・審判申立事件、破産申立事件などにおいても同様である。

　また、弁護士が委任状や疎明資料なく申請できるのは固定資産評価証明書のみである。それ以外の固定資産公課証明、物件証明、納税証明の申請や、固定資産課税台帳、土地家屋名寄帳、地積図などの公簿閲覧申請は、弁護士であっても固定資産の所有者等から委任状や疎明資料を取得して行う必要がある。

第1編　相談から交渉段階でできる証拠収集

書式例6　固定資産評価証明書の交付申請書

固定資産評価証明書の交付申請書

　下記の裁判所に対し、下記の事件の申立てをするため必要がありますので、下記の物件について固定資産評価証明書を交付されたく申請いたします。
　なお、交付を受けた証明書を下記の目的以外に使用することはいたしません。

年　　月　　日

市・町・村長殿

申請人	弁護士の場合	事務所所在地 氏名	印
	弁護士以外の場合	本人の住所 本人の氏名（名称） 代理人の住所 代理人の氏名	印 印
使用目的		裁判所　　支部に	訴えの提起 仮差押えの申立て 仮処分の申立て　　のため 調停の申立て 借地非訟の申立て

物件の表示	区分	物件の所在地	家屋番号	地目（種類）	地積（床面積）	証明年度	所有者氏名（名称）
	土地・家屋					年度	
	土地・家屋					年度	
	土地・家屋					年度	
	土地・家屋					年度	
	土地・家屋					年度	

（公署記入欄）

証明番号		証明件数	通　　件	台帳照合	

（注）
1　弁護士が申請する場合には、次の要件を充足しているときに限り、証明書が交付されます。
　(1)　申請人欄の上段に事務所所在地及び氏名を記入し、弁護士の職印を押印すること。
　(2)　事務員等を使者として申請する場合には、「事務員等何某を使者として交付申請する」旨を記載した文書等を携行させること。
2　弁護士以外の者が申請する場合には、次の要件を充足しているときに限り、証明書が交付されます。
　(1)　申請人欄の下段に住所及び氏名（名称）を記入し、押印すること。申請人が司法書士である場合には、職印を押印すること。
　(2)　代理人によって申請する場合には、(1)に加え、代理人の住所及び氏名を記入し、代理人が押印した上、委任状を提出すること。ただし、司法書士が事務員等を代理人として申請する場合には、委任状の提出に代えて、「事務員等何某を代理人として交付申請する」旨を記載した文書等を携行させれば足りる。
　(3)　窓口において職員の求めがあった場合には、申請人（本人又は代理人）は、自己の身分を証する書面及び使用目的に使用することを証する資料を提示すること（郵送による申請の場合には、使用目的に使用することを証する資料を添付すること。）。ただし、司法書士が申請する場合には、これらの提示又は送付に代えて、使用目的欄の余白に嘱託者の住所及び氏名（名称）を記載すれば足りる。

出典　日本弁護士連合会ホームページ会員専用ページ

第4章　行政文書の公開

1　概説

　行政文書を情報開示請求により取得することは、民事訴訟法上の証拠収集方法ではないが、国、都道府県、市町村などがホームページ上で任意に公表している情報を収集し、又、行政機関や地方自治体、独立行政法人等が保有する行政文書を情報公開請求し、謄写することで（行政機関の保有する情報公開に関する法律（行政機関情報公開法）3条、独立行政法人等の保有する保有する情報の公開に関する法律3条。地方自治体に関しては、当該地方自治体の情報公開条例を参照する）、証拠となりうる資料を入手することができる。

　裁判所の判断を介することなく、又、国や地方自治体を直接の相手方とするのでなければ、相手方と無関係に情報を収集できること、口頭弁論期日や弁論準備期日に行う必要はなく、期日前後、時期を問わず行うことができることなどに特徴がある。以下においては、行政機関情報公開法に基づく情報公開請求の活用を概観する。

2　手続（行政機関情報公開法に基づく情報公開請求）

(1) 申立て

(A) 申立人

　「何人も」（行政機関情報公開法3条）申立人になりうる。自然人であるか法人であるか、問われていない。外国人も含まれ、又、法人格のない社団等も含

第1編　相談から交渉段階でできる証拠収集

まれる。

(B) 相手方

相手方は、行政機関情報公開法2条1項において、次のように規定されている。

- 「法律の規定に基づき内閣に置かれる機関（内閣府を除く。）及び内閣の所轄の下に置かれる機関」（1号）
- 「内閣府、宮内庁並びに内閣府設置法……第49条第1項及び第2項に規定する機関（これらの機関のうち第四号の政令で定める機関が置かれる機関にあっては、当該政令で定める機関を除く。）」（2号）
- 「国家行政組織法……第3条第2項に規定する機関（第5号の政令で定める機関が置かれる機関にあっては、当該政令で定める機関を除く。）」（3号）
- 「内閣府設置法第39条及び第55条並びに宮内庁法……第16条第2項の機関並びに内閣府設置法第40条及び第56条（宮内庁法第18条第1項において準用する場合を含む。）の特別の機関で、政令で定めるもの」（4号）
- 「国家行政組織法第8条の2の施設等機関及び同法第8条の3の特別の機関で、政令で定めるもの」（5号）
- 「会計検査院」（6号）

(C) 申立ての方式

口頭で行うことはできず、書面を行政機関の長に提出しなければならない（行政機関情報公開法4条1項）。

(D) 申立書の記載事項

申立書には、①開示請求をする者の氏名又は名称及び住所又は居所並びに法人その他の団体にあっては代表者の氏名、②行政文書の名称その他の開示請求に係る行政文書を特定するに足りる事項できない（行政機関情報公開法4条1項）。

(E) 費用

　申立ての手数料は、開示請求手数料と開示実施手数料の2段階で徴収される（行政機関情報公開法16条1項、行政機関情報公開法施行令13条）。

　まず、開示請求を行う段階の手数料として、①開示請求手数料は、書面による請求の場合とオンラインによる請求の場合と2種類ある。書面による請求の場合は行政文書1件につき300円、オンラインによる請求の場合は行政文書1件につき200円とされる。

　次に、開示を実施する段階の手数料として、②開示実施手数料は、行政文書の種別（文書又は図面か、電気的記録か）、開示実施方法（たとえば、文書又は図面の開示につき、閲覧か、謄写か。謄写の場合でも白黒かカラーか、スキャンデータか。分量ごとに料金が定められている）。

　開示請求手数料は低額であり、開示実施手数料は、ほぼ実費といって等しい。なお、生活保護法11条1項各号の扶助を受けている場合など、「経済的困難その他特別の理由があると認めるとき」、開示実施手数料が減免される（行政機関情報公開法16条3項、行政機関情報公開法施行令14条）。

　これらの手数料の納付方法は、原則として開示請求書等に所定の収入印紙を貼ることによる（行政機関情報公開法施行令13条3項）。

(2) 開示拒絶事由

(A) 不開示・開示請求の拒否

　行政機関の長は、開示請求があったときは、開示請求者に対し、当該行政文書を開示しなければならないが、開示請求に係る行政文書に不開示情報が記録されている場合には、全部又は一部を不開示とすることができる（行政機関情報公開法5条1項、6条1項）。また、開示請求に係る行政文書が存在しているか否かを答えるだけで、不開示情報を開示することとなるときは、当該行政文書の存否を明らかにしないで、開示請求を拒否することができる（行政機関情報公開法8条）。

(B) 不開示事由

不開示事由は、行政機関情報公開法5条1項に、以下のように規定されている。

① 特定の個人を識別できる情報
- 個人情報（個人識別情報を含み、事業を営む個人の当該事業に関する情報を除く）。

    ただし、①法令の規定により又は慣行として公にされ、又は公にすることが予定されている情報、②人の生命、健康、生活又は財産を保護するため公にすることが必要であると認められる情報、③当該個人が公務員等である場合において当該情報がその職務の遂行に係る情報であるときは、当該情報のうち当該公務員等の職及び当該職務遂行の内容に係る部分、の場合を除くとされる。

- 行政機関非識別加工情報（行政機関の保有する個人情報の保護に関する法律2条9項。行政機関非識別加工情報ファイルを構成するものに限る）もしくは同情報の作成に用いた保有個人情報から削除した記述等又は個人識別符号、独立行政法人等非識別加工情報（独立行政法人等非識別加工情報ファイルを構成するものに限る）又は同情報の作成に用いた保有個人情報から削除した記述等もしくは個人識別符号。

② 法人の正当な利益を害する情報

    法人その他の団体（国、独立行政法人等、地方公共団体及び地方独立行政法人を除く。以下「法人等」という）に関する情報又は事業を営む個人の当該事業に関する情報であって、①公にすることにより、当該法人等又は当該個人の権利、競争上の地位その他正当な利益を害するおそれがあるもの、又は、②行政機関の要請を受けて、公にしないとの条件で任意に提供されたものであって、法人等又は個人における通例として公にしないこととされているものその他の当該条件を付することが当該情報の性質、当時の状況等に照らして合理的であると認められるもの。ただし、人の生命、健康、生活又は財産を保護するため、公にすることが必要であると認められる情報を除く。

③ 国家安全情報

　公にすることにより、国の安全が害されるおそれ、他国もしくは国際機関との信頼関係が損なわれるおそれ又は他国もしくは国際機関との交渉上不利益を被るおそれがあると行政機関の長が認めることにつき相当の理由がある情報。

④ 公共安全情報

　公にすることにより、犯罪の予防、鎮圧又は捜査、公訴の維持、刑の執行その他の公共の安全と秩序の維持に支障を及ぼすおそれがあると行政機関の長が認めることにつき相当の理由がある情報。

⑤ 審議検討等情報

　国の機関、独立行政法人等、地方公共団体及び地方独立行政法人の内部又は相互間における審議、検討又は協議に関する情報であって、公にすることにより、率直な意見の交換もしくは意思決定の中立性が不当に損なわれるおそれ、不当に国民の間に混乱を生じさせるおそれ又は特定の者に不当に利益を与えもしくは不利益を及ぼすおそれがあるもの。

⑥ 事務事業情報

　国の機関、独立行政法人等、地方公共団体又は地方独立行政法人が行う事務又は事業に関する情報であって、公にすることにより、次に掲げるおそれその他当該事務又は事業の性質上、当該事務又は事業の適正な遂行に支障を及ぼすおそれがあるもの。

⑦　監査、検査、取締り、試験又は租税の賦課もしくは徴収に係る事務に関し、正確な事実の把握を困難にするおそれ又は違法もしくは不当な行為を容易にし、もしくはその発見を困難にするおそれ

⑧　契約、交渉又は争訟に係る事務に関し、国、独立行政法人等、地方公共団体又は地方独立行政法人の財産上の利益又は当事者としての地位を不当に害するおそれ

⑨　調査研究に係る事務に関し、その公正かつ能率的な遂行を不当に阻害するおそれ

⑩　人事管理に係る事務に関し、公正かつ円滑な人事の確保に支障を及ぼすおそれ

⑪ 独立行政法人等、地方公共団体が経営する企業又は地方独立行政法人に係る事業に関し、その企業経営上の正当な利益を害するおそれ

(3) 開示義務・開示に要する期間

行政機関の長は、開示請求があった場合、不開示情報が記録されている場合を除き、当該開示請求にかかる行政文書を開示しなければならない（行政機関情報公開法5条）。

行政機関の長は、開示請求に関し、全部又は一部を開示する場合も不開示の場合も、決定をして、当該請求者に対し、その旨を書面により通知する（行政機関情報公開法9条）。この決定は、開示請求があった日から30日以内とされるが、補正（行政機関情報公開法4条2項）に要した期間は算入されない（行政機関情報公開法10条1項）。開示に要する期間は、事務処理上困難その他正当な理由があるときは、30日延長される。

3　活用

(1) 開示対象となる情報

（A）開示対象となる情報

行政機関情報公開法においては、「行政機関」が保有する「行政文書」（行政機関情報公開法2条2項）のすべてが対象となる。具体的には、行政機関の職員が職務上作成し、又は取得した文書、図画及び電磁的記録（電子的方式、磁気的方式その他人の知覚によっては認識することができない方式で作られた記録をいう）であって、当該行政機関の職員が組織的に用いるものとして、当該行政機関が保有しているものをいう（行政機関情報公開法2条2項）。

決裁、供覧等手続を終了したものに限らず、職員が組織的に用いるものとされ、又、文書に限られず、開示対象となる情報の範囲は広い。

第4章　行政文書の公開

(B) 開示対象外となる情報

行政機関情報公開法上、開示対象外とされる情報は、①官報、白書、新聞、雑誌、書籍その他不特定多数の者に販売することを目的として発行されるものが除かれる。また、②公文書等の管理に関する法律2条7項に規定する特定歴史公文書等、③政令で定める研究所その他の施設において、政令で定めるところにより、歴史的もしくは文化的な資料又は学術研究用の資料として特別の管理がされているものとされる（行政機関情報公開法2条2項ただし書）。③は、たとえば、国立博物館、国立科学博物館、国立美術館その他内閣総理大臣が指定した研究所、博物館、美術館、図書館等において、歴史的もしくは文化的資料又は学術研究用資料として特別に管理されているものがあげられる。

(C) 他の法令による開示との調整

他の法令により規定する方法と同一の方法では開示を行わないこととされているものは、他の法令により規定される方法により開示を受けることになる。たとえば、他の法令において閲覧の方法による開示が規定されている場合、閲覧の方法による開示を受けたい場合、当該他の法令により開示を受けることとなり、閲覧以外の方法による開示を受けたい方は、行政機関情報公開法により開示請求を行い、開示決定があれば、閲覧以外の開示の実施方法を申し出て、開示を受けることが可能である（行政機関情報公開法15条）。具体的には、証券取引法による有価証券届出書、発行登録書、有価証券報告書等、宅地建物取引業法による宅地取引業者名簿、免許申請書等、土地改良法による国営土地改良事業計画書の写し等、国家公務員倫理法による贈与等報告書があげられる。

また、他の法令に基づき取得が可能な情報に関し、登記簿等（不動産登記法、商業登記法又はその準用法令に規定される登記簿及びその附属書類等、漁業法等に規定する各種原簿等）、戸籍制度における届書その他市区町村長が受理し、法務局に送付される書類、特許原簿等（特許法、意匠法等に規定する特許に関する書類・原簿）、刑事訴訟法に規定する訴訟に関する書類及び押収物などがあげられる。

(2) 時期

情報公開請求は訴訟に関係なく、いつでも可能である。

なお、情報公開請求で公文書を取得する場合、最大60日かかることもありうるので、訴訟が係属中の場合、通常1か月間隔で調整される期日との兼ね合いを考えると、調査嘱託や文書送付嘱託を選択することも考えられる。

4 メリット及びデメリット

(1) メリット

多額の費用をかけなくとも（概ね実費相当）有益な情報を収集できる。また、当該行政機関を相手方としていない場合、交渉・訴訟の相手方の関与なく、適時、主張又は立証の準備のために必要な文書や情報を収集することができる。

(2) デメリット

行政文書の開示請求を行う際、一定の水準まで文書を特定しなければ、請求者において有意な情報が含まれている文書を行政機関が見つけ出すことができない。そのため、どのような文書が存在するのか、又、類型的にどのような文書（たとえば申請書）にどのような記載事項があるのか、関係法令（条例、規則等を含む）を調査するなど、行政機関に提出される文書が何かを情報公開請求に先立ち十分に検討・準備する必要がある。

また、第三者の個人情報や公共の安全に関する情報（捜査関係資料や消防関係資料）が含まれる場合等の理由で、全部又は一部不開示の場合もありうる。不開示事由とされた範囲、予想される内容にもよるが、さらなる必要性を検討し、当該行政書の文書送付嘱託や文書提出命令の申立てが必要になる場合もありうる（ただし、この場合も不開示部分が開示されるとは限らない）。

5　工夫事例

　各行政機関はホームページで分野ごとに、法規制、統計、各種申請に必要とされる資料、事故情報などといった情報を公開している。行政機関が保有する情報量は非常に多く、又、個別の事件との関係では玉石混交であり、必要な情報を収集することには労を要する。

　まずは、調査対象の専門分野に関係がありそうな分野、必要に応じて関係する審議会を探し、行政機関のホームページ上で公開されている情報を確認することが不可欠である。専門分野に関する知見の解説のほかに、法律や規則、その解釈や運用についての見解等がある場合も多い。行政機関がどのような分野を取り扱い、又、どのような情報を収集し保有しているのかを把握したうえで、電子政府総合窓口の「e-Gov」の「行政文書ファイル管理簿」[38]で、行政機関が保有する文書を検索すると効率的である。

　次に、ある程度調べたうえで行政機関に問い合わせをすると、問い合わせ先の担当者とのコミュニケーションが円滑になり、参考になる文書等の情報を得られることもある（たとえば、許認可の有無や許認可にあたっての申請書やその添付資料などが考えられる。ただし、行政文書の保存期間に注意が必要である）。問い合わせ先になる所管課が分からない場合には、「e-Gov」の府省一覧で、組織の名称、所掌事務、総括部署の連絡先のほか、関連情報として関係する独立行政法人を調べることができる。

　こういった事前準備をしたうえで、行政機関が保有する文書の情報公開請求を行うと必要な情報を得られることもある。

---

38) 各府省の情報公開手続や窓口、行政文書ファイル管理簿などの一覧
　〈http://www.e-gov.go.jp/link/disclosure.html〉
　行政文書ファイル管理簿の検索が可能なウェブサイト
　〈http://files.e-gov.go.jp/servlet/Fsearch〉

第1編　相談から交渉段階でできる証拠収集

第5章　私的鑑定

1　概説

　私的鑑定とは、当事者の一方が、裁判所を通さずに特別の学識経験を有する第三者に依頼し、その専門の学識経験に基づいて、法規、慣習、経験法則など及びそれらを適用して得た判断の結果を報告させたものをいう。[39]
　私的鑑定は、親子関係を確認するためのDNA鑑定、遺言書や契約書等の文書の効力を争う場面での筆跡鑑定、賃料増減額請求の際の不動産鑑定士による相当賃料の算出、遺産分割、相続等事件における不動産の価格、建築瑕疵、医療過誤、交通事故の状況等を争う場合の専門家意見、解釈の分かれる法律論を争う場合の法律専門家の意見など様々な場面において、自己の主張を裏付け、裁判所を説得する証拠として実務上活用されている。私的鑑定の結果は裁判において「私的鑑定書」「意見書」「私的鑑定意見書」等の書証として提出される。

2　手続・要件

　私的鑑定は、民事訴訟法212条以下の鑑定（以下では便宜上「法的鑑定」という）と異なり法律上の根拠規定はない。したがって、自己の主張を裏付けるために専門家の意見を確認したい場合に、裁判所を通さず個別に自己の費用をもって業者に鑑定を依頼することができる点で、法的鑑定より利用しやすいものである。

---

[39]「鑑定」の定義について、秋山幹男ほか『コンメンタール民事訴訟法Ⅳ』（日本評論社、2010）289頁参照。

3　活用

(1) DNA鑑定

(A)　意義

　DNA鑑定とは、ヒトの細胞内のDNA（デオキシリボ核酸）の塩基配列が各人で異なることに着目し、これを分析することで個人識別を行う鑑定方法をいう。

　ヒトの細胞は全て1個の受精卵が分裂して増殖したものであるから、どの細胞内のDNAも受精卵のDNAが複製されたものであり、細胞が移植されるなどの特殊な場合を除き、すべて同一で、かつ、終生変わらない。DNAは、2本鎖のらせん構造になっているが、これは両親から1本ずつ受け継がれたものであるため、DNAの塩基配列を解析することにより親子（父性）その他の血縁関係の有無の判定が可能となる。適切な検査方法による限り、判定結果が客観的に明白であるため、裁判になる前に早期に紛争解決を図ることもできる手段といえる。

(B)　検査方法

　口腔粘膜細胞や血液、髪の毛等のサンプルを採取する。サンプルの客観性を立証するため、被鑑定者や弁護士、医師の立会い、本人確認書類や承諾書の提出、当日の署名捺印、写真撮影等の方法により、調査対象本人から採取したことの証拠を残すことが重要である。

(C)　費用

10万～30万円程度が一般的である。

(D)　DNA鑑定を利用する際の留意点

(a) DNA鑑定は100%確実な検査方法ではない

　DNA鑑定は、検査方法の進歩により現在では同じ型が出る確率は約4兆7

第1編　相談から交渉段階でできる証拠収集

千億人に1人という極めて高い精度で個人識別を行うことのできる検査方法である。しかし、細胞移植・突然変異等によりDNAが変形していたり、1つの受精卵から誕生するため基本的にDNAが同一である一卵性双生児など、個人識別が困難となるケースもある。また、検査技師の不注意・技能不足といった人為的な理由により事実と異なる鑑定結果が顕出される可能性も排除できない。DNA鑑定の歴史は浅く、鑑定の手法がまだ十分に確立されているともいえないため、裁判実務においてもDNA鑑定の結果を偏重せず、その信用性を検討したうえでこれを証拠の1つとして、他に収集された証拠とともに事実認定が行われる傾向にある。

(b) DNA鑑定と嫡出推定

　民事事件においては、DNA鑑定の結果が信用できるものと判断されれば、その結果に沿った結論になるのが一般的である。しかし、親子関係不存在確認請求事件において、DNA鑑定により生物学上の父子関係が認められないことが明らかになったとしても、妻がその子を懐胎すべき時期に、すでに夫婦が事実上の離婚をして夫婦の実態が失われ、又は遠隔地に居住して、夫婦間に性的関係を持つ機会がなかったことが明らかであるなどの事情が存在しない限り、民法772条1項の嫡出推定がはたらくため、父子関係を否定するためには嫡出否認の訴えによるべきであり、親子関係不存在確認請求はできないと判断した最高裁判決がある（最判平成26年7月17日民集68巻6号547頁）。この判断は、昭和31年施行の旧民法以来存在する嫡出推定規定の実務における運用の蓄積、すなわち身分関係の法的安定を重視したものであるが、事案の解決の具体的妥当性より一般的、抽象的な法的安定性の維持を優先させるべきでないとする反対意見もある。DNA鑑定技術の進歩により生物学上の父子関係を科学的かつ客観的に明らかにすることが可能となった社会状況の変化に応じて、嫡出推定規定のあり方は今後立法政策の問題として早急に検討されるべきである。

(c) 鑑定業者の選定

　DNA鑑定を行う民間業者はいくつもあるが、精度の低い検査結果を出す業者や高額な費用を要求する業者も存在する。連絡先がメールアドレスしかなく

第 5 章　私的鑑定

所在地が不明といった業者には注意が必要である。複数の業者から見積もりを取得して対応も含め比較してみることも選定の参考になるだろう。

(2) 筆跡鑑定

　(A) 意義

　人の筆跡には、それなりに固定化した特徴、すなわち筆跡個性がある。筆跡鑑定は、この筆跡の個人差に着目して、複数の文書の筆跡個性を比較対照することによって、筆者の同一性を識別しようとするものである[40]。

　民事事件において筆跡鑑定は、遺言無効確認訴訟における自筆証書遺言、養子縁組無効確認訴訟における養子縁組届、契約の効力が争われた場合の契約書など、文書の成立の真正が争われたときなどにその自書性（偽造か否か）を確認する手段として利用される。

　(B) 検査方法

　一般的な筆跡鑑定の検査方法は、鑑定をしたい筆跡（鑑定資料）と、対照する筆跡（対照資料）を比較し、目視による伝統的筆跡鑑定法や数値解析・コンピュータ解析による科学的筆跡鑑定法などの方法によって分析した結果を総合し、同一筆者の筆跡か否か、その可能性が高いか否か等に分類して判断する。裁判においては目視など鑑定人の主観が入りやすい手法をできるだけ排除した客観的な解析方法による鑑定を提出することが望ましいといわれている。

　筆跡鑑定は、当該人物の筆跡の特徴の希少性（固定化した筆跡個性が他人のものと大きくかけ離れていること）と恒常性（固定化した筆跡個性が同一人の間で繰り返し現れること）を検討して当該人物の筆跡個性を特定し、鑑定資料と対照資料とを比較して相同性及び相違性を検討して個々の特徴の異同を判定する。しかし、指紋や DNA のように完全に一致することはありえないため、個人内変動の幅を見極める必要があり、そのためにはできるだけ多くの資料を基に比較検討する必要がある[41]。

---

40) 東京地判平成 3 年 6 月 27 日判時 1430 号 3 頁（自民党本部放火事件）参照。
41) 前掲東京地判平成 3 年 6 月 27 日。

第1編　相談から交渉段階でできる証拠収集

(C) 費用

一般に20万〜50万円程度である。

(D) 簡易の検査

鑑定を依頼する業者によっては、私的鑑定書より簡易な検査を行い、その結果書面を作成してくれるところもある。このような簡易書面は裁判所に提出しても証拠価値が認められる可能性は低いが、私的鑑定書より安価（10〜30万円程度）で判断してもらえるため、当事者間での紛争が比較的軽微な場合や、個人的に確認したい場合、鑑定すべきかどうかの判断に迷っている場合などに利用する価値はある。

実際の活用事例を紹介する。依頼者から、亡くなった父親の遺言書の文字が父親の筆跡と異なり偽造されたのではないかとの相談を受け、簡易の筆跡査定を行った。いくつかの客観的な検査方法により「本人の筆跡である可能性が高い」との判定が出たため、依頼者も父親が作成した遺言書であろうとの結論に落ち着いた。専門機関による客観的な裏付けを得られたことでその後の事件処理をスムーズに進めることができ利用価値があった。

(E) 筆跡鑑定を利用する際の留意点

(a) 筆跡鑑定の裁判実務における位置付け

人の筆跡は、指紋やDNAのように万人不同で常時不変なものではなく、年齢や体調、使用する筆記具、筆記者の意図等の諸条件により容易に変化しうるものであるため、筆跡鑑定を行っても同一人の筆跡かどうかにつき可能性の有無・程度という曖昧な判断に終わることも多い。そのため、裁判実務においても筆跡鑑定は他の諸要素との総合判断の一事情として扱われるのが通常であり、筆跡鑑定が決定的な根拠となることはあまり多くない。このことは法的鑑定でも同様であるが、特に私的鑑定についてはこれに加え、私的鑑定人の専門的知見・経験の不足や、作成を依頼した当事者の主張に偏向した意見が述べられることもあり、信用性を低く見られがちである。

このような筆跡鑑定の特性や私的鑑定書の危険性を踏まえ、依頼者から筆跡鑑定の要望があった場合には、明らかに対象者の筆跡と異なるような場合でも

ない限り筆跡鑑定結果のみで紛争の結論が左右されることはほとんどないことをあらかじめ説明しておくとともに、訴訟活動として筆跡の同一性以外の点、すなわち当該文書が作成された経緯・動機、内容、本人の自書能力、文書の保管状況等についての主張立証を十分に尽くす必要がある。[42]

(b) 筆跡鑑定の精度を上げるために留意すべき事項

　自己に有利な鑑定書を作成させるために鑑定資料と類似した対照資料のみを提出しても、鑑定結果の信用性が低くなるだけであり、その結果裁判所に証拠として採用してもらえないのであれば、筆跡鑑定は無意味なものとなる。費用をかけて筆跡鑑定をする以上は、筆跡鑑定のプロセスにおいて科学性、客観性、厳格性をもたせて筆跡鑑定の証明力を上げるために、以下の点に留意すべきである。[43][44]

① 　間違いなく鑑定資料の筆記者本人が記載したものを対照資料とする。
② 　対照資料は原本が望ましい。
③ 　鑑定資料と同一の文字・単語で比較する。
④ 　同様の筆記具を使用した文字で比較する（望ましくない例：ボールペンと太字サインペン）。
⑤ 　同様の書体で記載された文字で比較する（望ましくない例：楷書と行書）。
⑥ 　資料の性格がかけ離れていないものを利用する（望ましくない例：契約書とチラシの裏の走り書き）。
⑦ 　横書きか縦書きかを統一する。
⑧ 　対照資料は可能な限り鑑定資料と近接した時期に作成されたもの、かつ、作成された時期が明らかなものを使用する。鑑定資料より後に作成された対照資料は事件を受けて筆跡を調整したものと疑われるおそれもあるため、鑑定資料の少し前に作成されたものが望ましい。

---

42) 東京地方裁判所民事部プラクティス委員会第二小委員会「遺言無効確認請求事件を巡る諸問題」判タ1380号15～18頁。
43) 大場民男『保証契約否認への対応』（新日本法規出版、2010）87～105頁。
44) 根本寛『新筆跡鑑定　事件を見抜く筆跡心理学』（三和書籍、2015）132～136頁。

⑨　対照資料は誰に提出したものかが明確なものを使用する。
⑩　対照資料は複数用意する。
⑪　鑑定すべき本人が存命中だが適当な対照資料がない場合は、公開の場又は弁護士立会いの場で筆跡の採取を行い、作成日付、採取場所、本人の署名、立会人署名を記録しておく。

(3) 賃料増減額請求の相当賃料の算定のための私的鑑定

(A) 意義

　従前の賃料（継続賃料）が公租公課の増減や経済事情の変動、近傍類似の土地建物の賃料等との比較などの事情変動により不相当となったときは、当事者は賃料増額・減額請求（借地借家法 11 条、32 条）をすることができるが、この相当賃料の算定のために私的鑑定を利用することがある。

　賃料増減額請求は当事者の協議が原則であり、これが調わないときに調停、訴訟（借地非訟）と進む手続であるため、増減額を希望する当事者は、協議段階から不動産鑑定士に簡易鑑定を依頼し増減額可能な額を算出して相手方に請求することになろう。

(B) 算定方法

　相当賃料額の算定は不動産鑑定士が行う。この場合の評価方法には、①差額配分法、②利回り法、③スライド法、④賃貸事例比較法などがあるが、実務上はいずれの方法も合理性があるとして複数の方法により試算された額の平均値など総合的に考慮して決められるのが一般的である。[45]

(C) 費用

　不動産に関しては一般的に高額であり、規模によっては 100 万円を超えることもある。

---

[45] 澤野順彦『判例にみる地代・家賃増減請求』（新日本法規出版、2006）19 頁。

（D）資料増減額請求において私的鑑定を利用する際の留意点

　賃料増減額請求が調停や訴訟に至った場合、通常は当事者双方が私的鑑定書を提出することになるが、双方の提示金額にかなりの差が生じることも多く、私的鑑定で中立公平な内容のものが出されることは少ない。このような場合、法的鑑定の費用負担を避けるため、双方が提出した私的鑑定の金額の中間程度の金額で和解になることも多い。しかし、金額の合意ができず和解できない場合は裁判所が法的鑑定を採用することとなり、その場合にはかなりの費用を要するだけでなく、紛争解決までに長期間かかることになる。このように、依頼者の意向に偏った内容の私的鑑定書を提出することは、結果的に依頼者本人のためにならないこととなるため、できる限り中立的な内容の私的鑑定を出すことが望ましい。大手不動産会社がウェブサイト上で公表している地域の賃料相場の月間レポートなどは、私的鑑定の内容が中立的か否かの参考になると思われる。

（4）建築紛争における私的鑑定

（A）意義

　建築紛争には、構造欠陥・漏水・建築水準違反等がある場合の瑕疵担保責任に基づく修補・損害賠償請求や不法行為に基づく損害賠償請求、設計・施工等に関する債務不履行に基づく損害賠償請求、追加変更工事の代金請求、契約解除に基づく請負代金の出来高請求事件など様々な争いがあるが、これらの紛争における争点に関して建築、土木の専門的知見が必要となることが多い。専門的知見が必要な建築紛争においては、建築士等の専門家に調査報告書（私的鑑定書）の作成を依頼し、調査報告書に基づいた主張をする必要がある。

（B）費用

　建築物や瑕疵の規模によって異なるが、不動産に関しては一般的に高額であり、100万円を超えることもある。

(C) 調査報告書の作成における留意点

現代技術社会においては建築の専門分野も細分化しており、一概に一級建築士といっても、意匠、構造、設備、積算の事務所系専門家か施工技術者などの現場系専門家かによって判断できる内容も異なる。そのため、取扱事案に即した専門性を有する専門家を選んで調査報告書の作成を依頼する必要がある[46]。

(5) 医療過誤事件における私的鑑定

(A) 意義

医療過誤事件では、訴訟提起前の段階において訴え提起できるか否かも含めた事件の見通しを立てるため、あるいは、訴訟係属中に争点を明らかにするために、意見書（私的鑑定書）を用いることが多い。したがって、医療過誤事件においては、当事者が適切な内容の意見書を作成できるかどうかが紛争全体の方向性を左右するものといえる。

(B) 費用

事案や依頼する医師の地位・知名度等によって金額は異なる。数十万円から100万円を超える場合もある。

(C) 意見書の作成における留意点

争いとなっている事案の疾患を専門とする医師に依頼し、医学的見地から意見書を作成してもらう。医師によって専門領域が異なるため、効果的な内容の意見書を書いてもらうためには、当該事案の分野における診療実績などを踏まえ、できる限り事案に即した専門性を有する医師を探すことが重要である。医療事故の被害者の会などの団体と提携している医師もおり、関連団体から紹介を受けることも医師を探す手段の1つである[47]。

また、医療過誤訴訟の場合は、他の事案と異なり、訴訟提起前の段階におい

---

46) 山本正造「勝つための鑑定書づくり　勝つための鑑定とは・・・」欠陥住宅全国ネットウェブサイト〈http://www.kekkan.net/information/for_smile/article/勝つための鑑定書づくり%E3%80%80勝つための鑑定とは・・・%E3%80%80山本正造（京都・建築士)〉

て訴訟の見通しを立てるために医師に意見書を作成してもらうことが一般的である。医師にとっても、訴訟前段階での意見書作成は訴訟の勝敗を委ねられるものではないため依頼者に不利な内容でも書きやすく、私的な意見書であっても客観性、中立性がある程度担保される。ただし、依頼者に不利な内容の意見書を安易に裁判所に提出することは、依頼者に対する善管注意義務違反が問題となりうるので、注意が必要である。[48]

私的鑑定の性質上、依頼した一方当事者に有利な内容に傾くことも否めないが、たとえ提出した側に有利な内容であってもその理由付けが正しいと判断されれば証拠価値は高くなる。裁判所に理解してもらうためにもまずは弁護士自身で理解できる内容の鑑定かどうかを吟味し、また、意見書に医師の経歴や実績についての説明書や記載内容の裏付けとなる医学文献を添付したり、意見書を作成した医師に証人尋問への出廷の可否をあらかじめ確認しておくなどの工夫も必要である。[49]

また、医師は医学の専門家であるが法律には精通していないのが通常であるため、意見書を書いてもらう前提として、争点となる法律概念（過失、因果関係等）について十分に理解してもらう必要もある。

4　留意点

(1) 私的鑑定を利用するメリット及びデメリット[50]

(A) メリット

① 裁判所に申請しなくても、自ら希望する時期に専門家の意見を取り入れることができるため、早期に争点が明確になり、事件の終了も早くなる。

② （特に医療過誤事件の鑑定の場合）法的鑑定に至ったとしても、先に私

---

47) 医療事故情報センター（医療事故被害者の代理人として活動する全国各地の弁護士が構成する任意団体）は協力医等の情報提供をしている〈https://www.mmic-japan.net/〉。
48) 上田和孝『実務医療過誤訴訟』（民事法研究会、2007）113 頁。
49) 秋吉仁美編著『リーガルプログレッシブシリーズ　医療訴訟』（青林書院、2009）122 頁。
50) 大阪弁護士会医療過誤事件マニュアルプロジェクトチーム編『医療過誤事件マニュアル』（大阪弁護士協同組合、2005）162～165 頁。

的鑑定で専門家の意見が出ているため、鑑定人は私的鑑定書の意見を無視しづらい。

(B) デメリット
① 一方当事者の依頼に基づく意見書であるため、裁判所選任の鑑定人により作成された法的鑑定に比べ、客観性、公平性に欠けるものとして、裁判所から証拠価値を低くみられがちである。
② 事件の事案と異なる専門分野の専門家や実務経験の少ない専門家により作成された鑑定書では、適切な専門的知見と評価されず証拠価値が低くなることもある。
③ 専門家の中には、鑑定書を作成しても、法廷での証言には消極的な者もおり、そのため鑑定書の証拠価値が低くなることもある。
④ 事前に専門家と十分に協議して事件の争点や鑑定書提出の目的を理解してもらわないと、目的とかけ離れた鑑定書が作成されるおそれもある。

(2) 民事訴訟法上の鑑定との違い（私的鑑定書の証明力を高める心がけを）

　私的鑑定は、法的鑑定と性質はほぼ同じものであるが、法的鑑定が裁判所から選ばれた専門家の判断であるのに対し、私的鑑定は当事者の一方が選んだ専門家の判断であることから、依頼者である一方当事者の意向に沿った鑑定結果となるおそれもあり、法的鑑定より証明力を低く見られがちである。
　しかし、裁判所は、私的鑑定の証明力を一律に低く見るわけではなく、鑑定内容を見て立証に役立つかどうかを判断したうえで証拠採用するのであるから、当事者の代理人として私的鑑定を利用する場合は、依頼者の意向に無理に沿わせるような不自然な鑑定を求めるのではなく、できる限り客観的・科学的な判断をする専門家を選択して証明力の高い鑑定結果を出すよう心がけ、その鑑定結果を基に依頼者の利益に適うよう主張立証を尽くすべきである。

第5章　私的鑑定

（3）専門家との対応

　各論でも述べたが、医療事故や建築事案に関しては専門家が得意とする分野が狭いことも多いため、事案に即した専門家であるかどうかの吟味は重要である。

　また、専門家に意見書を依頼する際には、当該事案においてどういった点を立証するために意見書の作成を依頼するのかを十分に検討したうえで、その目的に沿った内容を書いてもらうよう専門家と十分に協議する必要がある。ただし、あまりにも依頼者の意向に沿った内容になると信用性が薄れるため、できるかぎり客観性のある内容で書いてもらうべきである。

　さらに、意見書を作成した専門家には、裁判において意見書に沿った証言ができるかどうかも事前に確認し、少しでも専門家の負担を軽減できるよう出張尋問（民事訴訟法195条）の検討もすべきである。

第1編　相談から交渉段階でできる証拠収集

第6章　依頼者が持参した資料の取扱い

1　概説

相談を行う際、受任事件の大枠を知るために相談者（依頼者）に資料の持参を求めることが多い。相談者（依頼者）は当事者であるから、当然ながら情報の宝庫である。

相談を行ううえで、戸籍謄本・住民票、契約書類、決算書、図面、メール、写真等、客観的資料をもとに事実関係を把握することは極めて重要なことであるから、相談者（依頼者）に手持ちの資料一切を持参するよう依頼することがほとんどであろう。

相談者（依頼者）の話（主観）だけで事件の筋を描いたり、方針を決するのは危険であるし、依頼者が保有する資料をもとに事件を第一時的に組み立てることが代理人たる弁護士の使命ともいえる。

よって、原則として相談者（依頼者）が持参した資料は事件処理に大いに用いるべきではあるが、いくつか注意すべきことがあるので、参考にされたい。

2　信用性の確認——原典にあたる

まずは、その資料の作成者や出展元をきちんと確認することが必要である。

資料の作成者がその資料を作成しえない者であった場合にはその資料自体の存在・証明する内容に対する信憑性・信用性に疑念が生じるし、事件を把握するにおいてミスリードされかねない。

よって、改竄などのおそれを払拭するためにも、可能な限り原本を持参して

もらうべきであろう。

　初回相談などで写ししか持参されなかった場合は、代理人として対外的に行動を開始する前に、原本確認（存否を含めて）を行う癖をつけることを強くお勧めする。

3　取得方法の確認

(1) 使用者・用途（目的）が制限されている場合

　資料の作成者、出展元が正確であっても、当該情報・資料につき使用者・用途（目的）が制限されている場合があることには、細心の注意が必要である。

　23条照会により取得した回答・資料を照会の目的以外には用いることを厳に慎むべきであることは前述のとおりである。職務上請求書により取得する情報も、同様に、請求目的外の使用は厳禁である。常に、われわれ弁護士は、他人のプライバシー・秘密にかかわる繊細な情報を取り扱っていることを念頭に置いて、資料・情報に相対しなければならないのである。

　なお、その中でも特出してその取扱いに注意が必要なのは「刑事事件記録」である（後述）。

(2) 違法収集証拠

（A）違法収集証拠の証拠能力

　たとえば、依頼者が、相手方に無断で、相手方の日記や書類を写真撮影、コピー、又、当事者間での会話を断りなく録音し、それらを持参することもよくある。では、このような資料を訴訟上・交渉用に用いることはできるだろうか。

　刑事訴訟においては、違法収集証拠（証拠の収集手続に違法がある場合）は当該証拠の証拠能力が否定され、事実認定の資料から排除する原則が確立しているが[51]、民事訴訟法には証拠能力に関する規定が設けられていないことから問

---

51) 供述証拠については刑事訴訟法319条1項、非供述証拠については明文規定なく、最判昭和53年9月7日刑集32巻6号1672頁等。

第1編　相談から交渉段階でできる証拠収集

題である。

　訴訟手続の公正さと真実発見の要請とのいずれに重きをおくかにより、①証拠方法の取得や使用に実体法上の違法があったとしても、それは損害賠償の問題を生ずるにとどまるのであって、証拠法上の評価は自由心証主義（民事訴訟法247条）の範囲内と捉えたり、②実体法上の違法は直ちに証拠能力を否定すると捉えることとなる。

　上記①②はいずれも極端であるところ、現在の多数説は、折衷的な考えの下、証拠能力の制限を肯定し、結局は証拠能力を肯定する場合と否定する場合との振り分け基準をどこに求めるのかが問題となってきた。最高裁判例はまだないが、これまでの裁判例は多数説と同じ方向にあることから、裁判例を研究することで振り分け基準を汲み取ることが肝要である。

　裁判例で多いものに秘密録音に関するものがある。代表的なもので、多くの民事訴訟の基本書にも引用されている裁判例（東京高判昭和52年7月15日判タ362号241頁）を以下紹介する。

　本件は原告が被告との放送契約の成立を証するために、被告の担当者と原告間の会話をひそかに録音しその反訳文を証拠として提出したという事案であるが、東京高裁は、「当事者が挙証の用に供する証拠は、一般的に証拠価値はともかく、その証拠能力はこれを肯定すべきものと解すべきことはいうまでもないところであるが、<u>その証拠が、著しく反社会的な手段を用いて人の精神的肉体的自由を拘束する等の人格的侵害を伴う方法によって採集されたものであるときは、それ自体違法の評価を受け、その証拠能力を否定されてもやむを得ないものというべきである。</u>」（下線筆者）と判示し、問題とされた無断録音テープにつき「話者の同意なくしてなされた録音テープは、通常話者の一般的人格権の侵害となり得ることは明らかであるから、その証拠能力の適否の判定に当たっては、その録音の手段方法が著しく反社会的と認められるか否かを基準とすべき」「（本件）録音は、酒席における某者らの発言供述を、単に同人ら不知の間に録取したものであるにとどまり、いまだ同人らの人格権を著しく反社会的な手段方法で侵害したものということはできないから、（本件）録音テープは、証拠能力を有するものと認めるべき」とした。

　上記裁判例の振り分け基準によると、たとえば話者の精神的身体的自由を拘

束した状態でなされる会話録音や、家屋に侵入して盗聴マイクを設置して録音した場合には、反社会的な手段方法と認められるであろう。

さらにいくつか参考とすべき裁判例を掲載するので、ぜひこれらを含めた裁判例の原典にあたり、どのような点が問題視され裁判所で判断されたのかを精査し、民事事件の代理人として違法収集証拠の振り分け基準を身につける一材料にしていただきたい。

(B) 参照裁判例
(a) 証拠能力肯定
① 東京地判昭和46年4月26日下民集22巻3・4号454頁：詐害行為に基づく不動産譲受行為の取消しと所有権移転登記抹消手続を求めた訴訟において、原告被告及び関係者一同が関係者方（個人家屋）を訪問し実施した会談を、会談がなされている部屋の隣室で、被告に断わらず第三者（同家屋の住人）がテープレコーダーで上記会談の内容を録音し、同録音テープの反訳を証拠として提出したケース

「（本件）録音テープに録取された会談の内容は、本件事件の当事者間で本件事件について質疑がなされた際にこれを一方当事者において録取したものであり、特に会談の当事者以外にききとられまいと意図した形跡はないから、右録取に際し他方当事者の同意を得ていなかった一事をもって公序良俗に反し違法に収集されたものであって、これにもとづいて作成された証拠に証拠能力を肯定することが社会通念上相当でないとするにはあたらない。」

② 名古屋地判平成3年4月8日判時1408号105頁：夫の不倫相手に対する妻からの慰謝料請求訴訟において、夫が賃借し不貞相手を住まわせていたマンションの郵便受けから妻が無断で親書を持ち出し、書証として提出されたケース

「民事訴訟は、いわゆる証拠能力に関して何ら規定するところがなく、当事者が挙証の用に供する証拠は、それが著しく反社会的な手段を用いて採取されたものである等、その証拠能力自体が否定されてもやむを得ないような場合を除いて、その証拠能力を肯定すべき」

第 1 編　相談から交渉段階でできる証拠収集

「確かに、本件書証は原告が某マンションの郵便受けの中から夫に無断で持ち出して開披し、隠匿していた信書であることが認められ、夫婦間の一般的承諾のもとに行われる行為の範囲を逸脱して取得した証拠であることが伺われなくもないが、（認定の通り）夫が被告との関係を原告に隠そうとしていなかったこと、夫は現在も被告らと共に鰻屋を営んでおり現在も原告と同居していることがみとめられるのであるから、証拠収集の方法、態様は、民事訴訟において証拠能力を否定するまでの違法性を帯びるものであるということはできない[52)][53)]」

③　東京地判平成 26 年 6 月 20 日裁判所ウェブサイト：被告の従業員であった原告が、被告に在籍中に被告の業務範囲内かつ原告の職務に属する A 方式に関する発明をし、これの特許を受ける権利を被告に承継させたとして、被告に対して相当の対価の一部たる 5 億円と遅延損害金の支払いを求めた職務発明対価請求訴訟において、原告が被告在職中に入手した「被告がその原本を秘密情報として管理している文書」（本件社内文書）を本件訴訟上に原告の有利な証拠として証拠提出した事ケース

「（原告が提出した）文書は、いずれも原告が被告における自己の業務に関連して、被告社内で入手した被告の社内文書であって、いずれも原告が退職時に被告に対してその返還を確認し、その旨を誓約したはずの文書に当たると認められる」（被告の就業規則）

「そうすると、原告は被告の社内規則等に違反し、かつ原告自身の被告に対する誓約に背いて、本件社内文書又はその写しを退職後も返還することなく所持していることが認められる。…このように、原告が被告の社内規則や自らの被告に対する書面による明示的な誓約に反して、本件社内文書を被告から持ち出し、あるいは被告に返還せずに、退職後も所持していることは、原告が、被告の従業員として労働契約又は信義則によって負担する、被告に対する法律上及び契約上の義務に違反するものであることは明らかというべきである。」

---

52) 原文誤記。正しくは、「原告ら」である。
53) 本件信書そのものが、本件の争点を決するにあたり決定的な証拠というわけでもないようである（判時 1408 号 105 頁参照）。

第6章　依頼者が持参した資料の取扱い

「しかしながら、民事訴訟においては、証拠能力の制限に関する一般的な規定は存在せず、訴訟手続を通じた実体的真実の発見及びそれに基づく私権の実現も民事訴訟の重要な目的というべきでるから、訴訟において当事者が提出する証拠が、当事者の訴訟外の権利義務関係の下で法律上、契約上若しくは信義則上の義務に違反して入手されたものといい得るとしても、それゆえにその訴訟上の証拠能力が直ちに否定されるべきものであるとはいえず、当該証拠が著しく反社会的手段を用いて採取されたものであるなど、それを民事訴訟において証拠として用いることが民事訴訟の目的や訴訟上の信義則（民訴法2条参照）に照らして許容し得ないような事情がある場合に限って、当該証拠の証拠能力が否定されると解するのが相当である。

本件においては、上記のとおり、原告が本件社内文書を持ち出して、退職後も所持していることは、法律上及び契約上の義務に違反するものであって、被告に対する背信行為というべきものであるが、他方で、本件社内文書は、いずれも原告が被告における自己の業務に関連して接することができ、その業務の過程で入手し得たものと考えられること、それら本件社内文書が不競法2条6項に規定する「営業秘密」の成立要件を充たす文書であるか否かは必ずしも明らかではなく、また、原告は上記社内文書を法律上正当な権利の行使である職務発明対価請求訴訟の書証として利用しているにすぎないこと、本件社内文書のような使用者側の保有する特許権のライセンス契約等に関する社内文書は、職務発明対価請求訴訟において、一般的に請求の基礎となる事実関係の解明に重要な書類であり、職務発明対価請求訴訟は、本来企業と従業員若しくは元従業員との間の訴訟であるから、上記のような社内文書においても、閲覧制限の申し立てをし、当事者間で秘密保持契約を締結したりするなどすれば、上記社内文書が不用意に外部に流出することはないにもかかわらず、本件において、被告は上記社内文書等を書証として提出することを拒んでいること、以上の事情をも考慮すると、原告が被告在職中に入手した本件社内文書を本件訴訟において自己の有利な証拠として用いることは、いまだ著しく反社会的なものであるとまで断じることはできず、民事訴訟の目的や訴訟上の信義則に照らしても全く許容し得ないものとまでいうことはできない。

よって、原告が提出した本件社内文書に係る書証につき証拠能力がないと断ずることはできず、したがって、被告の証拠排除の申立ては理由がない。」

(b) 証拠能力限定肯定

① 東京地判平成24年3月27日ウエストロー2012WLJPCA03278024：相続に絡む争訟（相続財産確認請求、土地所有権移転登記請求、遺留分減殺請求、賃借権確認請求反訴）の一部である贈与契約の成否に関する証拠として、訴訟に先立ち行われていた遺産分割調停期日におけるやり取りを被告が密かに録音していたデータとその反訳書を訴訟上提出したケース

「民事訴訟において、当事者から提出された個々の証拠の証拠能力を認めるか否かについては、結局のところ、その違法性の程度（被侵害利益の重大性や侵害態様の反社会性の程度等）や当該証拠の価値等の諸要素を比較考量して判断せざるを得ないというべきである。本件においては、一方で、被告が上記調停期日の調停委員会と当事者間のやり取りを密かに録音していた行為によって、当事者の重要な権利・利益が侵害されたと直ちに認めることはできないけれども、他方で、上記証拠の証拠能力を無制限に認めれば、今後かかる行為を助長し、廃止前の家事調停法が家事調停手続を非公開とし（家事事件手続法も同様）、もって家事事件の円滑、迅速な紛争解決を目指そうとした趣旨を没却するおそれがある。そうすると、上記証拠については、これを違法集証拠〔ママ〕として、その証拠能力自体を否定することはできないけれども、少なくとも、その提出者に有利となる事実を認定する証拠として用いることはできないとの限度で、これを肯定するのが相当というべきである。」

(c) 証拠能力否定

① 東京高判平成28年5月19日ウエストロー2016WLJPCA05196004：被控訴人が運営する大学の事務職員である控訴人が、所属する部署の上司からパワハラを受けたとして損害賠償請求を提起した事件において、同大学のハラスメント防止委員会の審議内容を秘密録音したテープとその反訳文

第 6 章　依頼者が持参した資料の取扱い

が証拠提出されたケース

「民事訴訟法は、自由心証主義（247 条）を採用し、一般的に証拠能力を制限する規定を設けていないことからすれば、違法収集証拠であっても、それだけで直ちに証拠能力が否定されることはないというべきである。しかしながら、いかなる違法収集証拠もその証拠能力を否定されることはないとすると、私人による違法行為を助長し、法秩序の維持を目的とする裁判制度の趣旨に悖る結果ともなりかねないのであり、民事訴訟における公正性の要請、当事者の信義誠実義務に照らすと、当該証拠の収集の方法及び態様、違法な証拠収集によって侵害される権利利益の要保護性、当該証拠の訴訟における証拠としての重要性等の諸般の事情を総合考慮し、当該証拠を採用することが訴訟上の信義則（民事訴訟法 2 条）に反するといえる場合には、例外として、当該違法収集証拠の証拠能力が否定されると解するのが相当である。」

「差出人不明者から本件録音体が送付されたというのも、いかにも唐突で不自然である。……控訴人が本件録音体及び上記面談内容を無断で録音した録音体を所持し、それぞれの反訳書を証拠として提出していることに鑑みると、本件録音体の無断録音についても控訴人の関与が疑われるところである」

「委員会の認定判断の客観性・信頼性を確保するには、審議において自由に発言し、討議できることが保障されている必要がある一方、その扱う事項や情報等の点において、ハラスメントの申立人及び被申立人並びに関係者のプライバシーや人格権の保護も重要課題の一つであり、そのためには各委員の守秘義務、審議の秘密は欠くことのできないものというべきである。委員会がその審議を非公開で行い、録音しない運用とし、防止規程 13 条が各委員の守秘義務を定めているのも、かかる趣旨によるものと解される。そうすると、委員会における審議の秘密は、委員会制度の根幹に関わるものであり、秘匿されるべき必要性が特に高いものといわなければならない。」「（このような）委員会の審議を無断録音することの違法性の程度は極めて高いものといえること、本件事案においては、本件録音体の証拠価値は乏しいものといえることに鑑みると、本件録音体の取得自体に

第 1 編　相談から交渉段階でできる証拠収集

控訴人が関与している場合は言うまでもなく、また、関与していない場合であっても、控訴人が本件録音体を証拠として提出することは、訴訟法上の信義則に反し許されないというべきであり、証拠から排除するのが相当である。」

② 大分地判昭和 46 年 11 月 8 日判時 656 号 82 頁：原告が被告に対し金銭消費貸借契約に基づく債務の不存在確認訴訟を提起したケースで原告が被告に無断で両者間の会話を録音したテープの録音録取書を書証として提出したケース

本件書証は、「原告が対話の相手方である被告の同意を得ずに密かに録音したテープの録音書である事実が窺われる。」「相手の同意なしに対話を録音することは、公益を保護するため或いは著しく優越する正当利益を擁護するためなど特段の事情のない限り、相手方の人格権を侵害する不法な行為と言うべきであり、民事事件の一方の当事者の証拠固めというような私的利益のみでは未だ一般的にこれを正当化することはできない。従って、対話の相手方の同意のない無断録音テープは不法手段で収集された証拠というべきで、法廷においてこれを証拠として許容することは訴訟法上の信義則、公正の原則に反するものと解すべきである。

一方、このような無断録音による人格権の侵害は不法行為に基づく損害賠償などで解決すれば足り、無断録音テープの証拠能力には影響を及ぼさないとの立場も考えられないわけではないが、反面右損害賠償の義務を甘受することと引換えに、不法な手段で獲得した録音テープを法廷に提出することを訴訟当事者の自由に任せ、これを全て証拠として許容することは無断録音による右人格権侵害の不法行為を徒らに誘発する弊害をもたらすと共に、法廷における公正の原則にも背馳するものと言わなければならない。

右理由から、前認定の如く被告の同意を得ずして原告に密かに録音されたものであることの明らかな本件書証は証拠として採用し難い」。

(3) 裁判例の考察

このように、下級審の裁判例を見てくると、(1) 被収集側の事情として「特

に会談の当事者以外にききとられまいと意図した形跡はない」（肯定例①）、「（認定のとおり）夫が被告との関係を原告に隠そうとしていなかったこと」（肯定例②）、「委員会がその審議を非公開で行い、録音しない運用とし、規定が各委員の守秘義務を定めている」（否定例①）等が認定された場合、すなわち明示的に録音・証拠収集される相手方が収集を排除している場面でない場合と認められる場合には、(2)収集方法として「いまだ著しく反社会的なものでない」ことと相俟って、真実追求・発見に重きをおき、証拠能力を肯定しているように読み取れようか。

4　調査会社の調査結果の取扱い

(1) 違法収集証拠

　たとえば、夫婦の一方が他方の不貞を疑い、興信所をつかって慰謝料請求のために不貞の証拠を集めることは、事実上広く利用されている。
　実際に訴訟上も証拠として採用されることが多く、興信所の調査結果自体を利用してはいけないということは決してない。
　ただし、前記3で一般論として述べたとおり、刑事訴訟手続と異なって民事訴訟手続においては、理論的には証拠能力を否定される可能性は低いとはいえ、興信所の調査結果を鵜呑みにしてそのまま流用することは、厳に慎み、証拠として用いることができるかどうか見極める必要がある。一概に興信所といっても千差万別であり、中には違法行為により証拠を集める者もある。そのような違法な手段により集められた証拠をもって交渉・訴訟行為を遂行した場合、相手方から違法行為に加担したなどと言われ損害賠償請求の当事者にされたり、懲戒請求の対象とされかねないのである。
　例をあげると、施錠されている郵便受けに興信所の調査員が手を突っ込んで郵便物を引き出して信書の送り主を確認していた場合や、立ち入り禁止区域に入り込んで撮影した写真などは「違法収集証拠」と判断されうる。

(2) 興信所と依頼人との契約上の利用制限

　また、興信所の調査結果報告書には、よく「当該報告は、当該依頼者に限定し極秘に報告するものであり、全部又は部分の関わりなく再報告してはならないものとする」等の文言が注記されていることが多く、当事者が持参した興信所名が明記された報告書をそのまま代理人弁護士が用いたことで、興信所から弁護士に対して損害賠償請求や苦情申入れをされることもある。代理人としては、十分に注意すべきである。

　依頼者に対しては、かかる利用制限のある証拠を裁判上、事件の交渉上用いることで興信所とトラブルが発生する可能性は告知したうえで、事件解決の為に証拠として用いるべきか否かを検討し、用いる場合でも提出方法は工夫するべきであろう。

(3) 興信所による調査の費用は「損害」たりうるか

　興信所を利用しての調査には、相当額の費用を要する。この費用を当該事件の「損害」として請求することはよくみられるが、実際に認容されるかどうかについては、一概に基準を定率することは困難ではある。裁判例も様々なものがある。

　裁判例を紹介すると、肯定例に、東京地判平成28年11月30日ウエストロー2016WLJPCA11308023がある。「当事者間に争いのない事実によれば、原告（妻）は、夫Ａの行動からその不貞を疑ったが、Ａがこれを否定したため、やむなく興信所に調査を依頼したものであり、その結果、被告がその相手方であることを突き止めることができたのであるから、そのために原告が興信所に支払った費用は、被告の不法行為と相当因果関係のある損害というべきである。当事者間に争いのない事実によると、原告は、興信所にその費用として77万7600円を支払ったこと、調査は2日間にわたって行われていることが認められ、同額は不相当に高額であるとまではいえないから、被告は、原告に対し、その全額を賠償すべきである。」

　否定例としては、東京地裁平成28年10月17日ウエストロー2016WLJP-

CA10178005がある。「原告（妻）は、その損害として興信所に依頼した被告及びA（夫）の素行調査の費用を主張する。しかし、上記調査費用は、証拠収集費用であるが、いかなる証拠収集方法を採用するかは専ら原告の判断によるものであること、原告は平成27年5月6日の時点で被告とAとの不貞行為の存在を合理的に推認させるというべきカードキー、請求領収書兼請求明細書等の証拠を入手していたにもかかわらず、更に興信所に調査を依頼していることに照らし、上記調査費用は被告とAとの不貞行為との相当因果関係を認めることができないものというのが相当である。」

上記下級審裁判例からは、「当該事実認定（不貞）に必要不可欠」な調査（証拠）であったか否か、が請求原因との相当因果関係性を肯定するメルクマールになっているといえる。

5　刑事事件記録の取扱い

たとえば、交通事故において、刑事事件の被害者が民事において損害賠償請求を提起する場合、刑事事件の記録をそのまま証拠資料として用いることは可能であろうか。

ごく稀に、相談者（依頼者）本人（被害者）が刑事事件記録（実況見分調書や訴訟記録など）を持参することもある。

基本的に、その持参された資料は、事実を確認するには用いることができても、代理人として書面を作成する根拠としたり、民事訴訟資料に用いるには、依頼者がどのようにしてその資料を入手したかを、必ず聴取して、その出展に至った経緯を確認し、適切な手続を経たものだけ証拠資料としなければならない。

刑事事件記録は、厳格に法律によって閲覧謄写をなしうる者、時期、閲覧謄写をした資料の用途が定められており、用途違反によっては罰則まで法定されているのである。

第1編　相談から交渉段階でできる証拠収集

(1) 起訴されて判決確定している場合、若しくは未終結であっても記録取得者が当該被告事件の被害者等である場合

　まず、当該刑事被告事件が終結していれば（終結後一定の期間内）、何人でも訴訟記録の閲覧が可能であることから、依頼者が、自ら刑事訴訟法53条1項及び刑事確定訴訟記録法4条により適式に手続を経て入手した資料であれば、依頼者の代理人として民事事件に用いることは可能である。
　また、平成19年6月20日に「犯罪被害者等の権利利益の保護を図るための刑事手続に付随する措置に関する法律」が改正され、当該被告事件の被害者・法定代理人や委託を受けた弁護士、ないしは同種余罪の被害者等は、当該被告事件の第1回公判期日後事件終結までの間、当該被告事件の訴訟記録の閲覧謄写が可能となったことから、当該被告事件の被害者等がかかる法律を根拠に適切に手続を経て入手した資料であれば、依頼者の代理人として民事事件に用いることは可能である。
　もちろん、相談を受けた際に相談者（依頼者）が被告事件の資料を持っていない場合には、代理人として刑事訴訟法及び刑事確定訴訟記録法、又は犯罪被害者等の権利利益の保護を図るための刑事手続に付随する措置に関する法律を用いて、適切に訴訟記録を入手されたい。

(2) 不起訴事件や刑事被告事件の終結前の場合

　他方、不起訴事件や刑事被告事件が終結していない場合、犯罪被害者等であっても第1回公判前期日以前には、閲覧謄写は原則なしえないところ、相談者（依頼者）が事件記録を所持している事態は、通常考えられない。
　仮に、相談者（依頼者）が当該被告事件の刑事弁護人から記録を入手したようなことが窺われたら、決してその資料を用いてはならない（刑事弁護人の目的外使用に加担することになってしまう（後記「刑事事件の記録と弁護士」参照））。
　適切な手段による入手を確認できない資料を証拠資料として用いることは、厳に慎まなければならない。

第6章　依頼者が持参した資料の取扱い

　このような場合に依頼を受けて当該事件の損害賠償請求事件（民事）の代理人となる者は、23条照会やその他本書に掲げる証拠収集手段を駆使して必要な刑事記録（実況見分調書など）を取得したうえで、民事事件の証拠資料としなければならない。

　交通事故の実況見分調書、飲酒検知の結果などは、代替性が無く客観的な資料であるため、相当な理由があれば23条照会により比較的確実に入手が可能である。

　たとえ、法で認められた手段を駆使したが、結果として証拠資料が整わない場合（非開示との判断を受けたり、マスキング処理された資料であったなど）であっても、それが当該事件に与えられた最大限の証拠として事件処理を行わなければならない。

　適式な入手方法ではない資料をもとに事件処理を行うことは、弁護士としての品位を失うべき非行に該当しかねない（弁護士法1条、56条1項）。

（3）補：刑事事件の記録と弁護士

　刑事訴訟法の改正（平成16年法律第62号）において証拠開示規定が整備される際、開示証拠が適切に管理されなければ証拠隠滅、関係者の名誉・プライバシーの侵害等の弊害を拡大する懸念があり、これら弊害があると証拠開示が限定されるおそれがあるため、刑事事件の証拠については、当該被告事件の審理その他当該被告事件にかかる裁判のための審理等及びその準備のためにのみ使用を認めることとされた（刑事訴訟法281条の4）。

　同条の使用目的には、民事訴訟手続における証拠提出は含まれないと解されているから、刑事弁護人（ないし弁護人であった者）が保管する刑事事件記録を気軽に民事事件の代理人に対して当該訴訟記録を交付してはならない。

　近年、交通事故の案件で、民事事件の代理人が、刑事事件を担当した弁護人に対して刑事訴訟記録貸与の依頼をした事件があった。

　依頼に応じて訴訟記録を漫然と交付した刑事弁護人は戒告処分を受け（平成28年1月7日）、交付を依頼した民事事件の代理人（一部。主任弁護士ら）にも同様の懲戒処分（戒告）が課された。

第1編　相談から交渉段階でできる証拠収集

第7章　その他調査

1　反社会的勢力に関する調査

(1) はじめに

　多くの契約書には、暴力団や暴力団員等の反社会的勢力（以下、「反社」という）を排除する条項（以下、「暴排条項」という）が設けられている。[54]
　しかし、実際には、契約の相手方が反社であるとの疑義が生じ、契約締結を拒否したり、暴排条項に基づき締結した契約を解除しようとするときに、契約の相手方が反社かどうかを調査することは難しい。
　報道や出版物、インターネット検索よる情報の収集や、警察への相談以外の方法として、以下のような方法が考えられる。[55]
　なお、実際に反社調査をする場合には、どれか1つを行えばよいというわけではなく、複合的な調査が必要である。

(2) 暴追センターへの照会

　東京都暴力団排除条例（以下、「暴排条例」という）では、都は、都民等の

---

[54] 暴排条項の一例として、公益財団法人暴力団追放運動推進都民センターが条項例等を公表している〈https://boutsui-tokyo.com/wp-content/uploads/kakuyaku.pdf〉。反社ではないことの表明等の対象には、現に暴力団員等ではないことに加え、暴力団員でなくなったことから5年経過していない者であることも含まれている。

[55] 警視庁のホームページ〈http://www.keishicho.metro.tokyo.jp/faq/anzennakurasi/bouryokudann.html#cmsD9C81〉では、暴力団関係での質問、相談に関するアナウンスがされている。

協力を得るとともに、公益財団法人暴力団追放運動推進都民センター（以下、「暴追都民センター[56]」という）等との連携を図りながら、暴力団排除活動に関する施策を総合的に推進するものとされている（暴排条例5条）。

この暴追都民センターに問い合わせると、契約の相手方が現在暴力団員として登録があるかどうかについての回答が得られる場合がある。

問い合わせの際には、まず対象相手の氏名、生年月日、住所を特定し、それが記載されている契約書、申込書等の資料が必要となる。

これに加え、対象相手が暴力団員と疑われる理由も明らかにする必要がある。この一例としては、新聞記事やインターネットのニュース記事などで、対象相手と同姓同名の人物が暴力団組員として記載されている、契約締結の交渉の場において、対象相手がトラブルを起こして苦情申入れその他話し合いをした際、胸元に入れ墨が見えた、暴力団員であることをほのめかされたといった事情が考えられる。

このように、照会する側が可能な限り調査した結果、暴追都民センターに対象相手が現在暴力団員として登録されている場合には、その旨回答が得られる。

もっとも、回答が得られるのは、あくまでも対象相手が現在暴力団員として登録されているか、ということに限られる。過去に登録があったかどうかや、準構成員であるかどうかといった点までの確認をすることはできないので注意を要する。

以上においては、東京都の場合を紹介したが、同様の暴力団追放運動推進センターは、各都道府県に存在している[57]。

都道府県暴追センターごとに運用が異なる場合も考えられるので、反社調査の必要が生じた場合には、直接問い合わせのうえ確認する必要がある。

(3) 弁護士会照会による照会

紹介先を警察署署長とし、特定の物件が暴力団事務所として使用されているか、特定の住所に住民登録をする者が特定の組の構成員として把握されている

---

[56] 暴追都民センター〈https://boutsui-tokyo.com/link/〉
[57] 全国暴力追放運動推進センター〈http://fc00081020171709.web3.blks.jp/index.html〉

か、ということを確認できることがある。

ただ、照会をしても書面による回答を得られない例も多く見られる。

東京弁護士会では、「照会に先立ち、申出会員から照会先の所轄警察署等に対して、情報提供に関する事前相談を行った方が回答を得やすくなります。具体的には、照会の必要性（受任事件に関して暴力団排除が必要不可欠であること等）や照会により得られる情報の使用目的等について説明し、提供を受ける情報の内容や範囲を確認すること等が必要となります」との注意喚起がされている。[58]

(4) 公共工事からの排除措置等

反社である、反社と関連性があるとされる業者は、自治体の指名停止措置や排除措置によって、公共工事の入札等から排除される。自治体のホームページでは、指名停止措置や排除措置を受けた業者が公表されている。

公表内容からは、自治体がどのような事由から反社である、反社と関連性があると判断をしたかについてまで確認できないものの、自治体も調査のうえでこのような措置に及んでいると考えられるから、その情報の信用性は高いといえる。

なお、自治体によって、排除措置の期間は「措置を行なった日から〇年」といった形で定められているので、調査時に措置を受けた業者として公表されていないからといって、過去に一切措置を受けていないとまでは断定できないので注意が必要である。

(5) 反社であることが明らかになった場合の対応

（A）取引拒否、解除通知の方法

内容証明郵便で通知すべきである。

口頭でのやり取りの場合、相手方から威圧されることもありうるし、威圧され

---

[58] 東京弁護士会の会員サイト上では、この場合の書式が公開されており、その中でこの注意喚起がされている。

なくとも具体的な説明を求められ答えに窮してしまうといったこともありうる。

　また、反社を理由とする取引拒否や解除の場合、後々契約準備段階における信義則上の注意義務違反や債務不履行といった問題に発展し、訴訟となることも十分考えられる。後々訴訟となる可能があることも考えれば、いつ通知をし、いつ到達したかを明確にしておくためにも、内容証明郵便による通知がよい。

　その際、どこまで具体的に理由を記載するかという点については、取引拒否の場合には、「『当社の内規に照らして』や『当社において総合的に検討した結果』という理由に留めることでよい」とされ、相手方から理由の説明を求められても、「『当社において総合的に検討した結果、今回のお取引は見送らせていただきました』と説明すれば足り、内規を説明したり、社内の判断の過程を明らかにする必要はない」とされている[59]。

(B) 立証

　取引拒否の場合であっても、解除の場合であっても、訴訟で争われた場合には、過失の有無や解除原因の立証が問題となるから、どのような点から反社と判断したのかという上記の照会結果を記録し、保存しておく必要がある。

2　特許、実用新案、意匠、商標の調査

　特許権侵害、商標権侵害といった事案では、そもそも特許権や商標権として出願されているものなのか、どのような内容で出願されているものなのか、といった点を調査する必要がある。

　特許、実用新案、意匠、商標に関して、特許情報プラットフォームで調査することができる。たとえば、「特許・実用新案、意匠、商標の簡易検索」で検索することができる[60]。

　特許・実用新案、意匠、商標に関し、それぞれテキスト検索や、出願・登録情報といった詳細な情報を検索することができる。

---

[59]　大井哲也ほか『暴力団排除条例ガイドブック』(レクシスネクシス・ジャパン、2012) 159頁。
[60]　特許情報プラットフォーム〈https://www.j-platpat.inpit.go.jp/web/all/top/BTmTopSearchPage.actio〉。

第 2 編

訴訟提起を見据えた提訴前に可能な証拠収集

第2編　訴訟提起を見据えた提訴前に可能な証拠収集

第1章　訴えの提起前における照会

1　制度の意義・概要

　平成15年の民事訴訟法改正により、訴訟手続の計画的進行を図り、民事訴訟の充実・迅速化を実現するため、訴え提起前における証拠収集等手続が新たに導入された。具体的には、①訴えの提起前における照会（第1章）と②訴えの提起前における証拠収集処分（第2章）がある。本章では、上記①訴えの提起前における照会について述べる。

　訴えを提起しようとする者が、訴えの被告となるべき者に対し訴えの提起を予告する通知を書面（以下、「予告通知」という）でした場合は、その予告通知をした者は、その予告通知を受けた者に対し、その予告通知をした日から4月以内に限り、訴えの提起前に訴えを提起した場合の主張又は立証を準備するために必要であることが明らかな事項について相当の期間を定めて書面で回答するように書面で照会することができる（民事訴訟法132条の2第1項柱書き）。

2　手続・要件

(1) 概要

　まず、①相手方は訴えの被告となるべき者であり、相手方に代理人があるときは、照会の書面は、当該代理人に対し送付することとされる（民事訴訟規則53条の4第1項）。次に、②照会に先立ち、訴えの提起を予告する通知を、書面をもってする必要がある。

③照会ができる対象は、主張又は立証を準備するために必要であることが明らかな事項であることが要求される。

また、④相手方に照会できる期間は予告通知をした日から4月以内に限られる。この点、相手方の同意があれば、期間経過後でも、提訴前照会を行うことができると解されている。

最後に、⑤以下の場合には、提訴前に照会をすることはできない（民事訴訟法132条の2第1項各号）。

- 訴えの提起後の当事者照会の除外事由（民事訴訟法163条各号）のいずれかに該当する場合（1号）
- 相手方又は第三者の私生活についての秘密に関する事項についての照会であって、これに回答することにより、その相手方又は第三者が社会生活を営むのに支障を生ずるおそれがあるもの（2号）
- 相手方又は第三者の営業秘密に関する事項についての照会（3号）

(2) 予告通知の方法

照会に先立つ予告通知は、書面でする必要があるが、具体的な送付の方法については、特に定められてはいない。4か月の有効期間が、被予告通知者に対する到達時点から起算されることから、配達証明付き内容証明郵便で行うことが望ましい。

(3) 予告通知の記載事項

予告通知は書面でする必要があり、その具体的な記載事項は、以下のとおりである（民事訴訟規則52条の2）。

【形式面】
① 予告通知をする者及び予告通知の相手方の氏名又は名称及び住所並びにそれらの代理人の氏名及び住所（1項1号）。
② 予告通知の年月日（1項2号）。

第2編　訴訟提起を見据えた提訴前に可能な証拠収集

③　民事訴訟法132条の2第1項の規定による予告通知である旨（1項3号）。
④　予告通知をする者又はその代理人の記名押印（1項柱書き）。

【実質面】

⑤　提起しようとする訴えに係る請求の要旨及び紛争の要点（民事訴訟法132の2第3項）を具体的に記載しなければならない（2項）。

　この点に関し、訴えの提起前に行われる手続なので、訴訟物の特定等訴状と同様の具体的な記載を要求することはできない場合もありうる。しかしながら、請求の基礎の同一性が判断できる程度、予告通知の重複の有無を判断しうる程度に具体的な記載を要求すべきと解されている[1]。

【その他】

⑥　予告通知においては、できる限り、訴えの提起の予定時期を明らかにしなければならない（3項）とされる。

書式例7　予告通知

```
                                            ○年○月○日
            予告通知者          ○  ○  ○
            予告通知者代理人弁護士  ○  ○  ○    ㊞
            〒○○○-○○○○  東京都○○区○○○○
                               ○○法律事務所
                    電話  ○○（○○○○）○○○○
                    FAX  ○○（○○○○）○○○○


                      提訴予告通知書

冠略　当職は、予告通知者○○（以下「予告通知者」といいます。）から、貴殿に対する○○の件（以下「本件」といいます。）に関し受任し、本通知書をもってお知らせするとともに、予告通知者は、本件に関し、貴殿対し訴訟提起も検討、準備していることから、本通知書は、民訴法132条の2第1項の規定による予告通知を兼ねるものです。
　今後、予告通知者から貴殿に対し、本件に関し、照会を求めることもあり得ますので、その際は、紛争の早期解決の観点で、できる限り具体的にご回答いただきますようお願
```

---

1) 大阪地方裁判所専門訴訟事件研究会編著『大阪地方裁判所における専門委員制度等の運用の実際』（臨増判タ1990号、判例タイムズ社、2005）122頁。

い申し上げます。

1 提起しようとする訴えに係る請求の要旨及び紛争の要点
　○○
2 訴え提起の予定時期
　○○年○○月ころ
　ただし、訴え提起の予定時期はあくまで目途です。今後予定する照会事項に対する貴殿からの回答内容その他話し合いによる解決を一切否定するものではありません。

　なお、当職が本件に関する一切の件を受任しておりますので、今後のお問い合わせ、照会事項に対する回答は、当職宛てにご連絡ください。どうぞよろしくお願い申し上げます。

草々

(4) 照会の書面の記載事項

　提訴予告前の照会は書面でする必要があり（民事訴訟規則52条の4第1項）、その具体的な記載事項は、以下のとおりである（民事訴訟規則52条の4第2項）。

【形式面】
　① 照会をする者及び照会を受ける者並びにそれらの代理人の氏名（1号）
　② 照会の根拠となる予告通知の表示（2号）
　③ 照会の年月日（3号）
　④ 照会をする事項及びその必要性（4号）
　⑤ 法第132条の2第1項の規定により照会をする旨（5号）
　⑥ 回答すべき期間（6号）
　⑦ 照会をする者の住所、郵便番号及びファクシミリの番号（7号）
　⑧ 照会をする者又はその代理人の記名押印（2項柱書き）

【実質面】
　⑨ 照会事項は、項目を分けて記載することとされる（民事訴訟規則52条の4第4項）。また、照会事項は、主張又は立証を準備するために必要で

あることが明らかな事項に限られる。

3 被予告通知者による回答

(1) 手続・要件

予告通知に対する返答の書面には、①民事訴訟法132条の3第1項に規定する答弁の要旨を具体的に記載しなければならない（民事訴訟規則52の3第1項、2項）ほか、返答相手である②予告通知をする者及び予告通知の相手方の氏名又は名称及び住所並びにそれらの代理人の氏名及び住所、③返答の年月日及び④民事訴訟法132条の3第1項の規定による返答である旨を記載し、⑤その返答をする者又はその代理人が記名押印することとされる（民事訴訟規則52条の3第1項）。

予告通知者に代理人があるときは、照会の書面は、当該代理人に対し送付することとされる（民事訴訟規則53条の4第1項）

(2) 照会事項に対する回答の記載方法

照会事項は、項目を分けて記載することとされているため、照会事項に対する回答においても、できる限り、照会事項の項目に対応させて、かつ、具体的に記載することとされる（民事訴訟規則52条の4第4項）。

(3) 照会事由に対する拒否回答をするときの手続・要件

照会事項中に民事訴訟法132条の2第1項1号に掲げる照会に該当することを理由としてその回答を拒絶するものがあるときは、当事者照会の拒否事由（民事訴訟法163条各号）のいずれに該当するかを記載することとされる（民事訴訟規則52条の4第3項）。

また、民事訴訟法132条の2第1項2号又は第3号に掲げる照会に該当することを理由としてその回答を拒絶するものがあるときは、そのいずれに該当す

るかを記載することとされる（民事訴訟規則52条の4第3項）。

　なお、予告通知を受けた者は、予告通知者に対し、予告通知の書面に記載された請求の要旨及び紛争の要点に対する答弁の要旨を記載した書面でその予告通知に対する返答をしたときは、予告通知者に対し、その予告通知がされた日から4月以内に限り、訴えの提起前に、訴えを提起された場合の主張又は立証を準備するために必要であることが明らかな事項について、相当の期間を定めて、書面で回答するよう、書面で照会をすることができる（民事訴訟法132条の3）。

4　実務上の留意点

(1) 手続選択の検討

　提訴前照会は、提訴前証拠収集処分とともに積極的な活用はみられず、その理由の1つとして、予告者・申立人予定している訴訟の概要とともに、提訴前における証拠収集処分があったこと、その情報請求先がどこであるかなどについても、相手方が知ることができ、又、たとえば、得られた情報等が申立人には不利、他方、相手方には有利と解しうる場合のリスクなども考えなければならないことがあげられる[2]。手続選択にあたってはこの点を考慮する必要があり、受任直後の段階で、依頼者限りではあるが徹底的な事実確認が必要なのはいうまでもない。

　また、提訴前照会等を活用することは、訴訟になってから相手方等から主張される事実や提出される証拠の前倒し的実施であり、早期解決のための交渉ツールとして割り切って利用することも検討に値するものであろう。相手方と紛争解決に資する情報を共有しつつ、早期解決を目指すことに馴染む事案で活用しやすいものと考えられる。他方、当事者が感情的な事件では照会事項に対し、逆に過剰な反応を示すことが懸念されるようであれば、証拠前照会等を利用しないほうが、かえって早期の解決に資するものといえよう。

2）加藤新太郎ほか「証拠・データ収集の方法と事実認定」判タ1248号10頁〔村田渉発言〕。

(2) 照会できる事項

　提訴前照会で照会できる事項は、「訴えを提起した場合の主張又は立証を準備するために必要であることが明らかな事項」とされ、これは、提訴後の当事者照会の対象となる「主張又は立証を準備するために必要な事項」（民事訴訟法163条）と同旨であると解されるが、①訴え提起前段階での照会のため、主張又は立証の準備の必要性は、「訴えを提起した場合」のものに限定される。また、②かかる準備の必要性が明確である必要がある。

　上記①に関し、先行して送付する予告通知の書面には、請求の要旨や紛争の要点を記載することになっており（民事訴訟法132条の2第3項）、全くの詮索的な場合には認めがたいとしても、要旨・要点にとどめられているため、請求の原因事実や重要な間接事実及びこれらに関する証拠に加え、ある程度、最終的な訴訟物の選択に必要となる事実といった周辺事情も照会事項とすることで、予告通知のやり直しが不要になり便宜ではないかと考える。ただし、あまりに広く照会する場合、下記明確性に加え、被照会者から必要な協力を得られないおそれがある。

　また、上記②の明確性の要件の趣旨は、提訴後と比べ、提訴前は照会しやすく濫用の懸念があるためと解され、又、当事者照会と同様に相手方には回答義務があると解されるところ、提訴前のため、相手方の回答義務の根拠が、訴訟法上の規律が提訴後と比して薄弱といわざるをないことも背景にあるものと解される。これらの趣旨・背景に鑑みて、訴状に記載すべき事項及びその立証に必要となる証拠との関連性が低い事項は、照会事項に馴染まないといえよう。

(3) 照会者の留意点

　実務上、提訴前の照会が頻繁に活用されていないが、内容証明郵便による通知と相手方（とくに弁護士が代理人になった場合、相手方代理人）との面談である程度代替しているものと思われる。

　しかし、提訴前の話し合いとして行う交渉と、提訴予告をしたうえでの照会とでは、交渉の相手方へのアプローチの方法が異なるため、紛争や交渉の経緯、

情報収集の必要性を検討し、提訴前の照会を活用することも選択肢とすることが望ましいといえよう。

提訴前の照会をする場合、照会の要件を満たす申立てをすること、相手方に回答義務がない事項につき照会をしないことは当然のこととして、紛争解決のために有益な回答を得られるよう工夫したり、相手方に回答を求める以上、相手方が回答しやすいよう工夫、心がけたりしてはどうか。

たとえば、専ら自己の主張に有利な回答を得ることを目的として相手方に当該主張を押しつけるような照会では、相手方の反発を招きかねず、又、意図した回答を得られる可能性も低く、必ずしも紛争の解決に資するとは限らない。さらに、専門技術的な知見や照会事項に関する調査が必要になるなど、相手方において回答に相当の時間や費用その他過大な負担を求める事項は、照会事項の性質上、馴染みにくい。

成功するとは限らないが、応用として、相手方が照会事項に回答するメリット、たとえば、早期解決の可能性が見込まれることなども示し、共感を得られるとすれば、相手方（被照会者）も回答に積極的になりやすいといえよう。

照会にあたっては、欲張らずに、押しつけになることなく、紛争解決の観点から、照会者が保有していない情報で、相手方から訴訟提起後の請求の原因事実に対する認否や、重要な間接事実を引き出すことができれば、有効に制度を活用できたと評価できるのではない。

(4) 被照会者の留意点

被照会者としては、まずは提訴前の照会の要件を満たすか、回答義務の例外事由に該当しないかを検討することになる。個別事案によるが、被回答者として回答する場合も、提訴予告がなされている状況下において、提訴前での交渉による解決が可能かを検討し、紛争解決の志向で回答することも一考に値するものと考えられる。

判断に悩む場合として、照会事由が不明瞭であるなど、提訴前の照会の要件を満たすか明らかではない場合があろう。この場合、連絡に値する内容であれば、任意の交渉として連絡するで、訴訟提起を抑止することもありえるのでは

第2編　訴訟提起を見据えた提訴前に可能な証拠収集

ないかと考える。

第2章　訴えの提起前における証拠収集の処分

1　概要

(1) 制度趣旨

第2章においては、第1章に続いて、訴え提起前の証拠収集等手続の1つである②訴えの提起前における証拠収集処分について解説する。

(2) 意義

提訴予告通知をした者（予告通知者）又は提訴予告通知に返答をした被予告通知者の申立てにより、申立人がこれを自ら収集することが困難であると認められるときは、通知から4か月以内の期間に、文書送付の嘱託、調査の嘱託、専門的な知識経験に基づく意見陳述の嘱託及び執行官に対する現況調査の命令ができる（民事訴訟法132条の4以下）。

提訴前の証拠収集処分（民事訴訟法132条の4第1項）としては、以下の4つが定められている。
　① 文書の所持者にその文書の送付を嘱託すること（文書送付嘱託）（1号）
　② 必要な調査を官庁若しくは公署又は学校、商工会議所、取引所その他の団体に嘱託すること（調査嘱託）（2号）
　③ 専門的な知識経験を有する者にその専門的な知識経験に基づく意見の陳述を嘱託すること（専門家の意見陳述の嘱託）（3号）
　④ 執行官に対し、物の現況、占有関係その他の現況についての調査を命ず

第 2 編　訴訟提起を見据えた提訴前に可能な証拠収集

ること（執行官による現況調査の命令）（4 号）

2　手続・要件

(1) 申立て

　申立権者は、「予告通知者」又は「返答をした被予告通知者」である。
　まず、提訴予告者であるといえるためには、予告通知の書面の提出、その予告通知書面が相手方に通達したことが必要となる。予告通知の書面の写し（民事訴訟規則 52 条の 6 第 1 項 1 号）、予告通知の書面が相手方に到達したこと及びその日を証する書面（配達証明書等）を添付して疎明する。
　一方、被予告通知者による申立の場合は、予告通知に対する返答の書面の写し（民事訴訟規則 42 条の 6 第 2 項）、当該返答書面が予告通知者に到達したことを証する書面及びその日を証する書面（配達証明書等）を添付して疎明する。

(2) 要件

　提訴前証拠収集処分の要件は、以下のとおりである（民事訴訟法 132 条の 4 第 1 項柱書き）。
　①　訴え提起前であること
　②　当該予告通知に係る訴えが提起された場合の立証に必要であること
　③　申立人がこれを自ら収集することが困難であると認められること
　④　その収集に要すべき時間又は嘱託を受けるべき者の負担が不相当なものとなることその他の事情により、相当でないと認められる場合でないこと
　以下、②から④の要件につき解説する。

（A）②当該予告通知に係る訴えが提起された場合の立証に必要であることが明らかな証拠となるべきものであること（民事訴訟法 132 条の 4 第 1 項）
　この必要性の判断については、条文において、立証に必要であることが「明らか」とされており、提訴後に比較してその判断は厳格と考えられる。この点、

大阪地方裁判所専門訴訟事件研究会編著『大阪地方裁判所における専門員制度等の運用の実際』の「第3章　提訴前証拠収集処分」において、「予告通知の書面や申立書の『請求の趣旨及び紛争の要点』かの記載から判明する訴訟類型において、争点整理手続を経なくても、通常、典型的、定型的に必要となる証拠をいうと考えられる。」とされている。

たとえば、前掲『大阪地方裁判所における専門委員制度等の運用の実際』の「第3章　提訴前証拠収集処分」の中では、医療関係事件について、問題となった治療行為が行われた当医の過失の立証のために、転院先である後医の診療録等の送付の嘱託が申し立てられた事件が必要性の要件が肯定できる例として紹介されている[3]。

(B)　③申立人が自ら収集することが困難であると思われるとき（民事訴訟法132条の4第1項）

この自己収集の困難性については、「申立人が、当該証拠方法について、提訴前証拠収集処分による手続以外の実効性のある収集手段を有していないと認められることが必要である。」とされている。

証拠保全手続との比較においては、証拠保全手続においては立証すべき要件があり採用が不確実であるから証拠保全の手続があることのみで否定されることはないと考えているようである[4][5]。

弁護士法23条の2による照会との比較としては、弁護士法23条の2の照会に応じない場合や、事前に文書の開示を求めたが断られた場合や回答がない場合などが考えられる[6]。

---

3)　大阪地方裁判所専門訴訟事件研究会編著・前掲注1）126頁参照。
4)　大阪地方裁判所専門訴訟事件研究会編著・前掲注1）126、127頁参照。
5)　要件として、証拠保全のように将来証拠の収集等が困難になる事情までは、必要ない一方、相手方の不利益や被嘱託者の負担に配慮し、その要件として、有効な提訴予告通知を認められるための規制（民事訴訟法132条の2、民事訴訟規則52条の2）として、必要性、相当性、相手方・嘱託先等への意見照会（民事訴訟法132条の4第1項、民事訴訟規則52条の7第1項）などが定められている。

(C) ④その収集に要すべき時間又は嘱託を受けるべき者の負担が不相当なものとなることその他の事情により、相当でないと認められる場合でないこと（民事訴訟法132条の4第1項ただし書）

相当性の要件の判断にあたっては、対象となる文書の性質や量等のほか、相手方に対する意見聴取や嘱託を受けるべき者等への意見聴取の結果を踏まえて判断することになると考えられている[7]。また、この要件については、「不相当であること」についての証明責任が相手方にあると考えられている。

(3) 手続

提訴前の証拠収集の処分は、申立てに基づいて行われ、申立ては、民事訴訟規則52条の5所定の事項を記載した書面でしなければならない（1項）。

提訴前証拠収集処分の審理にあたり、裁判所は、申立ての相手方の意見を聴かなければならない（民事訴訟法132条の4第1項）。また、裁判所は、必要があると認めるときには嘱託を受けるべき者その他参考人の意見を聴くことができる（民事訴訟規則52条の7）。

(4) 管轄裁判所

民事訴訟法132条の5により、以下のとおり、提訴前の証拠収集処分の管轄裁判所が規定されている。
① 文書送付嘱託（申立人もしくは相手方の普通裁判籍所在地又は文書所持者の居所を管轄する地方裁判所）
② 調査嘱託（申立人もしくは相手方の普通裁判籍所在地又は調査嘱託を受けるべき官公署等の所在地を管轄する地方裁判所）

---

6) 大阪地方裁判所専門訴訟事件研究会編著・前掲注1) 128頁。弁護士法23条の2による照会については、たとえば、かかる照会を試みていない場合には、自己困難性の要件を否定する事情になるとも考えられるが、一方、弁護士法23条の2による照会をすれば容易に回答が得られるかは必ずしも明らかではないという問題がある、と指摘している。
7) 大阪地方裁判所専門訴訟事件研究会編著・前掲注1) 128頁。

③ 専門家の意見陳述の嘱託（申立人もしくは相手方の普通裁判籍所在地又は特定物につき意見陳述嘱託がされるべき場合における当該特定物の所在地を管轄する地方裁判所）
④ 執行官による現況調査の命令（調査に係る物の所在地を管轄する地方裁判所）

(5) 処分の効果

　提訴前の証拠収集処分は、証拠保全が裁判所の証拠調べ手続であるのと異なり、あくまで当事者が証拠を収集するための手続である。証拠を収集した当事者が、送付文書、調査等の結果文書等を後に提起した本案訴訟において利用する際は、書証として提出することが必要である。
　また、証拠収集処分の申立てについての裁判に対しては、不服申立てはできない（民事訴訟法132条の8）。

3　活用

(1) 総論——実務における活用の程度

　提訴前の証拠収集処分の利用は、現在まで、あまり進んではいない。たとえば、東京地方裁判所民事部で平成20年1月1日から12月31日までに申し立てられた件数は全部で10件、「文書送付嘱託」（1号）が7件、「調査嘱託」（2号）が3件で、そのうち、送付嘱託について認容されたものが3件、却下されたものが2件、調査嘱託が認容されたものが2件、それ以外の3件は、取下げという結果と報告されている。これによれば、「意見陳述嘱託」（3号）、「現況調査」（4号）の利用はされていない[8]。
　また、大阪地方裁判所における平成16年4月1日から平成17年10月31日までに申し立てられて終局した事件は、全部で11件であり、すべて「文書送

---

8) 加藤新太郎編『民事実認定と立証活動　第Ⅰ巻』（判例タイムズ社、2009）。

第2編　訴訟提起を見据えた提訴前に可能な証拠収集

付嘱託」であるという報告がされている[9]。

　提訴前の証拠収集処分があまり活用されていない理由として、提訴予告が必要であること、予告通知から4か月以内に証拠の申立てをしなければならず、期間がタイトに設定されていること、相手方に知られずに秘密裡に行うことができないことなどがあげられている。

　また、要件として、その後提起されることになる訴えの立証に必要であることが明らかな証拠でなければならず、申立人が自ら収集することが困難な証拠でなければならない、と定められていることから、この要件を厳しく解すると、利用しにくいという側面がある[10]。

　しかし、提訴前の証拠収集処分は、証拠保全と異なり、あらかじめ証拠調べをしておかなければ証拠を使用することが困難となる場合でなくても、この制度によって送付嘱託、調査嘱託等ができること、執行官の現況調査等についても、裁判所が決定すれば、相手方の同意がなくても可能であることから、積極的な活用を検討する価値がある。

　前述の要件との関係でも、裁判所から、訴訟の早い段階での提出を求められるような、当該訴訟における基本的書証となるような書証については、訴え提起前の証拠収集処分を申し立てた際には関連性ありとして採用されるという意見も出ているところであり、かかる基本的書証については、提訴前の証拠収集処分を検討するメリットがあるといえる[11]。

---

9) 大阪地方裁判所専門訴訟事件研究会編著・前掲注1) 121頁。
10) この点、小林秀之・群馬弁護士会編『証拠収集の現状と民事訴訟の未来』（悠々社、2017）において、「提訴前の証拠収集処分が進まない理由として、①非強制の処分であるにもかかわらず、また、手続的には重い提訴予告通知を要件として、相手方から意見を聴取するなど慎重な準訴訟手続の下に証拠収集処分がなされるにもかかわらず、利用できるのは「申立人がこれを自ら収集することが困難であると認められるとき（民訴法132条の4第1項、民事訴訟規則52条の5第2項5号、同第6項）に限られてしまっていること、ということと、②民訴法132条の4第2項により提訴前の証拠収集処分の申立ては、相手方の同意がない限り提訴予告通知がされた日から4か月の不変期間内に限定され、また、同第3項により、既にした提訴予告通知と重複する提訴予告通知又はこれに対する返答に基づいては提訴前の証拠収集処分を申し立てることはできないとされていることから、開示された証拠から次の証拠の開示を求めるという、段階的な、追及的な証拠開示請求が事実上できない制度となっていることにあると思われる。」ことがあげられている。

（2）活用例

提訴前の証拠収集処分の具体例としては、以下の例があげられている。[12)13)]
① 文書の送付嘱託の具体例[14)15)]
・医事関係の紛争における診療録等の送付の嘱託
・交通事故関係の紛争における実況見分調書、被害者の診療録等やこれらの事件記録
・薬害事件における副作用の症例報告や薬の製造承認の関係書類
② 官公署等に対する調査嘱託の具体例[16)17)]
・気象台による特定の日時場所等の気象の調査の嘱託
・取引所による商品の売買当時の相場の調査の嘱託
・外国領事館による外国法の内容の調査の嘱託
・預金残高や口座の取引履歴、振込の有無
・文書偽造が問題となる場合における印鑑登録の有無
・盗難が問題となる場合の被害届の有無
③ 専門家に対する意見陳述の嘱託の具体例[18)]
・文書の真正が争われている事案における瑕疵の有無についての嘱託、所有権確認訴訟や境界確定訴訟における共通図面の作成の土地家屋調査士に対する嘱託
・親子関係不存在確認訴訟における DNA 鑑定の嘱託

提訴前証拠収集処分における意見陳述嘱託は、簡易な鑑定としての機能を果たすものであると考えられている。[19)]

---

11) 加藤編・前掲注8) 262～263頁〔山浦善樹発言〕で、訴訟類型に応じた定型的な基本的書証における、提訴前の証拠収集処分の積極的な活用について示唆している。
12) 小野瀬厚・武智克典編著『一問一答　平成15年民事訴訟法』（商事法務、2004）41頁参照。
13) 裁判所職員総合研修所監修『民事訴訟法講義案（三訂版）』（司法協会、2018）。
14) 小野瀬ほか編著・前掲注12) 41頁。
15) 裁判所職員総合研修所監修・前掲注13) 155頁。
16) 小野瀬ほか編著・前掲注12) 41頁。
17) 裁判所職員総合研修所監修・前掲注13) 156頁。
18) 小野瀬ほか編著・前掲注12) 41頁。
19) 裁判所職員総合研修所監修・前掲注13) 156頁。

第 2 編　訴訟提起を見据えた提訴前に可能な証拠収集

④　現況調査の命令の具体例
　・境界関係の紛争における当事者が主張する境界の現況の調査の命令、建築関係の紛争における建物の現況の調査の命令
　・不動産関係紛争における不動産の占有関係の調査

　早期に現状を特定しておく必要がある場合にこれらの調査をすることが考えられる。[20][21]

　なお、①文書送付嘱託及び②調査嘱託の活用例については、第 3 編の第 2 章「調査嘱託」及び第 3 章「文書送付嘱託」を参照されたい。

---

20)　小野瀬ほか編著・前掲注 12) 42 頁。
21)　裁判所職員総合研修所監修・前掲注 13) 156 頁。

第3章　証拠保全

1　概説（制度趣旨）

　証拠保全は、訴訟係属の有無を問わず、本来の証拠調べを待っていたのでは取調べが不能又は困難となる事情がある場合にその証拠方法についてあらかじめ証拠調べを行い、その結果を訴訟における事実認定において利用するために確保しておく証拠調べをいう（民事訴訟法234条）。

　証拠保全手続は、その機能として、このような証拠を保全する機能のほか、相手方が所持している証拠を取り調べることによって、事実上、相手方が所持する証拠が事前に開示される機能を有するが、これは証拠保全が有する事実上の付随的な機能であるという立場が通説である[22]。もっとも、実際には、証拠保全手続において、相手方が所持している証拠が開示されることによって、早期の紛争解決に役立つことが多く、紛争解決という広い意味においても、証拠保全の利用価値があると考えられる[23]。

---

22) 東京地裁証拠保全研究会編著『新版証拠保全の実務』（金融財政事情研究会、2015）64頁・Q1によれば、「相手方には不服申立権がなく、その被る不利益に対する対策が十分でないにもかかわらず、一方当事者の申立てと疎明に基づいて実施する証拠保全について、証拠開示機能を強調して証拠保全の要件を緩和した運用を行うと、証拠漁りの危険や裁判所の公平性・中立性を損なうことになりかねません」とされている。

2 手続・要件

(1) 申立て

原則として、当事者の申立てにより開始される（民事訴訟法 234 条）。

証拠保全の申立ては、書面でしなければならない（民事訴訟規則 235 条 1 項）。

(2) 申立書の記載事項

申立書には民事訴訟規則 153 条 2 項所定の事由（①相手方の表示、②証明すべき事実、③証拠、④証拠保全の事由）を記載し、証拠保全の事由を疎明しなければならない（民事訴訟規則 153 条 3 項）。

(A) ①相手方（民事訴訟規則 153 条 2 項 1 号）

訴え提起前であれば、証拠保全の相手方となるべき者であり、訴え提起後の場合には将来被告となるべき者である。相手方が法人である場合には、その登記事項証明書等を申立書に添付する必要がある。（民事訴訟規則 18 条、15 条）

---

23) 小林ほか編・前掲注 10) 46 頁において、「特筆すべきことは、医療カルテ等の証拠保全の結果、提訴が促進されるよりも紛争解決が促進されているとことである。患者側がカルテの内容を吟味し、ある程度納得したり提訴困難と判断したり、あるいは医師側との和解が促進されたといった事情が影響しているのであろう。」とある。

また、裁判所職員総合研修所監修・前掲注 13) 227 頁には、「実務では、実質的には、訴え提起前に置ける証拠御開示を企図して証拠保全手続が利用されることがある。」「このような証拠保全の利用は本来の趣旨を逸脱するものではあるが、和解を促進したり、根拠が明確でない訴えを回避して訴訟以外の方法による解決の途を選択させたりするなどの現実的機能を果たしているとされる。」とある。

以上のとおり、現実には、実務上、証拠保全の紛争解決促進機能が果たされているといえるだろう。

(B) ②証明すべき事実（民事訴訟規則153条2項2号）

民事訴訟法180条1項にいう事実（「証拠の申出は、証明すべき事実を特定してしなければならない。」）で、民事訴訟法177条や221条1項4号と同じ事実とされ、いわゆる立証事項を指す。

また、証明すべき事実と証拠との関係は申立ての際に明示する必要がある（民事訴訟規則152条、99条1項）。

まず、証明すべき事実は、模索的な証拠保全の目的を逸脱するという疑いを生じさせず、迅速な証拠保全決定を得るためには、具体的にすべきとされている[24]。

また、実務上は、本案訴訟の訴訟物を特定するのに必要な事実も記載されることが多く、裁判所においてもこれを記載することが相当と考えているようである[25]。

(C) ③証拠（民事訴訟規則153条2項3号）

保全の対象となる証拠方法であって、証人の氏名、特定の文書、個々の検証物等を示す。

証人尋問の場合（民事訴訟規則152条、99条1項、106条、107条）、証人等の特定は、呼出ができる程度にする必要がある。通常は、住所、氏名で特定する。

(D) ④証拠保全の事由（民事訴訟規則153条2項4号）

あらかじめ証拠調べをしなければ証拠が滅失、又は取調べが困難となる事由を具体的に述べる。すなわち証拠保全の事由につき具体的なおそれを基礎付ける疎明が必要となる。

(3) 要件（証拠保全の事由）

証拠保全の事由として、「あらかじめ証拠調べをしておかなければその証拠

---

24) 東京地裁証拠保全研究会編著・前掲注22) 99頁・Q16。
25) 東京地裁証拠保全研究会編著・前掲注22) 100頁・Q16。

を使用するのに困難となる事情」（民事訴訟法234条）が必要であり、申立書に記載しなければならない。

「あらかじめ」とは、訴訟提起前及び、訴訟係属中においては本来の証拠調べがなされる以前のことをいう。

「困難となる事情」とは、証拠が滅失して取調べが不能になる場合や、時間が経つと取調べが容易にできなくなるおそれや、現状を変更してしまうおそれのあるときである。物理的に困難になる場合に限らず、将来の取調べには著しい費用の増加が見込まれる場合も困難な事情に当たると解される。

要件の調査においては、証拠価値や証拠の重要性、本案における権利主張の理由の有無は証拠保全手続においては、審査されるものではない。もっとも、証拠保全の対象となる証拠が本案訴訟において証拠調べを行うことが予想されないようなものである場合には、証拠保全の事由を欠くことになり、当該申立てが却下されることになることから、当該証拠の必要性及び重要性については、[26]証拠保全申立書においても積極的に記載するのが望ましい。

(4) 管轄裁判所

訴え提起前における証拠保全の申立ては、尋問で受けるべき者もしくは文書を所持する者の居所または検証物の所在地を管轄する地方裁判所又は簡易裁判所（民事訴訟法235条2項）に対して行う（民事訴訟法23条2項）。なお、人事訴訟事件を本案訴訟とする証拠保全の管轄は、地方裁判所・簡易裁判所ではなく、家庭裁判所・簡易裁判所である（人事訴訟法29条2項・民事訴訟法235条2項）

訴訟係属中は、証拠保全の申立ては、その証拠を使用すべき審級の裁判所に対して行う。

最初の口頭弁論の期日が指定され、又は事件が弁論準備手続もしくは書面に

26）東京地裁証拠保全研究会編著・前掲注22）102頁・Q17によれば、「もっとも、証拠保全の申立てに係る証拠が本案訴訟においておよそ証拠調べを行うことが予想されないようなものである場合は、結局、当該申立自体が証拠保全の事由を欠くことになるとおもわれますので、当該申立ては却下されることになります。」とされている。

よる準備手続に付された後口頭弁論の終結に至るまでの間は、証拠保全の申立ては、受訴裁判所に行う（民事訴訟法235条1項ただし書）。

例外的に、「急迫の事情がある場合」（民事訴訟法235条3項）には、訴えの提起後であっても、訴えの提起前の証拠保全の管轄裁判所に申立てが可能である。

(5) 不服申立て

証拠保全申立ての当否は、決定手続で審理され、理由があると認めるときは、裁判所は証拠保全決定をする。これに対しては、不服申立てはできない（民事訴訟法238条）。

申立却下決定に対しては、申立人は抗告することができる（民事訴訟法328条）。

(6) 手続

証拠保全のための証拠調べは、証人尋問、書証、検証等の手続によって行われる（民事訴訟法23条、民事訴訟規則152条）。

原則として、申立人と相手方の呼出しを要するが、緊急性を要する証拠保全手続の特質から、急速を要する場合にはこれを要しない（民事訴訟法240条）。

実務上は、申立人・執行官・裁判所との間で日時を打合せ、執行官送達の直後又はその送達と同時に証拠保全に着手する例が多い（民事訴訟法223条[27]）。

(7) 証拠保全の記録の送付（民事訴訟規則154条）

証拠保全手続に関する書類等は、その手続をした裁判所の書記官が保存する。証拠保全のための証拠調べが行われた場合には、その証拠調べを行った裁判所の書記官は、本案の訴訟記録の存する裁判所の裁判所書記官に対し、証拠調べ

---

[27] 裁判所職員総合研修所監修・前掲注13) 227頁。

に関する記録を送付しなければならない（民事訴訟規則154条）。

実際には、当事者が、訴えを提起する際、訴状に証拠保全事件に関する記載すなわちその証拠調べを行った裁判所及び証拠保全事件の表示を記載し（民事訴訟規則54条）、当事者が当該裁判所に対して記録送付の申立てをして、上記職権の発動を促すことになる。

(8) 証拠保全の証拠調べの結果の援用

証拠保全の証拠調べの結果を訴訟に利用するには、その結果を口頭弁論に上程しなければならない。原則として当事者が口頭弁論において結果を陳述（援用）して行う。

(9) 民事訴訟法240条違反の証拠調べの効果

呼出しをしないでなされた証拠調べの結果を申立人が本案訴訟で援用した場合、呼出しを受けなかった相手方は、これに対して異議を述べることができる。

(10) 証拠保全の費用（民事訴訟法241条）

訴え提起前の証拠保全の申立てには、申立て1個につき手数料500円の納付が必要で、これは、申立書に収入印紙を貼って納める必要がある。（民事訴訟費用等に関する法律3条1項別表第1の17項イ（イ）、8条）。

執行官送達を用いる場合には、手数料は、平日の昼間は1800円、休日や夜間は4200円で、旅費は1キロ当たり37円で、距離によって異なる（平成26年12月現在、執行官の手数料及び費用に関する規則3条1項及び2項、36条1項）。

その他、担当裁判官及び書記官の旅費、このほか、証人・鑑定人の旅費、日当、宿泊料などの証拠調べの費用証拠調べに要する費用、特別代理人を選任した場合（民事訴訟法236条）の報酬、費用がかかる。

これらは、すべて申立人が予納する必要があり、当事者が自ら予納をしなけ

第 3 章　証拠保全

れば、申立ては不適法（民事訴訟費用等に関する法律 6 条）となり、その証拠調べの行為は行われない（民事訴訟費用等に関する法律 12 条 2 項）。

3　証拠保全の疎明の程度

(1) 改ざんのおそれの疎明の程度

　改ざんのおそれについては、一般的・抽象的な改ざんのおそれの疎明で足りるとする見解と具体的な改ざんのおそれの疎明が必要であるとする見解があるが、裁判所では、具体的な改ざんのおそれの疎明が必要であると考えられている[28]。

　たとえば、医療事件であれば、診療の開始から事故後の交渉を含めて、「この医師なら診療録等の改ざんもしかねない」という不信感を抱かせるに足りる医師側の具体的言動が疎明の中心的な対象となるとされている[29]。

　この点、広島地決昭和 61 年 11 月 21 日判時 1224 号 76 頁は、「人は、自己に不利な記載を含む重要証拠を自ら有する場合に、これを任意にそのまま提出することを欲しないのが通常であるからといった抽象的な改ざんのおそれでは足りず、当該医師に改ざんの前歴があるとか、当該医師が、患者から診療上の問題点について説明を求められたにもかかわらず相当な理由なくこれを拒絶したとか、或いは前後矛盾ないし虚偽の説明をしたとか、その他ことさらに不誠実又は責任回避的な態度に終始したことなど、具体的な改ざんのおそれを一応推認させるに足る事実を疎明することを要する。」と判示している。

　改ざんのおそれを保全事由とするカルテ等の証拠保全証拠調べはほとんど検証によりなされている。

(2) 廃棄のおそれの疎明の程度

　廃棄のおそれとは、たとえば、法定の保存期間の経過が間近に迫っている場

28）東京地裁証拠保全研究会編著・前掲注 22）104 頁・Q18。
29）東京地裁証拠保全研究会編著・前掲注 22）108 頁・Q19。

合、法定の保存期間の経過を待たずして廃棄される場合が考えられる。

具体的な事情に基づいて廃棄のおそれを疎明する必要があるところ、疎明の対象となる事情としては、法律上の保存期間がすでに経過している場合やその経過が間近に迫っているような場合があげられる。

この場合は、検証ではなく、送付嘱託の申立書を提出させ、その取調べをするという方法がとられるようである。また、法定の法定期間の経過を待たずしても廃棄されるおそれがあるといえるような事情について疎明があれば、廃棄・散逸のおそれがあると判断される場合もある。[30]

4　証拠保全申立以降のスケジュール

(1) 面接[31]

証拠保全決定の審理は、多くの場合、書面審理と申立人の面接を併用する形で行われている。

面接においては、疎明資料の証拠調べ、申立書の記載の不明確な部分や不十分な部分についての釈明が行われる。

面接の際には、原本確認が行われるため、申立人は疎明資料の原本を持参することが必要である。

面接において、補完説明や追完を求められることが多い事項としては、証拠保全の対象物の記載が包括的な文言による表示になっている場合や、証拠保全の対象物の中に証すべき事実との関連性が明確でないものが含まれている場合などがあげられている。

また、面接の際、裁判所から決定書等の送達の方法について確認され、その他、証拠保全の具体的な実施方法等の打合せが行われる。

検証結果の記録化の方法については、申立人が専門のカメラマンを同行してそのカメラマンが対象物を撮影するカメラマン同行方式、裁判所職員がデジタルカメラで対象物を撮影するデジタルカメラ方式、③対象物を複写機によりコ

---

30) 東京地裁証拠保全研究会編著・前掲注22) 113頁・Q21
31) 東京地裁証拠保全研究会編著・前掲注22) 140頁・Q37

ピーするコピー方式等があるが、東京地方裁判所では、カメラマン同行方式とコピー方式を併用される例が多いようである。[32] 専門のカメラマンを同行して行う際には、カメラマンの費用が別途発生する。費用としては、日当、出張費、印刷代等の実費が考えられる。

(2) 証拠調べの実施

証拠保全の証拠調べの方法は、実務では、検証が多い。検証の方法は、相手方から提示された資料、記録等を謄写、写真撮影、コピーするなどして行う。
当事者が行う実際の作業は、裁判所が作成する検証調書（民事訴訟規則67条1項5号、69条）の作成の補助というのが手続上の位置付けである。

5　活用例1──客観的資料

(1) 医療事件

　(A) 活用場面
医療事件におけるカルテ等の証拠保全が考えられる。

　(B) 記載例
書式例8　申立書（医療関係）

```
                    証拠保全申立書
                                        ○○年○○月○○日
東京地方裁判所　御中
                            申立人ら代理人弁護士　甲　野　太　郎　印

            当事者の表示　　別紙当事者目録記載のとおり

                    申立ての趣旨
```

32）東京地裁証拠保全研究会編著・前掲注22）140頁・Q33。

第2編　訴訟提起を見据えた提訴前に可能な証拠収集

　　東京都○○区○○町○丁目○番○号所在の相手方の開設する○○病院（以下「○○病院」という）に臨み、相手方保管に係る別紙検証物目録記載の物件の提示命令及び検証を求める。

申立ての理由

第1　証明すべき事実

　　　Aの主治医であったB医師が、悪性リンパ腫の転移や再発の可能性を考慮して、早期に悪性リンパ腫を探索する検査を行うべきであったにもかかわらず、これを怠り、3か月余の長きにわたって検査を行わなかったため、悪性リンパ腫の発見が遅れ、これによりAが死亡するに至った事実

第2　証拠保全の事由

　1　当事者

　　　Aは、昭和○○年○月○日生まれであり、死亡時は○○歳であり、申立入らはAの両親である（疎甲6）。

　　　相手方は、東京都○○区○○町○丁目○番○号に○○病院を開設している医療法人であり、B医師は、○○病院に勤務する医師であり、Aの主治医であった者である（疎甲1ないし4）。

　2　事実経過

　　　（中略）

　3　医学的知見

　　　（中略）

　4　責任原因

　　　前記医学的知見に照らせば、B医師は、前記事実経過のとおり、遅くとも、Aがひどい腹痛に襲われた平成○○年○月○日の時点において、悪性リンパ腫の転移や再発の可能性を疑い、CT検査、MRI検査、エコー検査等を行うべきであったのに、悪性リンパ腫が1か所しか存在しないという誤った診断に基づき、3か月余にわたって上記検査を行わなかった。Aの死亡は、盲腸近くの悪性リンパ腫の発見が遅れたことに起因しているので、仮に、B医師において、悪性リンパ腫の転移や再発等の可能性を子細に検討して上記検査を行っていれば、上記リンパ腫も早期に発見することができ、早期治療により、Aの死亡を回避することができたものである。

　5　証拠保全の必要性

　(1)　申立人らは、相手方を被告として、診療契約上の債務不履行又は不法行為に基づき、損害賠償請求訴訟を提起すべく準備を行っているところである。

　(2)　医療過誤訴訟においては、医療機関の作成する診療録等が、医師の過失を立証する証拠として非常に重要であるが、これらはすべて相手方の保管に係り、相手方においてこれを改ざんすることは容易であるから、これをあらかじめ保全しておく必要性は一般的に高いといえる。

　　　とりわけ、本件においては、Aの死亡後、申立人らがB医師に面会を求め、Aの死亡の原因について説明を求めたところ、B医師は、Aの悪性リンパ腫の

発見が困難であったこと、最初の検査時に見落としがなかったことを強調するのみであり、申立人らが再三にわたり再発、転移の可能性を指摘していた旨述べても、これに対して何ら合理的な回答をしなかった。さらに、申立人らは、○○病院に対して、診療録等の任意の提示を求めたが、○○病院は、B医師に過失はなく、診療録等を提示する必要はない旨述べて、提示を拒絶した（疎甲1）。このような事情に照らせば、申立人らが損害賠償請求訴訟を提起した場合、相手方が、その管理下にある診療録等を改ざんするなどの危険性が高いといえる。

6 まとめ

よって、申立人らは、そのような相手方による診療録等の改ざんを防ぐために、本件申立てに及んだ次第である。

疎 明 方 法

1 疎甲第1号証　陳述書（申立人○○）
2 疎甲第2号証　診察券
3 疎甲第3号証　入院証明書
4 疎甲第4号証　死亡診断書
5 疎甲第5号証　医学書抜粋
6 疎甲第6号証　戸籍（除籍）全部事項証明書

添 付 書 類

1 疎明方法の写し　　　　　　　　　　　　　　　各2通
2 訴訟委任状　　　　　　　　　　　　　　　　　2通
3 資格証明書　　　　　　　　　　　　　　　　　1通

（別紙）

当 事 者 目 録

〒○○○-○○○○　○○県○○市○○○-○○
　　　　　　　申　立　人　　○　○　○　○
同所
　　　　　　　申　立　人　　○　○　○　○
〒○○○-○○○○　東京都○○区○○町○-○○　○○ビル○階
　　　　　　　甲野法律事務所（送達場所）
　　　　　　　電　話　03-○○○○-○○○○
　　　　　　　ＦＡＸ　03-○○○○-○○○○
　　　　　　　申立人ら代理人弁護士　　甲　野　太　郎
〒○○○-○○○○　東京都○○区○○町○丁目○番○号
　　　　　　　相　手　方　　医療法人財団○○会
　　　　　　　同代表者理事長　　○　○　○　○

第2編　訴訟提起を見据えた提訴前に可能な証拠収集

（別紙）

　　　　　　　　　検　証　物　目　録
　Ａ（昭和○○年○月○日生、平成○○年○月○日死亡）の診療（平成○○年○月○日から平成○○年○月○日まで）に関して作成された下記の資料（電磁的記録又は変更履歴があるものは、それらも含む。）
　　　　　　　　　　　　　　　記
1　診療録
2　医師指示票・指示簿
3　看護記録
4　レントゲン写真、CT、MRI、エコー写真
5　腫瘍生検結果
6　生検で採取した組織標本
7　その他諸検査結果票
8　保険診療報酬明細書控え
9　その他同人の診療に関し作成された一切の資料及び電磁的記録

出典　森冨義明・東海林保編著『新版　証拠保全の実務』（きんざい、2015）285～288頁
※ただし、日付の記載は筆者が改変

(C) 相手方病院が法人である場合の送達先

　医療機関については、病院の経営主体には医療法人であるという場合があり、病院名と経営主体が異なる場合が多いので注意を要する。

(D) 電子カルテの検証における注意点

　電子カルテを対象とする場合、申立書の記載には、データが更新されている場合に備え、申立書添付の目録には、「更新履歴を含む」と明示し、範囲を明確に示す必要がある。

　なお、証拠保全の現場では、電子カルテについては一括印刷機能で印刷する方法があるが、一括印刷機能によっても更新履歴がすべて印刷されるとは限らない。更新履歴が、パソコンの画面上では表示されるが、プリンアウトした際には、その変更記録が印字されず、すべての更新履歴が表示・印刷されないことがあるので、注意を要する。

　そのような場合には、更新履歴が表示されたパソコンの画面上の表示そのも

のをスクリーンショットなどの写真にとるなどの工夫が必要である。

(2) 労働事件

残業代請求やその他労働事件において、使用者がタイムカード等の開示に応じない場合や記録を破棄又は隠匿するおそれがある場合に、証拠保全をすることが考えられる。

証拠保全の対象となりうる資料としては、タイムカード、ICカード、業務日報の類、出勤管理表、入退室記録、警備会社による鍵の開閉記録、パソコンの履歴、メールの送受信記録等があげられる。

(3) 金融商品取引事件

金融商品取引事件について、取引口座開設申込書、適合性審査に関する文書取引勘定元帳、顧客カード、業務日誌等を対象とした証拠保全を行うことが考えられる[33]。

これらは、申立人が所持しておらず、相手方が資料の提供を拒むなどしている場合には、改ざんのおそれが疎明される場合として証拠保全が有用である。

書式例9　申立書・検証物目録

証拠保全申立書

〇〇年〇〇月〇〇日

東京地方裁判所　御中

申立人代理人弁護士　甲　野　太　郎　印

当事者の表示　　別紙当事者目録記載のとおり

申立ての趣旨

東京都〇〇区〇〇町〇丁目〇番〇号所在の相手方本店に臨み、相手方保管に係る別紙

33）東京地裁証拠保全研究会編著・前掲注22）273頁・Q87。

第2編　訴訟提起を見据えた提訴前に可能な証拠収集

検証物目録記載の物件の提示命令及び検証を求める。[*10]

申立ての理由

第1　証明すべき事実

　　相手方又はその従業員らが、申立人に対し、平成○年○月○日付け契約締結に係る通貨オプション取引を勧誘するに当たり、申立人の適合性を十分に審査し、取引の危険性について十分な説明と情報提供を行うべきであったにもかかわらず、これを怠り、違法な勧誘や説明をし、申立人に全く適合しない取引を開始させ、1000万円を超える損害を与えた事実

第2　証拠保全の事由

　1　当事者

　　申立人は、昭和○○年○月○日生まれの女性であり、本件における通貨オプション取引開始時は65歳で、単身にて居住していた。申立人は、長らく主婦をしており、本件の被害に遭うまで、通貨オプション取引はもちろん、金融商品取引全般について何らの知識も経験も有しなかった（疎甲1）。

　　相手方は、有価証券の売買等を目的として設立された会社であり、日本証券業協会の会員であって、東京都○○区○○町○丁目○番○号に本店を置いている。

　2　金融商品の内容（疎甲2）

　　（中略）

　3　事実経過（疎甲1、3）

　　（中略）

　4　責任原因

　　相手方又はその従業員らは、新規契約者である申立人に対し、通貨オプション取引を勧誘するに当たり、申立人の適合性を十分に調査し、取引の危険性について分かり易く説明すべきであったにもかかわらず、これを怠り、申立人に1000万円を超える損害を与えた。このような相手方又はその従業員らの勧誘及び説明は、適合性の原則及び説明義務に反し、不法行為ないし契約上の債務不履行を構成するものである。

　5　証拠保全の必要性

　(1)　申立人は、相手方を被告として、不法行為ないし契約上の債務不履行に基づき、損害の賠償を請求すべく提訴準備を行っている。

　(2)　金融商品取引事件においては、証券会社等の作成する各種帳簿等が、取引を証明する最も重要な証拠であるが、これらは全て相手方が保管している上、相手方においてこれを改ざんすることは容易であるから、これをあらかじめ保全しておく必要性は一般的に高いといえる。

　　とりわけ、本件においては、それまで何らの投資経験を有していない申立人が、通貨オプション取引の内容について全く理解できなかったために、相手方従業員である担当者に対し、危険性のある金融商品取引をする意向がない旨明確に伝えていたにもかかわらず、担当者による執ような勧誘を受け、危険性のない取引で

あると誤信して開始した結果、1000万円を超える損害を被ったものである。(疎甲1)

　　また、当職は、申立人の依頼を受け、相手方に対し、相手方の勧誘方法や取引の経過に問題がある旨指摘し、相手方の保管する各種帳簿類の開示を求めたが、相手方は、責任を否定する発言に終始し、必要書類の任意交付を拒絶した。(疎甲4、5)
(3)　このような事情に照らせば、申立人が上記訴訟を提起した場合、相手方が、その管理下にある帳簿等を改ざんするなどの危険性が高いといえる。
6　まとめ
　　よって、申立人は、そのような相手方による帳簿等の改ざんを防ぐために、本件申立てに及んだ次第である。

疎　明　方　法
1　陳甲第1号証　　陳述書(申立人)
2　疎甲第2号証　　パンフレット
3　疎甲第3号証　　取引残高報告書
4　疎甲第4号証　　通知書
5　疎甲第5号証　　回答書
　(中略)

添　付　書　類
1　疎明方法の写し　　　　　　　　　　　各2通
2　訴訟委任状　　　　　　　　　　　　　1通
3　資格証明書　　　　　　　　　　　　　1通
(別紙当事者目録省略)

(別紙)

検　証　物　目　録
　申立人(昭和〇〇年〇月〇日生)の平成〇年〇月〇日付け契約締結に係る通貨オプション取引(取引期間平成〇年〇月〇日から平成〇年〇月〇日まで)に関して作成された下記の資料(電磁的記録を含む)
1　取引口座開設申込書
2　取引の理解に関する確認書
3　適合性審査に関する文書
4　取引勘定元帳
5　顧客カード
6　業務日誌及び管理日誌(ただし、相手方従業員〇〇〇〇、△△△△及び□□□□がそれぞれ作成した上記取引期間内のもの)
7　申立人と相手方従業員との間の電話での通話内容を録音した記録(ただし、上記

第2編　訴訟提起を見据えた提訴前に可能な証拠収集

　　取引期間内のもの）
　8　その他本件の取引に関して作成された一切の書類及び電磁的記録等

出典　森冨義明・東海林保編著『新版　証拠保全の実務』（きんざい、2015）289～291頁
※ただし日付の記載は、筆者が改変。

6　活用例2——証拠保全における証人尋問

(1)　活用場面

　証人となる者や当事者本人が重病又は高齢等で余命が保証できないとき、長期の海外渡航等の予定があるときなどが考えられる。

　証拠保全としての証拠取調は、本案訴訟での証拠調べと同一の効果を有し、口頭弁論期日において証拠保全の結果を援用すれば、これを証拠保全の証拠調べの結果を訴訟に利用することができ、証人尋問調書が人証の結果として扱われる。

　もっとも、本案訴訟においてその証人を尋問できる場合には、当事者の申出があれば、裁判所は、その尋問をしなければならない（民事訴訟法242条）。

　証人尋問期日においては、相手方の立会の機会を保障する必要があり、相手方に対する呼出状の送達をせずにした証拠調べは違法となる。

(2)　申立書の記載例

　申立書には、「第1　証明すべき事実」、「第2　証拠」、「第3　証拠保全の事由」、「第4　疎明方法」を記載する（民事訴訟規則153条2項）。

　証拠保全における証人尋問の申立てにおいても、訴訟における証拠の申出と同様、申立書の記載において、証人尋問を証明すべき事実及びこれと証拠との関係を具体的に明示してしなければならない。また、証人尋問の申出は、証人の住所、氏名で特定し、同行証人又は呼出証人かを記載し、尋問予定時間を記

---

34)　司法研修所編『7訂　民事弁護における立証活動』（日本弁護士連合会、2010）244頁。受所裁判所に申立てをして証人尋問を求める場合の証拠保全申立書の記載例が掲載されている。

載する（民事訴訟規則 152 条、99 条 1 項、106 条、107 条[34]）。

第4章　送達場所の調査

1　住所等送達場所の調査を求められる場合

(1) 送達の不奏功

　訴訟を提起すると訴状が被告に送達されるが、その訴状記載の住所に被告など送達の相手方が所在しておらず、送達ができない場合（送達の不奏功）がある。この場合には、通常、裁判所から送達場所についての調査を求められる。

　送達の不奏功には、当該住所に相手方は居住しているがたまたま相手方や同居の家族など全員が不在（全戸不在）である場合と、「転居先不明」又は「あて所に尋ね当たらず」で還付された場合（つまり当該住所に居住していない場合）とがある。

(2) 全戸不在の場合

　前者の場合であれば、民事訴訟法107条1項1号の付郵便送達を実施することになる。同号の要件としては、103条の送達（受送達者の住所等における送達）をすべき場合において、106条による交付送達も補充送達も差置送達もできないこと、就業場所における送達ができないこと又は就業場所が不明であることがあげられる。本稿では主に住所等への送達ができない場合における住所の調査について述べるが、付郵便送達の要件判断のためには、宛先となった住所に相手方が居住しているが、不在により送達ができなかったことの証明が必要となる。そのために送達場所の調査を行うこととなる。[36]

第 4 章　送達場所の調査

(3) 当該住所に居住していない場合

　他方、後者の場合であれば、相手方の住所を調査し、新たに住所が判明すればその住所への送達を上申することになろうし、あるいは、住所調査の結果、相手方が当該住所に居住しておらず、実際の住所も不明であり、かつ就業場所調査の結果、就業場所がないか、又は不明であれば、それらの調査結果は、110 条 1 項 1 号の公示送達の申立てにおける要件の認定に必要な資料となる。

2　調査方法

　裁判所からは、住所について、概ね次に述べるような調査方法を求められる。

(1) 住民票等の取得

　まず、住民票（法人であれば登記事項証明書）を取得する。
　訴訟の提起前に住民票等で相手方住所を把握していても、訴訟提起の準備中もしくは訴状送達が実施されるまでの間に転居している場合もあるので、あらためて住民票等を取得して住所を確認する。[37]

---

[35] 就業場所が不存在ないし不明であることの要件認定については、就業場所の調査報告書などの積極的認定資料の提出を要すると解されている（裁判所職員総合研修所監修『民事訴訟関係書類の送達実務の研究（新訂）』（司法協会、2006）162 頁）。その調査がどの程度求められるかについては、事案に応じ異なるであろうが、最低限、調査の結果就業場所は不明であることは必要と解される（同 165 頁）。なお、この資料収集については書記官の裁量に委ねられる（民事訴訟法 98 条 2 項参照）が、裁量の範囲としては、相当と認められる方法により収集した認定資料に基づき判断すれば足りるとされる（最判平成 10 年 9 月 10 日集民 189 巻 743 頁）。

[36] なお、特別送達が全戸不在により留置期間満了を理由として還付された場合であっても、実際に調査してみると、相手方がすでに転居していて当該住所に居住していない場合も考えられる。そのような場合には、転居先不明又はあて所に尋ね当たらずの場合と同じように、新たな住所が判明すればその住所への送達を上申するか、転居先等も不明であれば公示送達を検討することになろう。

[37] この段階で新たな住所が判明すれば、取得した住民票、登記事項証明書を添付資料として、当該新住所への送達を上申することで足りるとされる場合もあるようである。

第2編　訴訟提起を見据えた提訴前に可能な証拠収集

(2) 現地の調査方法

次に住民票等の住所に基づいて現地を確認する。確認方法として、裁判所から主に求められる方法は次のようなものである。

① 住民票等で記録上の住所を確認できたら現地を確認する。
② 現地で相手方本人と出会ったような場合、本人であること及び当該住所に住んでいることを確認する。
③ 家の表札、郵便受けのネームプレートを確認する。
④ 郵便受けにある郵便物等の状況を確認する。そこでは、届けられている郵便物が相手方宛になっているかを確認する。ただし、プライバシーの問題があるため、中にある郵便物を取り出して宛名を確認することは控えるべきである。
　また、郵便受けに郵便物、ダイレクトメールやチラシが溜まっているようだと、居住していない（あるいは長期間家に帰っていない）ことを推測させる事情につながるので、その点もあわせて確認する。
⑤ 居住の有無の確認方法として、住居の電気メーターが動いているか、外から見て部屋の電気がついているか（特に夜間）、昼間の部屋のカーテンの状態、ベランダ・庭の植木等の手入れがなされているか、洗濯物の有無などがあり、人の居住を推測できる状況の有無をできるだけ確認する。
⑥ 近隣（マンションであれば管理人などでも可）や可能であれば相手方の親族への聞き込みを行う[38]。

(3) 報告書の作成

確認を実施したら報告書を作成し、裁判所に提出する。

---

[38] そのほかに民生委員作成の受送達者が居住している旨の証明書（陳述書）による方法も考えられる。また、マンションの場合、管理会社に問い合わせて契約の確認を取る方法も考えられるであろう（裁判所職員総合研修所監修・前掲注35）161頁）。

第4章　送達場所の調査

3　調査にあたっての注意事項

　現地を確認するにあたっては、他人の住居を調査するため、プライバシー、個人情報等への配慮を十分すべきである。
　まず、当該住所地が、立入りが可能な場所かには注意する必要がある。戸建て住宅など、無断で敷地内に立ち入ることができないのはもちろんである。また、オートロック式のマンションなどは、マンションのエントランスから先はオートロックで仕切られ、許可なく立ち入ることができないので、やはり無断で中に入ることは控えるべきである。
　この点、送達場所の調査は、可能な範囲の調査で足りるとされているので、たとえば、マンションであれば立ち入り可能な場所までの調査でもやむをえないこととなり、郵便受けの確認であるとか、インターホンで近隣居住者への聴き取り、管理人がいれば管理人への聴き取りといった方法にとどまることとなろう。
　また、この調査は相手方にとっては訴訟というセンシティブな情報に関することであるため、近隣あるいは管理人への聴き取りの際、相手方の個人情報をどこまで開示できるかにも注意して慎重に対応すべきである。

4　調査の結果を報告した後の対応

　送達された住所と調査結果が一致（つまり、当該住所に居住していることが確認できた場合）していれば、休日送達や付郵便送達の方法を検討し、その旨を上申することになる。
　また、新たに送達すべき住所が明らかになれば、その住所への送達を上申する。
　さらに、調査の結果、当該住所に居住しておらず、実際の住所も不明であれば（なお、就業場所の不存在又は不明であることも要件である）、公示送達の申立て（民事訴訟法110条1項1号）をすることとなろう。

第3編

訴訟係属中にできる証拠収集

第3編　訴訟係属中にできる証拠収集

第1章　当事者照会

1　概説

(1) 概要

　当事者照会は、当事者が、訴訟の係属中、相手方に対し、事実主張や証拠提出を準備するために必要な事項について、相当の期間を定めて、書面で回答するよう、書面で照会をする制度である（民事訴訟法163条）[1]。

　裁判所の判断を介することなく、当事者間で照会と回答を直接行うことができること、口頭弁論期日や弁論準備期日に行う必要はなく、期日間に行うことができることなどに特徴がある。

(2) 立法趣旨

　立法趣旨については、様々な見解ないし評価があり[2]、有力な見解の1つは、代理人である弁護士間の信頼関係等に基づいて、実務において従前から行われている当事者間の情報開示行為を制度化したものにすぎないとするものである。また、訴訟当事者間の当事者が相互協力の下で訴訟を運営し、訴訟資料を充実させるべき信義則に基づくものであるとする見解等もある。

---

[1] 当事者照会は訴訟係属中の手続であるが、訴え提起前に行うことができる訴え提起前における照会（民事訴訟法132条の2）もある（第2編第1章を参照）。
[2] 門口正人編集代表『民事証拠法大系　第5巻　各論Ⅲ　鑑定・その他』（青林書院、2005）239頁以下。

2　手続・要件

(1) 申立て

(A) 相手方

訴訟の一方当事者が「相手方」である他方当事者に対して行うものである（民事訴訟法163条）。訴訟の当事者以外の第三者に対して行うことはできない。

共同訴訟人間においては、両者の間に訴訟係属がなく、「訴訟の係属中」という文言に該当すると解することは困難であり、当事者照会はできないものと考えられる[3]。

(B) 申立ての方式

口頭で行うことはできず、訴訟継続中に書面（照会書）を相手方に送付する方法で行わなければならない（民事訴訟法163条、民事訴訟規則84条1項）。

なお、当事者照会に対する回答も、書面を相手方に送付する方法で行う（民事訴訟規則84条1項）。

(C) 申立書の記載事項

申立書には、①当事者及び代理人の氏名、②事件の表示、③訴訟の係属する裁判所の表示、④年月日、⑤照会する事項及びその必要性、⑥民事訴訟法163条の規定により照会する旨、⑦回答すべき期間、⑧照会する者の住所、郵便番号及びファクシミリの番号を記載しなければならない（民事訴訟規則84条2項）。

⑤の照会事項については、項目を分けて記載する（民事訴訟規則84条4項）。これに対する回答も、できる限り、照会事項の項目に対応させて、かつ、具体的に記載する（同項）。

⑦の回答期間については、相手方が回答の準備のために必要と考えられる相

---

3) 門口編集代表・前掲注2) 247頁。

第3編　訴訟係属中にできる証拠収集

当の期間を設定する。回答期間を設定することで、設定した期間内に相手方の回答がない場合、照会者は速やかに他の手段をとることができる。

書式例10　当事者照会

○○年（○）第○○○○号　○○○○事件
原告　○○○○
被告　○○○○
（係属部：○○裁判所民事第○部○係）

　　　　　　　　　　　　　当事者照会書

　　　　　　　　　　　　　　　　　　　　　　　　　　○○年○月○日

〒○○○-○○○○
　東京都○○区○○△丁目△番△号　○○ビル○階
　○○法律事務所
　　上記○○訴訟代理人　弁護士　　○○○○　先生
（FAX　○○-○○○○-○○○○）

　　　　　　　　　　　　〒○○○-○○○○
　　　　　　　　　　　　　東京都○○区○○△丁目△番△号　○○ビル○階
　　　　　　　　　　　　　○○法律事務所
　　　　　　　　　　　　　電　話　○○-○○○○-○○○○
　　　　　　　　　　　　　ＦＡＸ　○○-○○○○-○○○○
　　　　　　　　　　　　　上記○○訴訟代理人　弁護士　　○○○○

　頭書事件における主張・立証上必要ですので、別紙記載の事項につき書面で回答されたく、民事訴訟法163条に基づき照会します。
　本書到達後○日以内に書面でご回答願えれば幸甚です。万一回答できない事項がありましたら、その旨及び回答不能の理由、また回答が遅れる見込みの場合はその旨及び回答ができる時期を書面にてお知らせ下さい。

　　　　　　　　　　　　　　　　　　　　　　　　　　　　　（別紙）

第1章　当事者照会

照会事項

1　本件照会の必要性
　上記訴訟において、○○○○が問題とされているため、○○○○に関する原告の主張・立証に役立てる必要がある。

2　照会事項
(1)
(2)
(3)

以上

(D) 費用
申立ての手数料は不要である。

(2) 回答拒絶事由

　当事者照会が次のいずれかに該当するときは、相手方は回答を拒絶することができる（民事訴訟法163条ただし書）。この場合、相手方はいずれの条項に該当するかを明記して回答しなければならない（民事訴訟規則84条3項）。
　主張又は立証の準備という当事者照会の目的に合致しないものとして、①具体的又は個別的でない照会、②相手方を侮辱し又は困惑させる照会、③すでにした照会と重複する照会、④意見を求める照会が規定され（民事訴訟法163条1号〜4号）、相手方に不当な負担を負わせるものとして、⑤相手方が回答するために不相当な費用又は時間を要する照会が規定され（民事訴訟法163条5号）、証言拒絶権によって保護されるものとして、⑥民事訴訟法196条又は197条の規定により証言を拒絶することができる事項と同様の事項についての照会が規定されている（民事訴訟法163条6号）。

(3) 回答義務

　条文上は「照会することができる」と規定するだけであるが、一般的に相手方は照会に対する回答義務を負う（民事訴訟法2条）と考えられている。

　そして、相手方に回答義務がある以上、正当な理由なく回答を拒絶することは当事者の信義誠実訴訟追行義務（民事訴訟法2条）に違反するとも考えられるし、又、合理的な理由も示さずに回答を拒絶すれば、代理人たる弁護士に弁護士倫理違反（弁護士職務基本規程4条、5条、74条、76条）の問題も生じうるとの見解もある[4]。

　当事者照会を申し立てた当事者は、相手方が回答しない場合、弁論で相手方が回答しない事実をもって相手方に不利益な事実の証拠である等と主張し、当事者照会書を書証として提出すること等により弁論に顕出して、弁論の全趣旨等を通じて、裁判所の自由心証により相手方の不利益に斟酌するよう求めることも考えられる。

　他方、相手方が正当な理由もなく回答を拒絶しても、過料等の法律上の制裁は規定されていない。

　また、国の指定代理人である公務員が当事者照会に対する回答を期限までに行わなかったとしても、不法行為が成立するものではないとした裁判例があり（東京地判平成12年4月27日判例MASTER文献番号0004270010）、当事者照会に対する回答拒絶が不法行為を構成するとまで考えることは困難であろう。

　以上からすれば、当事者照会に対して、照会を受けた側は、これを放置するのではなく、できる限り回答をするか、又は回答しない場合には合理的な理由を示して回答を拒絶するのが望ましい。

　そして、相手方が一応の合理的な理由を示して回答を拒絶した場合、裁判所が相手方に不利な心証をとることは困難であると考えらえる[5]。

---

4) 伊藤真『民事訴訟法（第4版補訂版）』（有斐閣、2014）273頁。
5) 門口編集代表・前掲注2）278頁。

3 活用

(1) 対象事項

　当事者が「主張又は立証を準備するために必要な事項」のすべてが対象となる。相手方の主張又は立証に対する反論又は反証の準備のために必要な事項のみならず、自己の主張又は立証の準備のために必要な事項も対象となる。

　たとえば、交通事故訴訟において事故と原告が主張する病状との因果関係が争点となる場合に「原告の既往症と診療受けた病院名及びその所在地」を明らかにすることを求めたり、医療過誤訴訟において証人申請の前提として「その手術・投薬に関与した看護婦等の氏名及び住所」を明らかにすることを求める場合などに利用することが考えられる。[6)7)]

　ただし、主張又は立証を準備するために「必要」といえるかは一義的に明確でなく、回答を求める事実が自己の主張又は立証の準備のために必要であることをある程度具体的に示さなければ、相手方から必要性がないとして回答を拒否される可能性がある。

(2) 求釈明の対象との相違

　当事者照会は「主張又は立証を準備するために必要な事項」について行われるものである（民事訴訟法163条）のに対し、釈明権の行使は「訴訟関係を明瞭にするため、事実上及び法律上の事項」について行われるもの（民事訴訟法149条）であり、両者の対象は必ずしも一致しない。[8)]

　すなわち、訴訟関係を明瞭にする事項ではなく、釈明権の行使の対象とならない場合であっても、主張又は立証を準備するために必要と考えられる事項であれば、当事者照会を行うことができるのである。

---

6) 法務省民事局参事官室編『一問一答　新民事訴訟法』（商事法務、1996）165頁。
7) 裁判所職員総合研修所監修『民事訴訟法講義案』（司法協会、2016）157頁。
8) 門口編集代表・前掲注2) 279頁。

もっとも、実務上は、両者の違いについてあまり意識されないまま、釈明権の行使の対象とならない事項についても、釈明権の行使を求めたうえで、相手方に自発的な回答を促し、必要な情報を入手しようとすることが多いと思われる。

(3) 時期

当事者照会ができるのは「訴訟の継続中」であるが、当事者照会は、裁判官の判断を介することなく、訴訟の当事者間で直接行われるものであるから、訴訟提起後であれば直ちに行うことができる。

これに対し、釈明権の行使は、裁判官の判断に基づき行われるものであり（民事訴訟法149条）、ある程度訴訟が進行し、裁判官が事案や争点を把握した後に行われることが多い。

4　メリット及びデメリット

(1) メリット

当事者照会は、訴訟提起後であれば直ちに行うことができ、又、口頭弁論期日や弁論準備期日に行う必要がないことから、次回期日を待たずに主張又は立証の準備のために必要な事項を照会することができる。

現行法の当事者照会に対する評価として様々な見解があるが、このメリットを有効に活用することができれば、適正かつ迅速な争点整理や充実した審理に資することになる。

(2) デメリット

当事者照会は裁判所が関与しない手続であり、たとえば、当事者照会に対する回答を拒否することの適否について裁判所が判断することは予定されていない。すなわち、現状の当事者照会は代理人弁護士間の信頼関係に依拠した当事

者間の情報開示であるといえ、裁判所による釈明権の行使の可能性がある求釈明と比較すると、相手方に対する回答の強制力の観点からは、当事者照会は弱いといわざるをえない。

　また、相手方が正当な理由もなく回答を拒絶しても法律上の制裁はなく、上記のとおり、回答しない事実を弁論の全趣旨を通じて相手方に不利益な事実の証拠として用いることにも限界がある。

　このような回答確保の実効性がないことは、当事者照会の利用が進まない大きな要因であると考えられる。

5　工夫事例

　弁論準備期日において、一方当事者が自己に有利で重要と考えている事実関係を相手方に問い質したのに対し、相手方が口頭で曖昧な回答をした。そこで、その事実関係を明確にするため、弁論準備期日後、直ちに当事者照会を行い、相手方の主張事実を書面で確認したうえで、次回期日までに主張書面及び証拠を提出することができ、争点整理が効率的に行われた。

　口頭弁論期日や弁論準備期日において口頭で議論した内容は、記録に残らないことが多く、それが不明確である場合、当事者照会を利用して書面で明確にしたうえで、これに対する反論及び反証を行うことにも有用である。

第3編　訴訟係属中にできる証拠収集

第2章　調査嘱託

1　概説

(1) 概要

　調査嘱託（民事訴訟法186条）は、裁判所が、当事者の申立て又は職権により、公私の団体に対し、必要な調査を委託するという証拠調べの方法である。民事訴訟法上、個人（自然人）を嘱託先とすることはできない。
　同じく裁判所が嘱託を行う文書送付嘱託（民事訴訟法226条本文）とは異なり、調査嘱託は、当事者による書証の申出のための準備行為でも証拠収集行為でもなく、証拠調べの手続そのものである[9]。
　調査嘱託における嘱託事項は、公正さを疑われることのない客観的な事項に限られる。その他の証拠調べにおいては、たとえば鑑定（民事訴訟法212条以下）や証人尋問（民事訴訟法190条以下）では、鑑定人の中立性を確保するための忌避（民事訴訟法214条）の制度や、内容の真実性を担保するための宣誓（民事訴訟法201条）といった制度が設けられている。しかし、調査嘱託においてはこのような手続保障は図られていない。そのため、調査嘱託における嘱託事項（調査の内容）は、手続保障上支障のない範囲に限定されることになる[10]。

---

[9] 調査嘱託の証拠法上の位置付けについては、簡易かつ特殊な証拠調べ手続であるとするのが通説的見解かつ実務上の取扱いである。これに対し、民事訴訟法上、調査嘱託の規定が証拠の章（第2編第4章）の総則の節（第1節）に置かれていることから、第2節以降の各則に掲げられた5種類の証拠調べ手続（証人尋問、当事者尋問、鑑定、書証及び検証）と区別し、調査嘱託は、証拠調べの準備行為として、証人の代用たる証拠方法を獲得する手段であるという見解も存する（門口編集代表・前掲注2）134頁以下）。

第 2 章　調査嘱託

　調査嘱託は、当事者及びその代理人にとっても、又嘱託先の団体にとっても、準備や証拠調べの手続に時間と労力を要する鑑定や証人尋問等とは異なり、簡易な証拠調べの方法として幅広く活用しうる（後記「3　活用」参照）。

(2) 立法趣旨

　官庁・公署、外国の官庁・公署、学校、商工会議所、取引所、その他の団体からの情報を証拠とするためには、本来、その情報に関する担当者等を証人又は鑑定人として証人尋問又は鑑定を行うか、団体又はその担当者等が作成した文書を書証とするといった方法をとることとなる。

　しかし、上記のような団体がその職務上保有する情報やそれを加工すること等により容易に入手しうる情報については、公正かつ確実な報告・回答が期待できるならば、時間と労力を要する証人尋問等の手続をとることなく直接その報告・回答を求めても、提供される情報の質は確保されると考えられる。

　そこで、民事訴訟法は、証人尋問等の手続によらずに簡易迅速に証拠収集ができるようにするため、調査嘱託を認めた。[11]

2　手続・要件

(1) 調査の開始[12]

(A) 申立ての方式

　当事者が調査嘱託の申立てを行う場合、書面又は口頭ですることができるが（民事訴訟規則 1 条 1 項）、実務上、書面（調査嘱託申立書）によってするのが通常である。

　なお、手形小切手訴訟においては、裁判所が職権で調査すべき事項を除き、調査嘱託をすることはできない（民事訴訟法 352 条 4 項・5 項、367 条 2 項）。

---

10) 秋山幹男ほか『コンメンタール民事訴訟法Ⅳ』（日本評論社、2010）123 頁。
11) 門口編集代表・前掲注 2) 127 頁。

153

第3編　訴訟係属中にできる証拠収集

(B) 副本の取扱い

申立書の副本は、原則として相手方に直送しなければならない（民事訴訟規則 99 条 2 項、83 条）。ただし、たとえば、相手方が代理人を選任しておらず本人訴訟で行っている場合等、裁判所に対し副本の送付を求める場合（民事訴訟規則 47 条 4 項）には、裁判所に副本を提出することとなる。

(C) 費用

申立ての手数料は不要である。

ただし、嘱託先の団体が裁判所に調査報告書等の文書を送付する際の送付費用は、訴訟費用となる（民事訴訟費用等に関する法律 2 条 9 号）。申立人は、この送付費用を裁判所に予納しなければならない（民事訴訟費用等に関する法律 11 条、12 条）。東京地裁においては、文書送付嘱託の場合と同様に、（申立人が原告の場合）申立人が訴え提起時に予納した郵券で足りる場合を除き、裁判所が嘱託書を書留郵便で送付する際の 512 円分の切手（平成 30 年 12 月現在）と、嘱託先が調査報告書等を書留郵便で送付する際にかかる切手代の見込額の合計に当たる約 2000 円分の切手を予納郵券として提出する扱いとされることが多い。また、東京地裁民事第 27 部（交通部）では、文書送付嘱託の場合について、嘱託先の件数に応じて、嘱託用郵券「基本セット」が 1 か所につき 1530 円分と指定されており、最初の 1 件はこの「基本セット」に 1000 円分の切手を追加して納めることとなっているが（平成 30 年 12 月現在）[13]、調査嘱託の場合も同様に取り扱われている。

嘱託先の団体が調査報告書や必要な資料を作成するために要する費用は、当

---

12) 民事訴訟法 186 条は、「裁判所は、……嘱託することができる。」と規定しており、「申立てにより又は職権で」というような文言を含んでいない。しかし、現行の 186 条の前身である旧法 262 条は、地方慣習法等についての職権証拠調べを規定した旧々法 219 条を修正し、真実発見主義の観点から職権による証拠調べを認める趣旨で制定されたものであり、現行の 186 条はこれをそのまま引き継いでいることから、職権による調査嘱託が認められると考えられている。また、弁論主義における、証拠によって事実認定を行うには当事者の申し出た証拠によらなければならないという原則から、証拠調べ手続の 1 つである調査嘱託についても、当事者に申立権が認められる（門口編集代表・前掲注 2) 137 頁以下）。

13) 東京地方裁判所民事第 27 部発行の「送付嘱託についてのお願い」と題する文書が、同部の受付窓口に備え付けられている。

該団体からの請求により支給される。この点は、文書送付嘱託の場合と異なり、明文規定が設けられている（民事訴訟費用等に関する法律20条）。実務上、裁判所が申立人（代理人）に連絡したうえで、嘱託先の団体から申立人（代理人）に対し上記費用が請求され、これを受けて申立人（代理人）が直接当該団体に支払う場合と、裁判所を通じて当該団体に支払われる場合とがある。

(D) 嘱託先

嘱託先は、「官庁若しくは公署、外国の官庁若しくは公署又は学校、商工会議所、取引所その他の団体」である（民事訴訟法186条）。団体であれば、株式会社等の私法人であっても、権利能力なき社団又は財団等であっても差し支えない。

一般の民事訴訟においては、個人（自然人）を嘱託先とすることはできない。個人に対しては、証人として尋問するか、又は、鑑定人として鑑定を実施する方法をとるしかない。[14]

これに対し、民事調停及び借地非訟においては、それぞれ民事調停規則16条及び借地非訟事件手続規則19条1項が、「必要な調査を官庁、公署その他適当であると認める者に嘱託することができる」という規定を設けており、個人に対しても嘱託をすることが可能である。

また、家事審判においても、家事事件手続法62条が「家庭裁判所は、必要な調査を官庁、公署その他適当と認める者に嘱託し、又は銀行、信託会社、関係人の使用者その他の者に対し関係人の預金、信託財産、収入その他の事項に関して必要な報告を求めることができる。」と規定しており、個人に対する嘱託が認められている（家事事件手続法258条1項で家事調停にも準用されている）。

(E) 申立書の記載事項

当事者による調査嘱託の申立ては、調査嘱託が証拠調べの手続であることから、証拠の申出に当たる。そのため、証拠の申出の規定（民事訴訟法180条1

---

14) 兼子一原著ほか『条解　民事訴訟法（第2版）』（弘文堂、2011）1068頁。

項、民事訴訟規則99条1項）に従い、証明すべき事実を特定し、その事実と証拠との関係を具体的に明示しなければならない。実務上、調査嘱託の申立書には、①「証明すべき事実」、②「嘱託先」、③「嘱託事項」という各項目に分けて、それぞれ記載するのが一般的である。

①「証明すべき事実」は、調査嘱託によって証明しようとする事実を具体的に記載すべきである。

②「嘱託先」については、裁判所から嘱託先の団体への連絡が迅速かつ円滑に行われるよう、団体の名称や住所だけでなく、郵便番号や電話番号の記載を行うことが望ましい。

③「嘱託事項」は、公正さを疑われることのない客観的な事項に限られる。具体的な例としては、気象台に対しある日時の気象情報を、農林水産省又は農業協同組合に対しある年度のある地方の農作物の作柄（収穫高など）を、取引所又は商工会議所にある商品の一定日時における価格やある取引に関する慣習を、外国の領事館に外国法の内容を嘱託することがあげられる[15]。その他、個々の事案において調査の必要性が認められる具体的な事項について、様々な調査嘱託が行われている（後記「3　活用」参照）。

また、調査嘱託も証拠調べの一種である以上、証拠調べの必要性（民事訴訟法181条1項）がなければ申立てが却下されることになるため、申立書に、④「嘱託の目的・必要性」という項を設けるか、又は、最初の柱書部分にどのような事件なのかを説明するなどして、当該調査嘱託が要証事実との関係でなぜ必要となるのかを記載することが考えられる。

裁判官側からは、手持ちの証拠方法が少なく、決定打となる証拠を有していない当事者が立証に窮して、何か立証のきっかけを得られるのではないかという思いから模索的に申し立てられること（たとえば、ある商品の欠陥が問題となっている事件で、当該商品自体についてのクレーム報告が見当たらないことから、他のメーカーの同機種の製品についてのクレームの有無・内容等について消費生活センターなどの関係機関に調査嘱託するような場合等）もあるようなので、裁判官としてはその必要性について十分に検討・吟味すべき場合もあ

---

15) 秋山ほか・前掲注10) 124頁。

るという指摘もみられる。[16]

書式例11　調査嘱託申立書

○○年（ワ）第○○○号　不当利得返還請求事件
原　告　　○○○○
被　告　　○○○○

調査嘱託申立書

○○年○○月○○日

東京地方裁判所民事第○○部○係　御中

　　　　　　　　　　　　　原告訴訟代理人弁護士　　○　○　○　○

　頭書事件について、原告は以下のとおり調査嘱託を申し立てる。

1　証明すべき事実
　被告が、被相続人○○○○の生前、同人名義の預金口座から不正に金銭を引き出した事実及びその金額。

2　嘱託先
　〒○○○-○○○○　東京都○○区○○○
　株式会社○○銀行
　　取扱店　○○支店
　　　〒○○○-○○○○　東京都○○区○○

3　嘱託事項
　○○年○月○日から○○年○月○日までの○○○○（生年月日○○年○月○日）名義の普通預金口座（口座番号○○○○○○○）の取引明細。

4　嘱託の目的・必要性
　本件訴訟は、被相続人○○○○の共同相続人の一人である原告が、他の共同相続人である被告に対し、被告が上記被相続人の生前にその承諾を得ることなく同人名義の上記預金口座から金銭を引き出したと主張して、その引出額のうち原告の法定相続分に相当する額の返還を求める訴訟である。原告の主張の当否を判断するためには、上記預金口

16）加藤新太郎編『民事実認定と立証活動　第Ⅰ巻』（判例タイムズ社、2009）278頁〔村田渉〕。

第3編　訴訟係属中にできる証拠収集

座から金銭が引き出された時期及び金額を明らかにすることが不可欠であるため、本嘱託の必要性がある。

以上

(2) 証拠決定

裁判所は、当事者から調査嘱託の申立てがあった場合、これを認容する場合には、調査嘱託の決定をする。これに対し、申立てを認容しない場合には、申立て却下の決定をする。

申立てが認容されるためには、調査嘱託も証拠調べの一方法である以上、証拠調べの必要性（民事訴訟法181条1項）が認められなければならない。

相手方は、申し立てられた調査嘱託の実施を不要と考える場合や何らかの限定を付して実施すべきと考える場合など、意見があるときは、仮に裁判所から意見陳述を求められなかったとしても、証明すべき事実との関係で当該調査嘱託の必要性がないこと等をその具体的理由とともに記載した意見書を速やかに提出すべきである。

証拠の採否の裁判である調査嘱託の決定及び申立て却下の決定に対しては、裁判所の自由心証主義（民事訴訟法247条）が適用され、独立して不服の申立てをすることはできない。[17]

(3) 嘱託及び調査報告

裁判所が調査嘱託の決定をすると、裁判所書記官が調査の嘱託を行う（民事訴訟規則31条2項）。すなわち、裁判所が、嘱託先の団体に対し調査嘱託書を送付し、調査結果の回答を求める。

嘱託先の団体は、裁判所からの上記嘱託を受け、裁判所に回答書等の書面により調査結果を回答する。

---

[17] 文書提出命令申立てのケースであるが、証拠調べの必要性を欠くことを理由として申立てを却下した決定に対し、その必要性があることを理由として独立に不服申立てをすることができないとされた例として、最判平成12年3月10日民集54巻3号1073頁がある。

第 2 章　調査嘱託

　申立てをする当事者としては、嘱託先の団体に対し、あらかじめ回答可能な時期を問い合わせてその結果を裁判所に伝えるか、又は、場合によっては裁判所を通じて回答の目途となる日を設定してもらうなどして、回答書の内容を踏まえて次回期日を迎えることができるよう配慮すべきである。

　また、裁判所においても、複雑な内容の調査嘱託を採用する場合には、書記官が嘱託先の団体に連絡を取って、こういうことは答えられるでしょうか、答えられないとしたら、どういうことなら答えられるでしょうかということを尋ねて、こういう嘱託ならば答えられますと言われればそういう内容の嘱託をするという手順で、調査嘱託が実施されることがある。[18]

(4) 調査結果の証拠化

　裁判所に送付された調査結果については、裁判所がこれを口頭弁論において提示し、当事者に意見陳述の機会を与えれば足り、当事者の援用を必要としない（最判昭和 45 年 3 月 26 日民集 24 巻 3 号 165 頁）。調査嘱託は、証拠調べの一方法であるから、当事者の援用を要することなく、調査結果がそのまま証拠となるのである。この点は、同じく裁判所からの嘱託で実施される文書送付嘱託と異なる。

　ただし、そのまま証拠となる（判決において、甲号証や乙号証と同様に、「調査嘱託の結果」として事実認定の証拠として引用されうる）とはいえ、当事者が調査結果を知るためには、裁判所書記官からの連絡又は自らの裁判所への問合せにより、裁判所に調査結果が届いていることを確認し、裁判所で閲覧・謄写（コピー）を行う必要がある。

　また、実務上は、自己に有利な調査結果が得られた場合、当事者が調査結果（回答書等の文書）を書証として提出するのが通常である。判決において自己に有利な事実認定を得るため、調査結果のうち必要と思われる部分については、積極的に書証として提出すべきである。

---

[18] 大森文彦ほか「座談会　民事訴訟の新展開［上］」判タ 1153 号 19 頁〔福田剛久発言〕。

第3編　訴訟係属中にできる証拠収集

3　活用

(1) 個々の事案に応じた様々な活用例

　実務においては、個々の事案において調査の必要性が認められる具体的な事項について、様々な調査嘱託が行われている。

　調査嘱託は、文書送付嘱託と同様に、争点を明確にするために訴え提起と同時かそれ以降の早い時期に申し立てるべきこともあれば、争点整理が進んできた段階で争点の判断のために必要となって申し立てるべきこともある。

　現実に採用された嘱託事項の応用例に関しては、大森文彦ほか「座談会　民事訴訟の新展開［上］」判タ1153号4頁以下（平成16年6月19日実施）において配付され、同誌に掲載されている以下の調査嘱託例が参考になる。[19]

　また、訴え提起前の証拠収集処分としての調査嘱託（民事訴訟法132条の4第1項第2号）の活用例については、第2編第2章を参照されたい。

〔調査嘱託例〕
1　建物を○○柱脚工法で施工する場合に次のような方法（省略）を用いることは、○○柱脚工法の建設大臣（当時）認定の範囲内か否か。
　　（嘱託先　○○柱脚工法について建設大臣認定を受けた会社）
2　○○年度及び○○年度における住宅金融公庫の融資基準（賃貸用共同住宅建設）に関して、建設場所が○○県○○市である場合において、
　(1)　断熱構造とする必要のある壁面はどのように指定されていたか。
　　　特に……（省略）
　(2)　方位による区別が存在する場合、方位のズレ（例えば……省略）はどのように扱われるのか。
　(3)　当時の融資基準として、断熱構造とすることに関して、通常融資と割増融資等との区別があったか。あったとすれば……（省略）
　　（嘱託先　住宅金融公庫）
3　○○霊園の事情に関し、○○年○○月までの間に、貴社が顧客に販売した永代使用

---

[19]　大森ほか・前掲注18）42～43頁。

料その他の代金について、○○銀行○○支店甲名義の普通預金口座への送金以外の方法で、○○事務所宛に支払ったことがあるか。
　支払った場合は、……（省略）
（嘱託先　多数の石材業者）
4　○○年に、○○病院から同病院に入院中の患者を××病院に引き取って欲しい旨の要望を受けたことがあるか。
　ある場合は、……（省略）
（嘱託先　××病院）
5　○○株式会社の製造した××カテーテルの素材、形状、性能、使用方法、使用上の注意その他の特徴について、商品説明書があれば、それを添えて明らかにされたい。
　××カテーテルは、心臓に接することが念頭に置かれているものと思われるが、○○株式会社は××カテーテルを製造するにあたり、それを手術後等で使用する際に患者の内臓等を傷つけることがないようにいかなる配慮をしているか。
　××カテーテルを手術後の廃液に使用したケースにおいて、これまで××カテーテルが原因となって何らかの事故が起きたことがあったか。あったとすれば……（省略）
（嘱託先　○○株式会社）
6(1)　人体の胃中のPH
　　人体の胃中のPHはどの程度の幅があるのか。
　　○○歳の男性が朝から絶食し、午後○時ころ食事を摂取した直後の胃中のPHはどの程度と想定されるか。幅があるのであれば……（省略）
(2)　薬品××の溶出速度
　　上記(1)の範囲でPHの高低によって薬品××の溶出速度にどのような差異が生じるか。
(3)　○○歳の……の状態にある男性の場合、薬品××の胃中での溶解と血中濃度、体内への吸収、作用が生じ始める時間はどのような関係にあるか。
（以下省略）
（嘱託先　○○研究所）
7　○○年当時（分からなければ、現在の状況でよい。）、貴病院で行われていたフェノール水を使用する肋間神経ブロックについて
(1)　ブロック針について
　　通常使用していたブロック針の長さ、ブロック針が必要以上に深く入るのを防止する方策……（省略）
(2)　神経破壊薬として使用されるフェノール水について
　　成分、製造及び保存の方法……（省略）
(3)　肋間神経ブロックをエックス線透視下で行うことがあるか、あるとすれば、……（省略）
（嘱託先　複数の大学病院等）

第3編　訴訟係属中にできる証拠収集

8⑴　○○年ころ、自動車車内、部品等における最高温度を測定するという実験を行ったとうかがったので、同実験について、以下の点について回答してください。
　　　（以下省略）
　　　（嘱託先　財団法人○○研究所）
　⑵　××の○○○○号○○頁の記事でした実験について、以下の点について回答してください。
　　　（以下省略）
　　　（嘱託先　株式会社××）
9　貴社の製品○○に関する添付の製品仕様書は、社団法人××協会の○○通則に則ったものか。
　　……の条件下で製品○○が使用された場合、使用保証の範囲内か範囲外かを判断するための製品仕様書の保証項目は、以下のいずれか。
　　（以下省略）
　　（嘱託先　複数の同種製品製造会社）
10　患者○○の脳内出血の原因について、貴院の医療記録には、次のような報告書があります。そこで、同患者の脳内出血の原因及び下記内容について、後記の点をご教示ください。
　　（以下省略）
　　（嘱託先　○○病院）
11　○○市作成のがけ災害の防止に関する勧告文書が交付された経緯及びその文書の意味等について、以下の事項にお答えください。
　　（以下省略）
　　（嘱託先　○○市）
12　貴院に○○年○月○日から××年×月×日まで入院した甲に関する以下の事項にお答えください。
　　××年×月×日に○○病院に転送する理由となったカニューレの抜去について、その抜去があったのはいつか。
　　カニューレの固定方法、及びカニューレ抜去を発見したときのカニューレの状況、甲のカニューレが外れた際、貴院の医師が直ちにカニューレの再挿管を行わなかった理由。
　　（以下省略）
　　（嘱託先　○○病院）
13　貴社では、対人や対物賠償保険等のいわゆる自動車保険の基本部分の契約をしなくとも、車両保険のみの契約をすることができるか。
　　車両保険を引き受けるにあたり、例えば、自動車保険契約の締結時又は更新時には引き受けるが、保険期間の中途には車両入れ替えが伴わないと引き受けない、など引き受けの時期的な点から引き受け基準を設けているか。
　　（以下省略）

(嘱託先　多数の損害保険会社)
14　○切断術の適応を判断する基準としてＡ方式を採用しているか。
　　　Ａ方式を採用している場合、いつから採用しているか。
　　　Ａ方式を採用している理由は何か。
　　　(以下省略)
　　　(嘱託先　複数の大学病院)
15　別紙の分娩監視記録は貴社の製造にかかるＡ装置によって記録されたものか。
　　　別紙の胎児心拍曲線及び陣痛曲線は、トランスジューサを適切に装着して記録されているものか。
　　　別紙の分娩監視記録上、Ｐ点を娩出時と考えてよいか。
　　　(以下省略)
　　　(嘱託先　Ａ分娩監視装置の製造会社)
16　本件で使用された○○メトロの使用説明書には、「頭位の場合、注入量が○○ml を越すと臍帯脱出……が助長されます」との記載があるが、どのような機序で臍帯脱出が助長されると考えているか。
　　　(嘱託先　○○メトロの製造会社)

出典　大森文彦ほか「座談会　民事訴訟の新展開[上]」判タ1153号42〜43頁

(2) 気象条件に関する調査嘱託

　気象台に対しある日時の気象情報の調査嘱託を行う場合の例としては、次のような保険金請求事件の事案がある。[20]

　多額の負債を抱えていた輸入会社の社長が、自動車で北陸道のある分岐点の分離帯に激突して重大な後遺障害を負い、生命保険金の支払いを求めたが、複数の保険会社と高額な保険契約を締結しており怪しいということで、保険金の支払いを拒絶されたという事案で、自殺未遂かスリップ事故かが争点となり、雨が降り始めた時期が問題となったため、気象台に調査嘱託をしたところ、事件当時は少し路面が濡れて水が薄く膜のようになっていて一番スリップしやすい状況になるくらいの雨量だったことが判明し、スリップ事故として請求が認容された。

　また、降雨量に関しては、現場に近い気象台がないという場合も十分想定さ

---

20) 加藤編・前掲注16) 275〜276頁〔須藤典明〕。

第3編　訴訟係属中にできる証拠収集

れるが、その場合に局地的な情報を調べたいということになれば、現場に近接した消防署が防災のために取っている降雨量についての詳細なデータを調査嘱託により提出してもらうということが考えられる[21]。

(3) 目撃者の特定のための情報の提供

交通事故の不起訴事件に関する損害賠償請求訴訟において、交通事故の状況を直接目撃した者（以下、「目撃者」という）の証人尋問のために必要であるとの理由で、検察庁が裁判所からの調査嘱託により目撃者の特定のための情報の提供を求められたときは、以下の要件を満たす場合、当該刑事事件の目撃者の特定に関する情報のうち、氏名及び連絡先を回答するものとされている[22]。

① 民事裁判所から、目撃者の特定のための情報について調査の嘱託がなされた場合であること。
② 目撃者の証言が、当該民事訴訟の結論を直接左右する重要な争点に関するものであって、かつ、その争点に関するほぼ唯一の証拠であるなど、その証明に欠くことができない場合であること。
③ 目撃者の特定のための情報が、民事裁判所及び当事者に知られていないこと。
「民事裁判所及び当事者に知られていない」とは、民事訴訟の当事者において、目撃者の存在を把握しているが氏名が不明の場合、目撃者の氏名は判明しているが連絡先が不明の場合、又は目撃者が存在すると認めるに足りる相当の事情があるが、氏名等が不明の場合などがある。
④ 目撃者の特定のための情報を開示することによって、捜査・公判への具体的な支障又は関係者の生命・身体の安全を侵害するおそれがなく、かつ、関係者の名誉・プライバシーを侵害するおそれがないと認められる場合であること。

---

21) 加藤編・前掲注16) 278～279頁〔馬橋隆紀〕。
22) 被害者法令ハンドブック編纂委員会編著『被害者法令ハンドブック』（中央法規出版、2009）507頁、法務省ホームページ「不起訴事件記録の開示について」〈http://www.moj.go.jp/keiji1/keiji_keiji23.html〉。

（4）家事調停・審判等における活用

　調査嘱託は、一般の民事訴訟のほか、たとえば離婚訴訟（人事訴訟）において財産分与の附帯処分を請求する場合や、財産分与を求める調停・審判において、夫婦の一方が他方の預金口座の残高を調査する際に役立つこともある。

　すなわち、当事者の一方が、相手方との間での財産分与の対象となる夫婦共有財産を明らかにするため、金融機関名と支店名を特定し、相手方名義の口座の残高及び取引履歴について、家庭裁判所に調査嘱託を申し立てることが考えられる。これにより、当事者の一方は、任意に自己名義の口座の通帳を開示しない相手方の口座の残高及び出入金の明細について、金融機関から情報開示を受けることが可能である。

　この場合、財産分与の額や方法については、当事者双方がその協力によって得た財産の額その他「一切の事情」を考慮して定められることとされており（民法768条3項、771条）、事実審の口頭弁論終結時における当事者双方の財産状態もこの「一切の事情」に含まれるとされていること（最判昭和34年2月19日民集13巻2号174頁）や、清算割合を決定する必要性などから、財産分与の基準時となる別居開始時の残高のほか、その前後数年間の取引履歴について、調査嘱託の申立てを行うことが可能である。

（5）DV等支援措置が実施されている場合の調査嘱託

　民事訴訟事件、人事訴訟事件、及び家事事件のいずれにおいても、当事者の特定や被告に対する訴状の送達等のため、訴状・申立書に被告・相手方の住所を記載する必要がある（民事訴訟法133条2項1号、民事訴訟規則2条1項1号、家事事件手続法49条2項1号、255条2項1号、家事事件手続規則1条1項1号）。

　一方、総務省は、市区町村で実施されているDV等支援措置（ドメスティック・バイオレンス、ストーカー行為等、児童虐待及びこれらに準ずる行為の被害者の保護のための住民基本台帳事務における支援措置）に関し、加害者の代理人から職務上請求により被害者の住民票の写し等又は戸籍の附票の写しの交

第3編　訴訟係属中にできる証拠収集

付の申出があった場合、加害者本人から当該申出があったものと同視して申出を拒否するように取り扱うよう、各都道府県及び各指定都市の住民基本台帳担当者宛てに通知を発出している[23]。

　この総務省通知を受け、最高裁は、民事訴訟事件、人事訴訟事件、及び家事事件の処理に際しての留意事項をまとめた事務連絡を発出している[24]。これによれば、原告等又はその代理人としては、①被告等の住所を「住居所不明」と記載した訴状等を提出するとともに、②被告等の住民票の写し等がDV等支援措置の対象となっているため被告等の住所を調査することができない事情を報告する資料と、③調査嘱託の実施とそれにより回答された被告等の住民票等上の住所における送達を求める上申書を提出することになると思われる。

　また、同最高裁事務連絡によれば、上記の調査嘱託により裁判所に送付された被告等の住所が記載された調査嘱託回答書や、送達報告書について、原告等又はその代理人が閲覧・謄写請求をした場合、書記官が閲覧・謄写を控えるように促すことになるが、それにもかかわらず閲覧・謄写を求められた場合には、調査嘱託で回答された住民票等上の住所における送達が予定されているときや送達が奏功しているときには、当該訴訟係属中に原告又はその代理人が被告の住所を確認する必要はないと考えられるため、閲覧・謄写請求の拒絶処分をすることが考えられるとされている。

4　留意点

(1) 個人情報・プライバシーの保護

　嘱託先の団体は、守秘義務やプライバシー保護等を理由に、回答を拒絶する場合がある。

---

[23] 平成30年3月28日付け総務省自治行政局住民制度課長「ドメスティック・バイオレンス、ストーカー行為等、児童虐待及びこれに準ずる行為の被害者の保護のための住民基本台帳事務における支援措置に関する取扱いについて」

[24] 平成30年11月30日付け最高裁判所事務総局民事局「DV等支援措置に関する取扱いの総務省自治行政局住民制度課長通知への対応等について（事務連絡）」

個人情報の保護に関する法律（個人情報保護法）23条1項、行政機関の保有する個人情報の保護に関する法律8条、地方公共団体の個人情報保護条例等においては、個人データを本人の同意を得ることなく第三者に提供することを禁止する規定が設けられている。

しかし、調査嘱託は、民事訴訟法186条に基づき裁判所が行う手続であるから、これらの法律や条例等によっても提供が許されている「法令に基づく場合」（個人情報保護法23条1項1号等）に該当する。

したがって、嘱託先の団体が、裁判所からの調査嘱託に応じて個人データが含まれる事項について回答しても、特段の事情がない限り、プライバシー侵害等を理由に不法行為責任を負うことはない（文書送付嘱託についての事案であるが、大阪高判平成19年2月20日判タ1263号301頁、さいたま地川越支判平成22年3月4日判時2083号112頁）。

ところが、特に医療機関等は、患者の疾患や病歴等、極めて秘匿性の高い重要な個人情報を取り扱う性格上、回答に際し、患者本人又は遺族の同意書を要求する場合がある。このことを念頭に置き、調査嘱託申立書とともに同意書を提出するか、少なくとも、代理人弁護士としては、同意書の提出を要求される場合があることをあらかじめ依頼者に説明しておくべきである。

(2) 調査嘱託か文書送付嘱託か

金融機関等を嘱託先とする場合、調査嘱託を申し立てるべきか、文書送付嘱託を申し立てるか、どちらを選択すべきか迷うことがある。基本的には、特定の文書の送付が必要となる場合には文書送付嘱託を選択し、嘱託先の団体による調査が必要となる場合には調査嘱託を選択すべきであるが、文書が存在しない可能性があるときは、調査嘱託を行うということもありうる（「第3　文書送付嘱託」の「4　留意点」(1) 参照）。

また、救急活動記録票については、死亡した患者の遺族の申立てに基づき文書送付嘱託を受けた医療機関が、職務上支障があることを理由に、救急活動記録票の文書自体は送付することができないと回答する場合がある。この場合、調査嘱託の申立てによって項目を指定すれば、救急活動記録票の記載から一定

事項を抜き書きする形での回答を得られることがある（東京地判平成 16 年 9 月 16 日判時 1876 号 65 頁の事案では、死亡した患者の遺族が搬送先の病院に対し救急活動記録票の文書送付嘱託申立てをし、その送付が嘱託されたところ、当該病院より、職務上支障があるためその送付には応じられないが、調査嘱託により項目を指定すれば回答できる事項もあると回答され、現に、患者の主訴、意識レベル、呼吸、脈拍、救急処置、同乗者の有無に限定して回答が行われている）。

(3) 調査嘱託に応じる公法上の義務と不法行為の成否

(A) 調査嘱託に応じる義務の有無

民事訴訟法 186 条が嘱託先の例示として「外国の官庁若しくは公署」をあげていることからも明らかなように、外国の団体を嘱託先とすることも可能である。この場合、条約その他の定めがない限り、外国の団体が調査嘱託に応じる義務はないと解されている[25]。

これに対し、国内の団体は、調査嘱託をした裁判所に対し、当該調査嘱託に応じる公法上の義務を負うと解されている（大阪高判平成 19 年 1 月 30 日判時 1962 号 78 頁、東京高判平成 24 年 10 月 24 日判時 2168 号 65 頁）。これに関しては、国法上、嘱託先との関係で裁判所の権限を認めるのであれば、嘱託先に義務はないということは論理上考えられないのであり、当然の帰結であるとの指摘がある[26]。

(B) 義務違反の場合における不法行為の成否

ただし、嘱託先の団体がこの義務に違反して回答を拒否した場合であっても、調査嘱託を申し立てた訴訟当事者に対する不法行為が直ちに成立するわけではない。

すなわち、前掲大阪高判平成 19 年 1 月 30 日は、金融機関に対し、口座開設者の住所及び電話番号につき調査嘱託を行った事案において、「調査嘱託に対

---

25) 兼子原著ほか・前掲注 14) 1069 頁。
26) 門口編集代表・前掲注 2) 147 頁。

して回答すべき法的義務は、……国の司法機関である裁判所に対する公的な義務であって、必ずしも、それを利用する個々の弁護士やその依頼者個人に対する関係での義務ではなく、それは同時に、個々の弁護士や依頼者がその権利として、……回答を求める権利を有するものとされているわけではないことを意味するものと解される。」と判示し、当該事案における回答拒否行為は原則的には不法行為を構成しないとして、損害賠償請求を認めなかった。

また、前掲東京高判平成24年10月24日は、電気通信事業者に対し、携帯電話の名義人の契約情報につき調査嘱託を行った事案において、「調査嘱託に対する嘱託先の回答義務は、……当該調査嘱託をした裁判所に対する公法上の義務であり、調査嘱託の職権発動を求めた訴訟当事者に対する直接的な義務ではないので、上記公法上の義務に違反したことが直ちに上記訴訟当事者に対する不法行為になるというものではない。……調査嘱託を受けた者が、回答を求められた事項について回答すべき義務があるにもかかわらず、故意又は過失により当該義務に違反して回答しないため、調査嘱託の職権発動を求めた訴訟当事者の権利又は利益を違法に侵害して財産的損害を被らせたと評価できる場合には、不法行為が成立する場合もあると解するのが相当である。」と判示したが、当該事案においては、調査嘱託事項のみが記載されているだけで調査嘱託の目的が判明しないことを理由として、不法行為の成立を否定した。

(4) 調査嘱託の目的・必要性の記載

申立書に記載すべき事項は、前記2(1)で述べたとおり、①「証明すべき事実」、②「嘱託先」、及び③「嘱託事項」のみである。しかし、調査嘱託も証拠調べの一方法であるから、裁判所が嘱託先の団体に調査嘱託を行うためには、証拠調べの必要性（民事訴訟法181条1項）が認められなければならない。また、嘱託先の団体に調査及び回答に応じてもらいやすくする工夫も必要である。こうした観点から、申立書には、上記①から③までの事項に加え、④「嘱託の目的・必要性」などといった項目を設けて具体的な目的・必要性等を記載することが望ましい。

前掲東京高判平成24年10月24日は、調査嘱託を受けた電気通信事業者の

回答義務違反が故意又は過失によるものではないことの理由として、調査嘱託の目的の記載がなかったとの事実を摘示している。仮に目的の記載がされていれば、回答義務違反による不法行為が認められていた可能性があり、又、そもそも上記電気通信事業者が回答に応じていた可能性もある。

(5) 手持ち資料がある場合の調査嘱託のタイミング

代理人弁護士としては、まずインターネット検索により、求める情報やその手がかりとなる情報がないかどうかを調べることも多い。このようにして得られた手持ちの資料がある場合、自ら十分な調査ができたのであれば、最初から調査嘱託を申し立てるのではなく、まずはその手持ちの資料を証拠方法として提出することになろう。相手方からその内容の正確性等を争われた場合、その段階で調査嘱託を申し立てるという対応をとることも考えられる。

5 メリット及びデメリット

(1) メリット

調査嘱託には、当事者及びその代理人にとっても、又嘱託先の団体にとっても、準備や証拠調べの手続に時間と労力を要する鑑定や証人尋問等とは異なり、簡易な証拠調べの方法として幅広く活用しうるというメリットがある。

(2) デメリット

① 23条照会（弁護士法23条の2）とは異なり、調査結果が直接裁判所に届き、そのまま証拠となるため、当事者側において書証としての必要性を吟味したうえで証拠化することができない。
② 嘱託先の団体が調査に応じず、回答をしなかったとしても、制裁規定はなく、強制的に調査又は回答を行わせることはできない。
上記4（3）のとおり、国内の団体は、調査嘱託をした裁判所に対し、

当該調査嘱託に応じる公法上の義務を負うが、これは調査嘱託を申し立てた訴訟当事者に対して負担する義務ではないから、嘱託先の団体が上記公法上の義務に違反したことが、直ちに上記訴訟当事者に対する不法行為になるものではない（前掲大阪高判平成19年1月30日、前掲東京高判平成24年10月24日は、いずれも当該事案において不法行為の成立を否定した）。

(3) 補：調査嘱託に類似する制度

調査嘱託に類似する制度としては、①訴え提起前の証拠収集処分としての調査嘱託（民事訴訟法132条の4第1項2号）、②裁判所の釈明処分としての調査嘱託（民事訴訟法151条1項6号）、③鑑定嘱託（民事訴訟法218条1項）等がある。

①訴え提起前の証拠収集処分としての調査嘱託は、証拠調べ手続ではなく、提訴予告通知を行った者等の申立てにより、訴え提起前に裁判所の処分を通じて当事者が必要な証拠を収集しうるようにしたものであり、厳格な必要性と、収集に必要な時間や嘱託を受けるべき者の負担等からみた相当性が要件とされている。

②裁判所の釈明処分としての調査嘱託は、裁判所が当事者の弁論の内容を理解し、事案の内容を把握するために行われるものであり、調査嘱託の規定が準用されている（民事訴訟法151条2項）。

③鑑定嘱託は、裁判所が官庁もしくは公署、外国の官庁もしくは公署又は相当な設備を有する法人に鑑定を嘱託する制度である（民事訴訟法218条1項）。鑑定によっては、高度の学識経験と機械その他の設備を利用しないとできない場合があり、又そうしたほうがより適切な結果を上げることができる場合もあるので、内外の官庁・公署又は相当な設備を有する法人に鑑定を嘱託することを認めたものである。例としては、原告が、被告から購入した塗料が欠陥塗料であったため塗った建物の表面に泡が出たと主張して損害賠償請求をした事案において、原告は塗料がJIS規格の定める性能基準に達していないと主張し、被告は原告の使用方法が間違っていると主張したため、JIS規格を判定できる

第3編　訴訟係属中にできる証拠収集

国の指定機関である財団法人日本塗料検査協会（当時）に対し鑑定嘱託が行われ、性能の問題はないことが明らかにされたというものがある。[27]

---

27) 加藤編・前掲注16) 274〜275頁〔山浦善樹〕。

第3章　文書送付嘱託

1　概説

　文書送付嘱託（民事訴訟法226条本文）は、裁判所が、当事者からの申立てにより、文書の所持者にその文書の送付を嘱託することである。

　民事訴訟法226条本文は、「書証の申出は、第219条の規定にかかわらず、文書の所持者にその文書の送付を嘱託することを申し立ててすることができる。」と規定している。この条文から明らかなように、文書送付嘱託の申立ては、①当事者が裁判所に文書を提出する方法及び②当事者が裁判所に文書提出命令を申し立てる方法（以上、民事訴訟法219条）以外の、書証の申出の方法として規定されている。

　しかし、実務上、文書送付嘱託は、上記①②の場合とは異なり、書証の申出のための準備行為又は証拠収集行為であると解するほうが実態に合っている。[28] すなわち、実務上、当事者が裁判所に文書送付嘱託の申立てを行い、文書の所持者が裁判所にその文書を送付したとしても、それだけでその文書が証拠となるのではない。当事者は、所持者から送付された文書を裁判所で閲覧して謄写（コピー）し、その中から、証明すべき事実との関係で必要と思われるものを証拠として提出することとなる。裁判所は、文書送付嘱託により裁判所に送付された文書のうち、当事者が証拠として指定したもの以外については、証拠調べを要しない。[29]

---

[28] 門口正人編集代表『民事証拠法大系　第4巻　各論Ⅱ　書証』（青林書院、2003）74頁。
[29] 最判昭和45年12月4日集民101号627頁。

2 手続・要件

(1) 申立て

(A) 申立ての方式
申立ては、書面又は口頭ですることができることとされているが（民事訴訟規則1条1項）、実務上、書面（文書送付嘱託申立書）によってするのが通常である。

(B) 副本の取扱い
申立書の副本は、原則として相手方に直送しなければならない（民事訴訟規則99条2項、83条）。ただし、たとえば、相手方が代理人を選任しておらず本人訴訟で行っている場合等、裁判所に対し副本の送付を求める場合（民事訴訟規則47条4項）には、裁判所に副本を提出することとなる。

(C) 費用
申立ての手数料は不要である。ただし、文書の所持者が裁判所に対象文書を送付する際の送付費用は、訴訟費用となる（民事訴訟費用等に関する法律2条9号）。文書送付嘱託の申立人は、この送付費用を裁判所に予納しなければならない（民事訴訟費用等に関する法律11条、12条）。なお、東京地裁においては、（申立人が原告の場合）申立人が訴え提起時に予納した郵券で足りる場合を除き、裁判所が嘱託書を書留郵便で送付する際の512円分の切手（2018年12月現在）と、嘱託先が対象文書を書留郵便で送付する際にかかる切手代の見込額の合計に当たる約2000円分の切手を予納郵券として提出する扱いとされることが多い。また、東京地裁民事第27部（交通部）においては、すでに予納されている場合を除き、嘱託先の件数に応じて、嘱託用郵券「基本セット」が1か所につき1530円分と指定されており、最初の1件はこの「基本セット」に1000円分の切手を追加して納めるという取扱いがされている（2018年12月現在）[30]。

第3章　文書送付嘱託

　文書の所持者が裁判所に対象文書を送付する際の複写費用（コピー代）については、訴訟費用とはならず、明確な取扱いが定められていない。実務上、特に医療機関から診療録等の医療記録を取り寄せる場合などは、文書送付嘱託の申立人が、文書の所持者から上記複写費用の請求をされるか、又は、裁判所の取扱いにより上記複写費用を負担すべきこととされている例もある。

（D）申立書の記載事項

　文書送付嘱託の申立てについては、文書提出命令に関する民事訴訟法221条1号から4号までの規定が準用ないし類推適用され、申立書には、①「文書の表示」（及び文書の趣旨）、②「文書の所持者」、③「証明すべき事実」を記載[31]する必要がある。

　申立書の記載事項に関しては、東京地方裁判所民事部プラクティス委員会が、「文書送付嘱託関係のモデル書式について」と題する検討結果を発表し、類型別のモデル書式を掲載しており、参考になる[32]。このモデル書式においては、上記①から③までの記載事項に加え、④「送付の必要性等」という項目を設けて、事案の概要や送付の必要性等について記載することが提案されている（書式例12参照）[33]。

① 「文書の表示」は、送付すべき文書を特定するために必要である。対象となる文書の範囲が明確になるよう、できる限り具体的に記載すべきである。送付の対象文書が特定の人物に関する情報を記載したものであるときは、文書を特定する前提として、その人物を特定するために役立つ情報が記載されていることが必要不可欠である[34]。

---

30) 東京地方裁判所民事第27部発行の「送付嘱託についてのお願い」と題する文書が、同部の受付窓口に備え付けられている。
31) 文書の趣旨（民事訴訟法221条2号）は、文書に記載されている内容の概略ないし要点を意味するが、実務上は文書の表示と一体として記載することが多い。文書の特定及び要証事実の特定についても、実務上、文書提出命令申立ての場合より緩やかな記載でも認められることがあるが、後述のとおり、できる限り具体的に記載すべきである。
32) 須藤典明ほか「文書送付嘱託関係のモデル書式について」判タ1267号5頁以下。
33) 本書では、モデル書式の年月日の表示等、一部を変更して掲載している。
34) 須藤ほか・前掲注32）7頁。

第3編　訴訟係属中にできる証拠収集

② 「文書の所持者」については、裁判所から文書の所持者への連絡が迅速かつ円滑に行われるよう、所持者の氏名や住所だけでなく、郵便番号や電話番号の記載を行うことが望ましい。[35]
③ 「証明すべき事実」は、送付を求める文書によって証明しようとする事実を具体的に記載すべきである。
④ 「送付の必要性等」については、文書送付嘱託も証拠調べの一方法であるから証拠調べの必要性（民事訴訟法181条1項）が要求されること、及び、嘱託先に対象文書の送付に応じてもらいやすくすることという両方の観点から、記載することが望ましい。この記載がなければ、上記③「証明すべき事実」の記載も不十分な場合、証拠調べの必要性なしとして申立てが却下されることもあるため、注意が必要である。

書式例12　文書送付嘱託申立書

```
○○年（ワ）第○○○○号
原　告　　○○○○
被　告　　○○○○

　　　　　　　　　　　文書送付嘱託申立書

　　　　　　　　　　　　　　　　　　　　　　　　○○年○月○○日

東京地方裁判所民事第○○部○係　御中

　　　　　　　　　　　　　　　　　　原告訴訟代理人弁護士　　○○○○

　頭書事件について、原告は、以下のとおり文書送付嘱託を申し立てる。

第1　文書の表示
　甲川太郎（○○年○月○日生、○○年3月4日死亡、生前の住所　東京都○○区××1-○-○）に関する○○年○月から死亡に至るまでのカルテ、看護日誌、診断書等一切の記録。
```

---

35) 須藤ほか・前掲注32) 7頁。

第3章　文書送付嘱託

　第2　文書の所持者
　　　　〒○○○-○○○○
　　　　東京都○○区××2-○-○
　　　　　　電話　03-○○○○-○○○○
　　　　東京○○病院長　　○○○○
　第3　証明すべき事実
　　甲川太郎が、○○年11月1日当時、遺言能力を有していなかった事実。
　第4　送付の必要性等
　　本件は、○○年3月4日に死亡した甲川太郎の相続をめぐる争いである。甲川太郎は○○年11月1日付けで自筆の遺言証書を作成しているが、同人がアルツハイマー型認知症に罹患していたことから、同遺言書を作成した当時の同人の遺言能力の有無が争いとなっている。
　　そこで、公正な裁判を実現するためには、甲川太郎が○○年11月1日当時、どのような状況であったかを客観的に把握する必要があり、当時の同人の様子が客観的に記載されているカルテや看護日誌等の資料は有益である。なお、甲川太郎の相続人全員（原告及び被告）の同意書があるのでこれを添付する。

以上

出典　後藤典明ほか「文書送付嘱託関係のモデル書式について」判タ1267号15頁
※ただし、事件番号、日付、住所、及び氏名の一部は筆者が改変

(E)　記録提示の申出

　受訴裁判所（当該訴訟が係属している国法上の意味の裁判所を意味しており、刑事事件の記録や、本庁と支部の関係にある裁判所に係属する事件の記録も含む）が保管する他の事件の記録を書証として利用しようとするときは、文書送付嘱託の申立てをする必要はなく、受訴裁判所に記録の提示を請求すれば足りる（大判昭和7年4月19日民集11巻671頁）。これも、文書送付嘱託と同様に書証の申出の準備行為である。ただし、本庁と支部の間では、論理的には「記録の提示」で足りるはずであるが、送付嘱託とする取扱いもみられる[36]。記録の閲覧・謄写が禁止される場合（民事訴訟法91条2項ないし5項）や秘密保護のために制限される場合（民事訴訟法92条）には、記録の提示も禁止・制限されることとなる。

36）裁判所職員総合研修所監修『民事実務講義案Ⅰ（五訂版）』（司法協会、2016）161頁。

第3編　訴訟係属中にできる証拠収集

　実際には、刑事事件や家事事件の記録については、民事訴訟の裁判所が出してほしいと言っても、刑事部も家庭裁判所も、記録の提出についてはかなりシビアに考えているため、ほとんど出してくれず、又、証拠の内容ということでは、民事と刑事とでは観点が違うので、苦労して出してもらっても、刑事事件の証拠が民事事件で直接役に立つとは限らないという裁判官による指摘もある。[37]

書式例13　記録提示申出書

○○年（ワ）第○○○○号　損害賠償請求事件
原　告　　○○○○
被　告　　○○○○

記録提示申出書

○○年○月○日

○○地方裁判所民事第○○部　御中

被告訴訟代理人弁護士　○　○　○　○

第1　記録の表示
　　原告○○○○とその夫××××間の○○家庭裁判所○○年（家イ）第○○○○号夫婦関係調整（離婚）調停申立事件の記録。
第2　証明すべき事実
　　被告が原告の夫××××との交際を開始した○○年○月の時点で、既に原告夫婦の婚姻関係が破綻していた事実。
第3　記録提示の必要性等
　　本件訴訟において、被告は、原告から原告の夫との不貞行為による精神的苦痛に係る慰謝料請求を受けているが、原告夫婦の婚姻関係が被告と原告の夫が交際を開始した時点で破綻していたことを理由の一つとして、原告に対し不法行為責任を負わないと主張している。この婚姻関係破綻の事実を裏付けるため、原告の夫が申し立てた上記調停申立事件における主張及び証拠を明らかにすることが必要不可欠である。

以上

37）加藤編・前掲注16）271頁〔須藤〕。

(2) 証拠決定

　裁判所は、文書送付嘱託の申立てを受け、これを認容する場合には、送付嘱託の決定をする。これに対し、申立てを認容しない場合には、申立て却下の決定をする。

　相手方は、申し立てられた文書送付嘱託の実施を不要と考える場合や何らかの限定を付して実施すべきと考える場合など、意見があるときは、仮に裁判所から意見陳述を求められなかったとしても、証明すべき事実との関係で当該送付嘱託の必要性がないこと等をその具体的理由とともに記載した意見書を速やかに提出すべきである。

　証拠の採否の裁判である送付嘱託の決定及び申立て却下の決定に対しては、裁判所の自由心証主義（民事訴訟法247条）が適用され、独立して不服の申立てをすることはできない。証拠調べの必要性を欠くことを理由として文書提出命令の申立てを却下した決定に対し、その必要性があることを理由として独立に不服申立てをすることができないとされた例として最判平成12年3月10日民集54巻3号1073頁がある。

　申立てが認容されるための要件は、次のとおりである。
① 証拠調べの必要性があること
　　文書送付嘱託も証拠調べの一方法であるから、証拠調べの必要性（民事訴訟法181条1項）が認められなければならない。
　　この必要性の要件について、文書提出命令の場合の必要性と同様に厳格に解すべきかどうかという問題があるが、現在の実務では、必要性をあまり厳格に審査せず、関連性があって相手方が反対しなければ採用して嘱託することが少なからずあり、そのような取扱いが送付嘱託を使いやすいものにしている要因となっている。[38]
② 当事者が法令により文書の正本又は謄本の交付を求めることができる場合でないこと
　　当事者が法令により文書の正本又は謄本の交付を求めることができる場

---

38) 加藤編・前掲注16) 273頁〔須藤〕。

合、文書送付嘱託の手続によって文書の交付を求める必要がないため、文書送付嘱託の申立ては認められない（民事訴訟法226条ただし書）。

法令により文書の交付を求めることができる場合の具体例としては、不動産登記簿の登記事項証明書（不動産登記法119条1項）、商業登記簿の登記事項証明書（商業登記法10条1項）、戸籍の謄本・抄本（戸籍法10条1項）、行政機関の保有する情報の公開に関する法律（いわゆる情報公開法）や情報公開条例に規定されている場合等があげられる。

法令により文書の閲覧は認められていても、その正本又は謄本の交付請求が認められていない場合には、文書送付嘱託の対象となる。具体例としては、不動産登記簿の附属書類（不動産登記法121条2項、登記申請書とその添付書類）があげられる。

なお、手形小切手訴訟においては、文書送付嘱託をすることはできない（民事訴訟法352条2項、367条2項）。

(3) 嘱託先への嘱託

裁判所が送付嘱託の決定をすると、裁判所書記官が文書送付の嘱託を行う（民事訴訟規則31条2項）。すなわち、裁判所が、嘱託先（文書の所持者）に対し送付嘱託書を送付し、申立書の「文書の表示」記載の文書の送付を求める。

申立てをする当事者としては、嘱託先に対し、あらかじめ文書の送付が可能な時期を問い合わせてその結果を裁判所に伝えるか、又は、裁判所に文書送付の目途となる日を設定してもらうなどして、送付された文書の内容を踏まえて次回期日を迎えることができるよう配慮すべきである。

(4) 嘱託先から裁判所への文書の送付

文書の所持者は、裁判所からの嘱託を受け、裁判所に対象文書を送付する。送付嘱託を受けた嘱託先は、官公署・公務員と私人の区別なく、送付嘱託に応じるべき公法上の一般的、抽象的な義務があると解される。[39]

送付する文書は、原本、正本又は認証のある謄本でしなければならないこと

とされている（民事訴訟規則143条1項）。ただし、実務においては、医療機関の診療録等、原本の送付が困難な場合や、申立人が同意している場合等には、写し（認証のない謄本）の送付も認める運用がされている。

(5) 謄写及び書証としての提出[40]

「1　概説」で述べたとおり、文書の所持者が裁判所に対象文書を送付しても、それだけではその文書は証拠とはならない。

当事者は、裁判所書記官からの連絡又は自らの裁判所への問合せにより、裁判所に対象文書が送付されたことを確認し、裁判所で閲覧して謄写（コピー）の手続を行う[41]。そして、要証事実との関係で必要な部分を書証として提出することとなる。この閲覧・謄写は、文書送付嘱託を申し立てた当事者だけでなく、相手方当事者も可能である。

なお、送付された文書自体は訴訟記録ではないから、当事者以外は閲覧・謄写することはできない（民事訴訟規則91条参照）[42]。

---

39) 近藤昌昭・畑佳秀「調査嘱託及び文書送付嘱託と個人情報保護法について」自由と正義60巻11号162頁。
40) 実務上の取扱いは本文のとおりであるが、理論的には、文書送付嘱託は書証の申出の方法として規定されており、申立てによって証拠調べ手続が始まっている。このように考えれば、当事者が必要部分を選別して書証として提出するというのは理論的におかしいということになる。そのため、送付された文書はあらためて当事者による書証の申出を要せず、当然に証拠調べの対象となると考えるべきという見解もある（伊藤眞『民事訴訟法（第5版）』（有斐閣、2016）447頁等）。
41) 実務上、医療機関等の嘱託先から診療録等の送付文書が返還不要の写しにより送付された場合には、申立人の二重の費用負担（診療録等の写しの作成費用と裁判所到着後の謄写費用）を軽減するため、申出により、当該送付文書を送付嘱託の申立代理人に交付する取扱いがされている例もある。
42) 裁判所に送付された文書は、保管物として保管され、裁判所が一時留め置いて使用する場合（民事訴訟法227条等）であっても、提出者に返還すべきものであるから、訴訟記録の一部にはならない（兼子原著ほか・前掲注14) 376頁、秋山幹男ほか『コンメンタール民事訴訟法Ⅱ』（日本評論社、2006）222頁）。ただし、写し（認証のない謄本）の送付が認められる場合には、訴訟記録の一部となると解される（同頁）。

3 活用

(1) 争点の明確化（事件の基礎固め）又は争点の判断に必要な文書の送付

　文書送付嘱託は、争点を明確にするために訴え提起と同時かそれ以降の早い時期に申し立てるべきこともあれば、争点整理が進んできた段階で争点の判断のために必要となって申し立てるべきこともある。

　たとえば、相続人の1人（原告）が、被相続人の生前に他の相続人（被告）が被相続人名義の預金口座から無断で現金を引き出したと主張して提起した不当利得返還請求訴訟において、原告が文書送付嘱託により金融機関に対し取引履歴の送付を求める場合、具体的にどの年月日に行われたどの現金引出しが問題なのかを明らかにするという目的があり、その取引履歴に基づく当事者の主張により具体的な争点が明確となる。同時に、被相続人の預金の流れがが解明されることにより、当事者間に争いのない動かし難い事実、裁判所の判断の前提となる事実が明らかとなり、送付嘱託が事件の基盤を形成する機能を果たすことがある。[43]

　一方、たとえば遺言無効確認訴訟において、遺言者の遺言能力の有無が争点となっており、遺言者が入院していた医療機関のカルテ等が証拠として提出されているが、審理の経過から、争点の判断のためにはMRI等の画像記録も必要ということになって、文書送付嘱託によりそれらの画像記録の送付を求めるという場合もありうる。

　また、文書送付嘱託は、調査嘱託と同様に、訴え提起前の証拠収集処分（民事訴訟法132条の4第1項1号）として訴え提起前の段階で行うことも可能である。その活用例については、第2編第2章を参照されたい。

---

43) 加藤編・前掲注16) 267～268頁〔村田〕。

(2) 不動産登記関係書類の文書送付嘱託

不動産売買による所有権移転登記や抵当権設定登記の抹消などが問題となる事案においては、次のような実例がある。事前に代理人弁護士が登記所に保管されている付属書類の閲覧・謄写に行き、その撮影した写真が証拠として提出され、押印があるので間違いないように思われたが、本人が「どうしても押していない」というので送付嘱託であらためて付属書類が取り寄せられたところ、印影の大きさが本人の印鑑とは異なっており、文書の偽造の立証に役立った。[44]

なお、このような不動産登記関係書類の閲覧・謄写については、代理人弁護士が、文書送付嘱託の申立てではなく、登記所で自ら写真撮影を行う際、印鑑の印影の大きさ等を明らかにするため、定規を当てて一緒に写すという工夫をすることも有益と思われる。[45]

(3) 送付文書全体の検討による新たな事実の判明

保険契約における病歴の告知義務違反が争点となった事例で、保険会社の代理人が、過去の通院歴や人間ドックのカルテ等を送付嘱託により取り寄せ、保険契約より前に胃癌の事実が判明していたことを立証しようとしたところ、これには失敗したが、その通院歴やカルテ等から、何回も糖尿病の治療に通っていることが判明し、新たな告知義務違反の証拠が発見されたという例がある。[46]

この例のように、送付嘱託により文書全体が取り寄せられた結果、立証しようとした本来の目的事項とは異なる新たな重要事実が発見されることもあるので、申立てにあたり問題としていた部分だけでなく、文書全体を精査することも重要である。

---

44) 加藤編・前掲注16) 264頁〔須藤〕。
45) 加藤編・前掲注16) 280頁〔須藤〕。
46) 加藤編・前掲注16) 264頁〔馬橋〕。

(4) 刑事記録の取寄せ

　交通事故の損害賠償請求訴訟等の場合、訴え提起時点で実況見分調書等の刑事記録（刑事記録は、事故態様等を証明する基本的書証とされているので、必ず入手すべき）や診療録等の医療記録を入手していないときは、訴え提起と同時に送付嘱託の申立てを行えば、期日前でも採用される[47]。

　刑事記録の取寄せについては、不起訴事件か否か、又、客観的証拠か否か等によって取扱いが異なるので、注意が必要である。

(A) 不起訴事件記録中の客観的証拠

　不起訴事件記録の所持者は、当該事件担当の検察庁である。

　不起訴事件記録中の実況見分調書等の客観的証拠の文書送付嘱託がされた場合、平成20年11月19日付刑事局長依命通達（法務省刑総第1595号）[48]により、当該証拠が代替性に乏しく、その証拠なくしては立証が困難であるという事情が認められるものについて、開示の対象とされる。また、代替性がないとまではいえない客観的証拠についても、必要性が認められ、かつ、弊害の少ないときは、開示の対象とされる。

　このような運用を踏まえ、文書送付嘱託申立書の「証明すべき事実」又は「送付の必要性等」には、代替性に乏しくその証拠がなければ立証が困難であるという事情を具体的に記載すべきである。

(B) 不起訴事件記録中の供述調書

　一方、不起訴事件記録中の供述調書の開示については、上記通達により、一般に捜査・公判への支障又は関係者の名誉・プライバシーを侵害するおそれがあると認められることから、特にその開示の必要性が高い場合でなければならず、以下の要件をみたす必要があるとされている。

① 　民事裁判所から、不起訴事件記録中の特定の者の供述調書について文書

---

[47] 「東京地裁書記官に訊く―交通部編―」LIBRA 13巻8号8頁。
[48] 被害者法令ハンドブック編纂委員会編著・前掲注22）503頁以下、法務省ホームページ「不起訴事件記録の開示について」〈http://www.moj.go.jp/keiji1/keiji_keiji23.html〉。

送付嘱託がなされた場合であること。
② 当該供述調書の内容が、当該民事訴訟の結論を直接左右する重要な争点に関するものであって、かつ、その争点に関するほぼ唯一の証拠であるなど、その証明に欠くことができない場合であること。
③ 供述者が死亡、所在不明、心身の故障もしくは深刻な記憶喪失等により、民事訴訟においてその供述を顕出することができない場合であること、又は当該供述調書の内容が供述者の民事裁判所における証言内容と実質的に相反する場合であること。
④ 当該供述調書を開示することによって捜査公判への具体的な支障又は関係者の生命・身体の安全を侵害するおそれがなく、かつ、関係者の名誉・プライバシーを侵害するおそれがあるとは認められない場合であること。

このように、供述調書の開示要件は非常に厳格である。したがって、文書送付嘱託申立書の「証明すべき事実」又は「送付の必要性等」には、これらの要件をみたすことを具体的に記載しなければならない。この記載に関しては、東京地方裁判所民事部プラクティス委員会が公表した以下のモデル書式の「送付の必要性等」の記載が参考になる。[49]

書式例14　検察庁に捜査関係書類の送付を求める場合

> 第1　文書の表示
> 　被疑者甲川太郎（昭和○年○月○日生）についての平成○年○月○日、東京都○○区○○一丁目3番先路上で発生した交通事故に関する次の捜査書類
> (1)　実況見分調書
> (2)　写真撮影報告書

---

49) 須藤ほか・前掲注32) 18頁。なお、東京弁護士会のホームページの会員専用ページにも同一のモデル書式が掲載されている。当該モデル書式は、検察官送致の前に、警察署に対して捜査資料の送付を求める場合を想定して記載されているようであるが、刑事訴訟法47条により、訴訟に関する書類は原則として公判開廷までは非公開とされているため、現実には捜査中の記録の開示を受けることは不可能ないし極めて困難である。代理人弁護士としては、もし依頼者からこのような捜査資料の取寄せを依頼された場合、十分な説明を行ったうえで対応を決定しなければならない。本書の書式例14は、被疑者が不起訴となった後に、検察庁に対して送付嘱託を行う場合を想定している。

第3編　訴訟係属中にできる証拠収集

　(3)　捜査報告書
　(4)　○○○○の供述調書
第2　文書の所持者
　　東京都千代田区霞が関○-○-○
　　東京地方検察庁　　○○○
　　（電話　03-○○○○-○○○○）
第3　証明すべき事実
　　平成○年○月○日発生の上記交通事故の発生状況
第4　送付の必要性等
　　原告の父である甲川太郎は、被告との間で、本件車両（登録番号○○ 571 う 1110 号）の事故により本件車両に乗車した者が死亡した場合には保険金を支払うとの保険契約を締結した。
　　甲川太郎は、平成○○年○月○日午後5時30分ころ、本件車両を運転していたところ、東京都○○区○○一丁目3番先路上で停車していたトラックに追突して死亡した。原告が被告に対して保険金の支払いを請求したところ、被告は、被保険者である甲川太郎の故意によって惹起された事故であり、免責事由に該当するとして争っており、この点が争点となっている。
　　本件では、本件車両を運転していた甲川太郎が既に死亡しており、同人から事情を聴くことができないため、事故当時の客観的状況を明らかにすることが争点の解明に必要不可欠であり、そのため実況見分調書、写真撮影報告書、捜査報告書、被害者や目撃者の供述調書等の文書が必要となる。
　　事故当時の客観的状況は、事故直後に作成された実況見分調書、写真撮影報告書、捜査報告書等によって最もよく明らかにすることができると考えられるところ、これらを代替する証拠はなく、これらの文書が訴訟の早期の段階から必要不可欠となる。また、被害者や目撃者の供述調書も、実況見分調書などの理解を助け、当時の客観的状況を誤りなく把握する上で有益であることは明らかであるところ、本件では甲川太郎が既に死亡していることを踏まえると、これらの供述調書も当時の客観的状況を明らかにするためには欠くことのできない証拠であるうえ、民事訴訟においては主張が整理された後に証人尋問等の証拠調べが行われることが法令で定められているため、主張整理や証人尋問の必要性判断のためにもこれらの者の供述調書が必要である。
　　なお、供述調書が提出されることによって証人尋問が行われない場合もあり得るので、これらの者の負担軽減になる場合もある。

出典　須藤典明ほか「文書送付嘱託関係のモデル書式について」判タ1267号18頁
※ただし、住所及び氏名の一部並びに文書の所持者欄は筆者が改変

(C) 起訴後の刑事記録

　被告人が起訴され、裁判所に訴訟係属中の刑事事件については、記録の所持者は当該裁判所である。

　文書送付嘱託の申立てにより、訴訟係属中の刑事記録の送付を求めた場合、民事裁判所からの嘱託に応じるか否かは、各裁判所又は各裁判体の判断による。被害者等又は被害者等から委託を受けた弁護士は、犯罪被害者等の権利利益の保護を図るための刑事手続に付随する措置に関する法律（いわゆる犯罪被害者保護法）3条及び4条に基づき、当該裁判所において記録の閲覧・謄写をなしうるので、文書送付嘱託よりもこれを活用すべきである。

(D) 裁判確定後の刑事記録

　刑事裁判が確定した後の確定記録の所持者は、当該事件担当の検察庁である。

　刑事裁判の確定記録は、刑事訴訟法53条、刑事確定訴訟記録法4条等の規定に基づき、検察庁において閲覧することが可能であるが、刑事訴訟法53条1項ただし書や刑事確定訴訟記録法4条2項等において、閲覧を制限されることがあり、又、そもそも「謄写」の権利までは認められていない。

　そこで、文書送付嘱託により確定記録を取り寄せることとなるが、これには相当な手間と時間を要する場合がある。たとえば、詐欺の被害者の加害者に対する損害賠償請求訴訟において、加害者の刑事裁判（詐欺被告事件）の確定記録を取り寄せる場合、①まず民事裁判所における調査嘱託により、担当警察署から加害者（被疑者）の送致番号を入手し、②次にその情報に基づき改めて調査嘱託を行い、検察庁からいわゆる検番を入手した上で、③刑事裁判所（確定直後の場合）又は検察庁に対し、その検番を記載して文書送付嘱託により判決書等の確定記録の送付を求めるという手続を要求される場合もある。このとき、検察庁から、文書送付嘱託の申立てにおいて、民事裁判の訴状の添付を要求された実例もある。

(5) 医療記録の取寄せ

　遺言無効確認訴訟や損害賠償請求訴訟等において、文書送付嘱託により診療

録等の医療記録を取り寄せることが考えられる。

その際、医療機関が、患者の疾患や病歴等、極めて秘匿性の高い重要な個人情報を取り扱うことから、医療記録の送付に際し、患者本人又は遺族の同意書を要求する場合がある。このことを念頭に置き、文書送付嘱託申立書とともに同意書を提出するか、少なくとも、代理人弁護士としては、同意書の提出を要求される場合があることをあらかじめ依頼者に説明しておくべきである。

(6) その他の場合のモデル書式

(A) 銀行に取引履歴の送付を求める場合

書式例15　銀行に取引履歴の送付を求める場合

第1　文書の表示
　　平成○○年1月1日以降現在に至るまでの○○銀行霞が関支店普通○○○○○○○甲川太郎名義（昭和○年○月○日生、生前の住所　東京都千代田区××○-○-○）の銀行口座の取引履歴（電磁的記録を含む。）

第2　文書の所持者
　　　〒○○○-○○○○
　　　東京都千代田区霞が関○-○-○
　　　　電話　03-○○○○-○○○○
　　　○○銀行霞が関支店

第3　証明すべき事実
　　平成○○年以降、甲川太郎名義の銀行口座から預金債権が引き出されている事実

第4　送付の必要性等
　　本件は、平成○○年3月4日に死亡した甲川太郎の相続をめぐる争いである。甲川太郎は生前○○銀行霞が関支店に預金債権を有していたが、同人が平成○○年以降要介護状態にあり、同預金債権に係る通帳及び印鑑を被告が保管していたことから、被告が甲川太郎に無断で同預金債権を引き出したか否かが争いとなっている。

　　被告は、上記預金債権の引き出しの事実自体を否認している上、預金通帳を紛失したなどと主張している。そこで、公正な裁判を実現するためには、平成○○年1月1日以降現在に至るまでの○○銀行霞が関支店普通○○○○○○○甲川太郎名義の銀行口座の取引履歴を客観的に把握する必要があり、このような取引履歴が客観的に記載されている資料は有益である。

出典　須藤典明ほか「文書送付嘱託関係のモデル書式について」判タ1267号15頁
※ただし、日付及び住所の一部は筆者が改変

(B) ゆうちょ銀行に取引履歴の送付を求める場合
書式例16　ゆうちょ銀行に取引履歴の送付を求める場合

第1　文書の表示
　甲川太郎（昭和○年○月○日生、生前の住所　東京都杉並区永福○-○-○）名義の株式会社ゆうちょ銀行○○店通常貯金（通帳記号○○番号○○○○）の○○年9月以降現在に至るまでの取引履歴（電磁的記録を含む。）
第2　文書の所持者
　東京都○○区○○○（本店所在地）
　株式会社ゆうちょ銀行代表執行役社長　○○○○
　　（嘱託先）
　　　　〒330-9794
　　　　埼玉県さいたま市中央区新都心3-1
　　　　株式会社ゆうちょ銀行
　　　　東京貯金事務センター所長
　　　　電話　048-○○○○-○○○○
第3　証明すべき事実
　被告が、甲川太郎に無断で同人の貯金債権を払い戻したか否か。
第4　送付の必要性等
　本件は、○○年12月23日に死亡した甲川太郎の相続をめぐる争いである。甲川太郎は生前にゆうちょ銀行○○店（当時○○郵便局）に貯金債権を有していたが、同人が○○年9月15日から東京○○病院に入院したために、同貯金債権に係る通帳、印鑑を被告が保管するようになり、被告が甲川太郎に無断で同貯金債権を払い戻したか否かが争いとなっている。
　被告は、貯金債権の払い戻しの事実自体を否認している上、貯金通帳を紛失したなどと主張している。そこで、公正な裁判を実現するためには、○○年9月から現在に至るまでの甲川太郎名義の貯金（通帳記号等は文書の表示記載のとおり）の取引履歴を客観的に把握する必要があり、このような取引履歴が客観的に記載されている資料は有益である。

出典　須藤典明ほか「文書送付嘱託関係のモデル書式について」判タ1267号16頁
※ただし、店名、記号番号、日付、及び文書の所持者欄の一部は筆者が改変

　実務上、金融機関に対し取引履歴の送付を求める場合、裁判所の係属部によっては、文書送付嘱託ではなく調査嘱託の申立てを行うよう指示されることがある。特定の顧客の取引履歴の送付を求められた金融機関は、当該顧客の取引履歴を調査し、報告文書として取引明細書等の文書を送付すると捉えることも

第3編　訴訟係属中にできる証拠収集

できるから、取引履歴の送付は調査嘱託によるべきと考えることも十分可能である。そのため、個々の事案において、判断に迷った場合には、裁判所に文書送付嘱託と調査嘱託のいずれの申立てを行うべきかをあらかじめ問い合わせてから実際の申立てを行うようにしたほうがよい。

(C) 税務署に税務申告書等の送付を求める場合

書式例 17　税務署に税務申告書等の送付を求める場合

> 第1　文書の表示
> 　甲川太郎（昭和○年○月○日生、税務申告時の住所・東京都○○区○○○町○-○-○）の下記年度の税務申告書及び添付書類一式
> (1)　平成○○年度
> (2)　平成○○年度
> 第2　文書の所持者
> 　東京都○○区○○○町○-○-○
> 　○○○税務署長　　○　○　○　○
> 　　　　　　　　　　（電話　03-○○○○-○○○○）
> 第3　証明すべき事実
> 　甲川太郎（昭和○年○月○日生、税務申告時の住所・東京都○○区○○○町○-○-○）が平成○年度及び平成○年度に税務申告した所得等の内容
> 第4　送付の必要性等
> 　本件は、平成○○年○月○日に死亡した甲川太郎の相続をめぐる争いであり、甲川太郎が死亡する前2年間の所得等の内容について、相続人間で争いとなっている。相続人である本件訴訟の原告及び被告らの手元には両年度の申告書の控えも残っていないため、貴税務署に保管されている上記申告書及び添付書類を確認する必要がある。
> 　なお、甲川太郎の相続人全員（原告及び被告ら）の同意書があるのでこれを添付する。
> 　貴税務署において事務処理に必要な書き込みをした部分があり、業務に支障が生じるおそれがある場合には、その書き込み部分についてマスキング処理をしたコピーでもよい。

出典　須藤典明ほか「文書送付嘱託関係のモデル書式について」判タ1267号17頁

4 留意点

(1) 文書送付嘱託と調査嘱託のいずれを申し立てるか迷った場合

　上記3(6)において、金融機関を嘱託先とする場合、裁判所によっては、文書送付嘱託ではなく調査嘱託の申立てを行うよう指示することがある旨を述べたが、裁判所との関係だけなく、嘱託先との関係で文書送付嘱託を申し立てるべきか調査嘱託を申し立てるべきか、どちらを選択すべきか迷う場合がある。基本的には、特定の文書の送付が必要となる場合は前者を、嘱託先の団体による調査が必要となる場合は後者を選択すべきこととなる。しかし、特定の文書が送付されることが望ましい場合であっても、現実には送付を求める特定の文書が存在しない可能性があるときは、文書送付嘱託を行っても結局何の結果も得られないということになりかねない。そこで、このような場合には、調査嘱託の申立てを行い、申立書において、嘱託事項についての回答を求めるとともに、文書が存在する場合にはそれを添付して送付してもらいたい旨の記載をしておくと、少なくとも回答書の送付は期待することができ、それに加えて文書の送付も受けられることがある。

(2) 閲覧・謄写の制限等の可能性

　文書の所持者から裁判所に送付された文書に当事者又は第三者のプライバシーに関わる記載があり、当事者に閲覧・謄写させることが相当でない場合には、閲覧・謄写の制限又は閲覧・謄写の方法を指定されることがありうる。文書の送付者の意向に従い、送付文書の一部につき閲覧を認めなかった書記官の処分が適法とされた例として、広島地決平成6年2月28日判タ875号278頁参照。

(3) 個人情報・プライバシーの保護への配慮

当事者が文書送付嘱託の結果入手した文書を書証として裁判所に提出すると、それは訴訟記録の一部となり、当該訴訟の当事者以外の第三者による閲覧・謄写の対象となる（民事訴訟法91条）。そのため、当事者又はその訴訟代理人として、文書送付嘱託により送付された文書を書証として提出する際には、個人情報やプライバシーの保護に十分配慮し、証明すべき事実と無関係と思われる部分はできる限り排除するとともに、必要な記載と無関係な記載が混在している頁については、無関係な記載の部分にマスキング（黒色の用紙を貼り付けてコピーするか、黒色のペン等で塗りつぶす作業）を施すなどの対応をすべきである。[50]

5　メリット及びデメリット

(1) メリット

文書送付嘱託の申立ては、文書提出命令の申立てとは異なり、文書の所持者が裁判所からの嘱託を受けて任意に対象文書を提出してくれる限り、非常に汎用性の高い証拠収集手段である。文書提出命令による文書提出義務（民事訴訟法220条）が認められる文書であっても、所持者が文書送付嘱託に応じてくれるのであれば、そのほうが簡便に証拠収集を行うことが可能である。現に、裁判所に文書提出命令の申立てを行った場合、裁判官から、まずは文書送付嘱託の申立てを促されるというケースがしばしばみられる。

---

[50] 裁判所から嘱託先に対しては、実際に嘱託する際に送付嘱託についての説明文を送付するとともに、送付文書にマイナンバーが記載されている場合には、マイナンバー部分のマスキングを行ったうえで裁判所に送付するように記載した注意書きを同封するという対応も行われている。

第 3 章　文書送付嘱託

(2) デメリット

　(A) 送付を拒絶されるリスク

　公務員や郵便業務の従事者などが法律上守秘義務を負う事項（国家公務委員法100条、郵便法8条等）については、送付を拒絶することができる。

　しかし、このような場合に当たらなくても、守秘義務やプライバシーの保護等を理由に、文書の送付を拒絶される場合がある。

　個人情報の保護に関する法律23条1項、行政機関の保有する個人情報の保護に関する法律（個人情報保護法）8条、地方公共団体の個人情報保護条例等においては、個人データを本人の同意を得ることなく第三者に提供することが禁止されている。

　しかし、文書送付嘱託は、民事訴訟法226条に基づき裁判所が行う手続であるから、これらの法律や条例等によっても提供が許されている「法令に基づく場合」（個人情報保護法23条1項1号等）に該当する。

　したがって、文書の所持者が、裁判所からの文書送付嘱託に応じて対象文書を送付しても、特段の事情がない限り、プライバシー侵害等を理由に不法行為責任を負うことはない（大阪高判平成19年2月20日判タ1263号301頁、さいたま地川越支判平成22年3月4日判時2083号112頁。いずれも医療機関の診療録の送付が問題となった事案である）。

　ところが、特に医療機関等は、患者の疾患や病歴等、極めて秘匿性の高い重要な個人情報を取り扱う性格上、医療記録の送付に際し、患者本人又は遺族の同意書を要求する場合がある。このことを念頭に置き、文書送付嘱託申立書とともに同意書を提出しておくか、少なくとも、代理人弁護士としては、同意書の提出を要求される場合があることをあらかじめ依頼者に説明しておくべきである。

　(B) 制裁規定がないこと

　文書送付嘱託は、あくまでも任意の証拠収集手段であり、文書の所持者が裁判所に文書を送付しなかったとしても、その所持者に制裁が科されることはない。

所持者が文書を送付しない場合、その所持者に文書提出義務（民事訴訟法220条）があると思われるときは、文書提出命令の申立てを行い（民事訴訟法219条、221条）、文書提出命令を得るべきである。

（C）23条照会との差異

弁護士法23条の2に基づく照会手続を利用した場合には、相手方当事者に照会内容や照会結果を知られることがないため、そもそも当該文書を書証として提出するか否か、提出するとしてどの部分を提出しどの部分の提出を控えるかという判断が可能である。

これに対し、文書送付嘱託においては、所持者から裁判所に送付された文書は、申立人である訴訟当事者だけでなく、相手方当事者も閲覧・謄写することが可能である。そのため、申立人側において、送付された文書のうち自己に有利な部分を選別して書証として提出しても、相手方当事者のほうから、不利な部分も結局書証として提出される可能性が高い。

6　失敗談

筆者が原告代理人として担当した訴訟において、被告が、他の裁判所の裁判例を証拠とするため、文書送付嘱託の申立てにより当該事件の判決書の送付を求めた。その判決書は無事に送付され、被告もこれを閲覧・謄写した。しかし、その被告は、当該判決書が裁判所に送付されたことにより、当然にそれが書証となっているものと勘違いしており、直後の弁論準備手続期日において、裁判官からなぜ当該判決書を書証として提出しないのか問われていた。

前述のとおり、文書送付嘱託の場合、裁判所に文書が送付されただけで直ちにその文書が証拠となることはなく、必ず当事者が閲覧・謄写したうえで書証として提出するという行為が必要である。調査嘱託の場合、回答書等の調査結果を証拠とするためには、裁判所がこれを口頭弁論において提示して当事者に意見陳述の機会を与えれば足り、当事者の援用を要しないとされていること（最判昭和45年3月26日民集24巻3号165頁）とは異なるので、注意が必要である。

第4章　鑑定

1　概説

(1)　鑑定とは

　鑑定（民事訴訟法212条以下）とは、「特別の学識経験を有する第三者に、専門の学識経験に基づいて、法規、慣習、経験法則など、及びそれらを適用して得た判断の結果を裁判所に報告させ、裁判官の知識を補充して判断を可能にするための証拠調べ」をいう[51]。

　その証拠方法は、特別の学識経験を有する第三者であり、鑑定人という。

　鑑定の他に、裁判所の専門的知見を補充するための手段として、鑑定嘱託（民事訴訟法218条）、調査嘱託（民事訴訟法186条）、専門委員（民事訴訟法92条の2以下）、裁判所調査官（裁判所法57条2項、92条の8、92条の9）等がある。

(2)　鑑定の対象

　鑑定の対象となる事項は、①裁判の大前提となる法規、経験則と、②裁判の小前提である事実前提についての専門家の意見である。

　①は外国法規、慣習法、特殊な専門的経験則の存否、解釈に関するものであり、②は医療事故などにおける治療方法や手術方法の当否、建築物の構造の態

---

51)　秋山ほか・前掲注10）277頁。

様、特許発明に関する技術情報、土地建物の相当賃料額、親子関係の存否等の判断の一資料として必要な生物学的情報、筆跡・印影の同一性、といったものである。

2　手続・要件

(1) 鑑定の申出

　鑑定の申出は、鑑定を求める事項を記載した書面を提出して行う（民事訴訟規則129条1項本文）。

　鑑定の申出は証拠の申出の一種なので、証明すべき事実及びそれと証拠との関係も記載する必要がある（民事訴訟法180条1項、民事訴訟規則99条1項）。

　鑑定の申出の際に鑑定人を特定する必要はないので、申立書には「御庁において然るべき鑑定人を選任されたい」といった記載をしておけばよい。

　鑑定申出の書面は、相手方にも直送する必要がある（民事訴訟規則129条2項）。

　鑑定申出に意見がある当事者は、その意見を記載した書面を裁判所に提出しなければならない（民事訴訟規則129条3項）。

　鑑定は証拠方法の1つであるので、鑑定申出の採否は裁判所の裁量に委ねられている（民事訴訟法181条1項）。

(2) 鑑定事項の決定

　裁判所は、鑑定を採用する際には、鑑定申出書記載の内容及び相手方の意見（民事訴訟規則129条3項）も考慮して鑑定事項を定める（民事訴訟規則129条4項）。

　裁判所は、鑑定事項の内容や鑑定に必要な資料その他鑑定のために必要な事項については、口頭弁論もしくは弁論準備手続期日又は進行協議期日において、当事者及び鑑定人と協議することができる（民事訴訟規則129条の2）。

（3）鑑定費用の予納

　鑑定の申出をした当事者は、鑑定費用の概算額を予納しなければならない。鑑定費用は、裁判所が決定するものであり、鑑定内容によってその額は様々である。

　予納がされない場合には、裁判所は鑑定を命じないこともできるとされている（民事訴訟費用等に関する法律12条2項）。

　鑑定申出をする当事者は、裁判所に目安となる金額を確認し、当事者にも説明のうえ、費用の準備をしておく必要がある。

（4）鑑定の結果

　裁判長は、鑑定人に、書面又は口頭で意見を述べさせることができるとされており（民事訴訟法215条1項）、この鑑定意見が証拠資料となる。

　書面で回答がなされた場合、裁判所が口頭弁論で顕出することで、鑑定意見として証拠資料となり、当事者が援用する必要はない。

　裁判所が、鑑定人に口頭で意見を述べさせる場合には、当事者は、鑑定人の意見陳述の後、鑑定人に質問をすることができる（民事訴訟法215条の2）。

　裁判所は、鑑定人による意見陳述の後、意見の内容を明瞭にし、又はその根拠を確認する必要がある場合には、申立てにより又は職権で、鑑定人に更に意見を述べさせることができる（民事訴訟法215条2項）。

　当事者がこの申立てをする場合は、鑑定人にさらに意見を求める事項を記載した書面を提出しなければならない（民事訴訟規則132条の2第1項）。

　この書面を提出する当事者は直送をしなければならない（民事訴訟規則132条の2第3項）。

　この申立てに意見のある相手方は、その意見を記載した書面を裁判所に提出しなければならない（民事訴訟規則132条の2第4項）。

第3編　訴訟係属中にできる証拠収集

書式例18　鑑定申出書

○○年（ワ）第○○号　○○事件
原告　○○○○
被告　○○○○

鑑定申出書

○○年○○月○○日

○○地方裁判所　民事第○部○係　御中

原告訴訟代理人弁護士　　○○○○

　頭書事件について、下記のとおり鑑定の申し出をします。

記
1　鑑定人
　　御庁において然るべき鑑定人を選任されたい。
2　証すべき事実
　　別紙物件目録記載の各不動産の価格。
3　鑑定事項
　　別紙物件目録記載の各不動産の価格。
4　申立の理由
　　・・・。

以上

3　鑑定の種類

　以前は、一人の鑑定人に詳細な鑑定を作成してもらうという書面による鑑定の方法がすべてといってよいほどであり、口頭鑑定や鑑定嘱託が行なわれることはほとんどなかったようである。[52]

---

[52] 門口編集代表・前掲注2) 58頁。

第4章　鑑定

　しかし、現在では以下のように、複数の鑑定方法で鑑定が実施されている。どのような方法で鑑定を実施するかについては、各裁判所や各担当部により異なるので、裁判所に確認したうえで行うとよい。

(1) アンケート方式による鑑定

　鑑定人が訴訟記録を詳細に検討しなくても回答できるように、アンケート方式の鑑定事項を作成し、数名の鑑定人を選任して鑑定を行う方法である。
　これは、書面による鑑定の一種である。

(2) カンファレンス鑑定

　カンファレンス方式による鑑定とは、原則3名以下の鑑定人が、事前に鑑定事項に対する意見を簡潔な書面にまとめて提出したうえで、口頭弁論期日において、口頭で鑑定意見を陳述し、鑑定人質問に答えるという複数鑑定の方式のことをいう。これは、口頭鑑定として位置付けられる。東京地方裁判所の医療集中部ではこの方法が採用されている。

(3) 複数鑑定

　複数鑑定とは、同一の鑑定事項について、同一の時期に、専門領域を同じくする複数の鑑定人を指定して行う鑑定のことをいう。
　千葉地方裁判所の医療集中部ではこの方式が採用されている[53]。ここでは、3人の鑑定人が記録等の鑑定資料を検討し、それぞれ個別に鑑定書を提出する複数鑑定個別方式と、3人の鑑定人がそれぞれ記録等の鑑定資料を検討し、一堂に会して討議を行い、その結果について1通の鑑定書を起案し、3名連名でこれを提出する複数鑑定討議方式が用いられている。
　複数鑑定個別方式が原則とされており、最先端の医療や特異な疾患が問題と

---

53) 千葉地方裁判所ホームページ「医療集中部における取り組み」〈http://www.courts.go.jp/chiba/about/syokai/iryou_torikumi/index.html〉

なっている事案等においては、鑑定の信頼性を高めるとともに、鑑定人の負担を軽減することにもなるため討議方式が採用されている。

4　鑑定嘱託

(1) 鑑定嘱託

　鑑定嘱託（民事訴訟法218条）とは、鑑定人自身の専門的知見だけではなく、機械その他の設備を利用し、又組織として蓄積した知見や経験を活用することが適切な結果をあげうる場合もあることを考慮し、個人に鑑定を命ずるほか、官庁もしくは公署、外国の官公署、又は相当の設備ある法人に鑑定を嘱託することができることを認める制度である。

　鑑定は自然人である専門家に依頼する方法であるのに対し、鑑定嘱託は官公署又は法人に依頼する方法である点で両者は異なる。

　鑑定嘱託の依頼先は、官公署や法人に限らず、相当の設備を有する法人でない団体、個人経営の研究所や施設に対しても可能であると考えられており、学会あるいは大学の研究室に鑑定嘱託をすることも考えられる[54]。

　DNA鑑定や、製品の瑕疵などを明らかにするため等、自然人ではなく特定の業者に依頼する場合に鑑定嘱託が利用される。

　鑑定の嘱託には、宣誓に関する規定を除いて鑑定の規定が準用される（民事訴訟法218条1項後段）。

　鑑定嘱託が採用され、嘱託先から鑑定書が提出されると、裁判所は鑑定嘱託の結果を口頭弁論に顕出し、当事者がその内容について意見を述べる機会を与えなければならないが、当事者の援用は要しない（調査の嘱託につき、最判昭和45年3月26日民集24巻3号165頁）。「鑑定嘱託の結果」が証拠資料となり、鑑定書が書証となるわけではない。

　裁判所は、鑑定嘱託の結果に対し、鑑定嘱託の結果を提出した官公署又は法人が指定した者に鑑定書の説明をさせることができる（民事訴訟法218条2）。

---

54) 門口編集代表・前掲注2) 62頁以下。

(2) 調査嘱託との差異

　調査嘱託（民事訴訟法 186 条）との差異は、調査嘱託が、受託者である官公庁等が手元の資料で比較的簡単に判断することができる事項についての報告を求めるものであるのに対し、鑑定嘱託は鑑定することができる高度の学識経験を有する人的機構と物的設備を前提として、ある事項についての判断を求めるものであるという点にある。[55]

5　活用方法

(1) 医療事件と鑑定

(A) 医療事件と鑑定
　医療関係訴訟では、専門的知見に対する理解が欠かせない。
　ただ、今日では、争点整理段階ないし人証調べ段階において、事案に応じた必要な医学的知見を獲得することが可能となり、包括的鑑定がなくなりつつあるし、結果として、鑑定が行われる事案は減少しているとされている。[56]
　このような状況からすると、医学的文献の取調べや人証調べをしても裁判所が心証を形成できない場合において、鑑定を実施することになる。

(B) カンファレンス鑑定の実施
　東京地方裁判所では、医療事件で鑑定をする場合、ほぼ全例、カンファレンス鑑定方式で行われており、鑑定件数は、年間 10 件あるかないかという水準で推移している。[57]
　手順としては、基本的には「予め鑑定事項を決めて訴訟記録とともに鑑定人

---

55) 秋山ほか・前掲注 10) 343 頁。
56) 東京地方裁判所医療訴訟対策委員会「医療訴訟の審理運営指針」判タ 1237 号 81 頁。なお、この運営指針については改訂版が、判タ 1389 号 5 頁以下で提示されている。医療訴訟の手続全般についてはこの改訂版で確認する必要がある。
57) 門口正人・渡部勇次・手嶋あさみ「裁判官に聴く訴訟実務のバイタルポイント第 6 回医療訴訟 (2)」ジュリ 1511 号 69 頁。

にお渡しする、期日前に簡単な意見書を出していただく、法廷で各鑑定人に順番に聞いていく、裁判所からもさらに質問をする」という形で進行していく。鑑定人に対する質問に関しては、「質問をするのはまず裁判所であり、その後に、当事者から補充で聞くべきところがあれば聞いていただくという形」をとることもある。[58]

鑑定人の意見書は、事案にもよるが、A4用紙3、4枚ぐらいで骨子と結論を記載したものとなり、補充すべき所は当日口頭で補充をするという形をとっているようである。

鑑定人については、都内13大学病院が基本的に順番持ち回り方式で、1事件について3大学、各1名ずつ推薦する方式がとられている。

(2) 建築事件と鑑定

建築関係訴訟では、瑕疵の有無、原因、補修方法等が鑑定の対象となる。ただ、建築関係訴訟では、ほとんどの場合、追加工事一覧表、瑕疵一覧表で両当事者の主張の整理がなされ、専門家調停委員や専門委員が関与したうえで、期日が進められる。追加工事や瑕疵の状態についても、進行協議期日、現地調停の実施により把握されることが多い。

また、建築関係訴訟では、一方当事者から、瑕疵の調査を行う民間企業による調査結果や、メーカーからの意見書といったように、私的鑑定に近い資料が書証として提出されることも多い。その書証の内容に対する認否反論を踏まえたうえで、各種の一覧表が作成され、争点整理が行われる。

そのため、実際に鑑定が行われるケースは少ないと思われる。

東京地方裁判所で建築訴訟を扱う民事22部では、鑑定の件数は、平成27年度はゼロ、平成26年度は1件ということである。[59]

この運用状況に対しては、建築訴訟では、「専門家調停委員あるいは専門委員が関与することによって、厳格で費用のかかる鑑定という方法の専門的知見

---

58) 門口ほか・前掲注57) 69頁。
59) 門口正人・齋藤繁道・三輪方大「裁判官に聴く訴訟実務のバイタルポイント第4回建築訴訟(2)」ジュリ1507号90頁。

ではなく、専門家調停委員、専門委員による専門的知見の活用で十分足りているという理解と信頼が、当事者にもあるのではないかと認識してい」るとの裁判官の意見が示されている。[60]

当事者に話し合いによる解決の余地があるからこそ、専門家調停委員や専門委員の活用により和解や調停が成立するのであって、専門家調停委員や専門委員が鑑定に近いことを行なうわけではないことは理解しておく必要がある。

(3) 不動産・賃料価格と鑑定

不動産の価格は、共有物分割、遺産分割や財産分与等様々な類型の事件で、相当賃料額に関しては、賃料増減額訴訟という借地非訟事件で問題となる。

不動産の価格や相当賃料額については、当事者双方から私的鑑定の結果が書証として提出されることが多い。

しかし、私的鑑定の性質上、提出した当事者に有利な内容となっており、同じ不動産の評価をしているにもかかわらず、価格が大きく開いていることも多い。

私的鑑定で裁判所が心証を得られない場合には、鑑定に進むこともある。

鑑定の際には、土地の利用状況、周辺環境、近隣相場といった鑑定の前提となる事情が重要となることから、各当事者は鑑定に必要となる事情を整理したうえで、鑑定の準備をする必要がある。

相当賃料額の鑑定に関しては、「鑑定の評価においては、鑑定の基礎資料や数値の妥当性、算定の方法、過程の合理性が評価の対象となる。鑑定評価は、その性質上個別性が強く、相当程度の幅があり得るが、特に裁判所の採用した鑑定の結果については、基礎資料の誤認や判断過程・内容に著しい不合理がない限り、裁判所による判断の決め手とされる可能性が高く、今後も当事者は継続する関係にあることから、鑑定の前後を通じ和解が相当な事案が多いといえよう」との指摘がされている。[61]

---

60) 門口ほか・前掲注 59) 90 頁。
61) 滝澤孝臣編『最新裁判実務大系 第 4 巻 不動産関係訴訟』(青林書院、2016) 92 頁。

(4) 筆跡鑑定

筆跡鑑定については、刑事事件に関する判決ではあるが、「いわゆる伝統的筆跡鑑定方法は、多分に鑑定人の経験と感に頼るところがあり、ことの性質上、その証明力には自ら限界があるとしても、そのことから直ちに、この鑑定方法が非科学的で、不合理であるということはできないのであって、筆跡鑑定におけるこれまでの経験の集積と、その経験によって裏付けられた判断は、鑑定人の単なる主観にすぎないもの、といえない」とされている（最判昭和41年2月21日刑集158号321頁）。

しかし、この筆跡鑑定については、「実務的な感覚としては、筆跡鑑定についてはその証拠価値は慎重に再吟味する必要があろうかと考え」られる、両当事者から提出された私的鑑定書の「どちらを信用するかということを主たる問題とするのではなく、むしろ、間接事実による事実認定をまず行なって、これによく符合する私的鑑定書は正しいものだというような取扱いを主にして」いる、「余り筆跡鑑定に重きを置かないで、審理判断しているのが通常ではなかろうか」といった指摘もされており[62]、鑑定結果については慎重に検討すべきである。

訴訟当事者の筆跡が問題となっている事案では、裁判所に提出されている訴訟委任状を謄写し、その筆跡と対比することも有用である。

(5) 親子、親族関係事件

相続、認知、養育費等の事件では親子関係、親族関係の有無が問題となり、DNA鑑定が実施されることがある。

認知や養育費が問題となる事案では、直接の親子関係の鑑定であり、各当事者からDNAサンプルの採取が可能であるため、その鑑定は困難なものではない。

しかし、事案によっては、直接の親子関係ではなく、兄弟関係、叔父叔母と

---

[62] 山浦善樹ほか「効果的立証・検証・鑑定と事実認定」判タ1247号26頁。

甥姪、祖父母と孫の血縁関係が問題となることもあり、場合によっては、一方当事者がすでに亡くなっていることもめずらしくない。

　このような場合には、DNAサンプルがとれずにそもそもDNA鑑定が実施できなかったり、できる場合であっても親子鑑定よりも精度が落ちたりすることもある。

　DNA鑑定の実施を検討する場合には、誰と誰の関係を鑑定するのか、DNAサンプルを採取できるのか、という鑑定の前段階の問題を検討しなければならない。

(6) 意思能力が問題となる事件

　相続関係の事件では、預金の払戻時や遺言作成時など、ある時点での被相続人の意思能力の有無が問題となることがある。

　このような場合、カルテ等の医療機関の記録が書証として提出されるにとどまらず、鑑定の申出がされることがある。

　被相続人の意思能力の有無は、死後の精神鑑定となることから、鑑定人は、本人を直接診断できず、カルテや介護記録等に表れた症状を精査して疾患の種類や程度を判定せざるをえない。[63]

　そのため、意思能力の存否に関するカルテ等が存在しない場合にはそもそも鑑定を断念せざるをえず、すでに書証として提出しているカルテ等から十分な心証が形成できると判断された場合には、裁判所の判断で鑑定申出が採用されないこともありうる。

　死後の精神鑑定を行う場合には、鑑定資料となるカルテ等が存在するか、そのカルテ等を書証として提出する以上に鑑定する必要性があるかどうかを十分検討する必要がある。

---

[63] 土井文美「遺言能力（遺言能力の理論的検討及びその判断・審理方法）」判タ1423号15頁。

(7) 成年後見と鑑定

　成年後見申立てにおいては、家庭裁判所は、明らかにその必要がないと認めるときを除き、成年被後見人となるべき者の精神の状況に関する鑑定をしなければ、後見開始の審判をすることができない（家事事件手続法191条1項）。

　多くの裁判所で所定の診断書書式が準備されており、主治医はその書式に従って診断書を作成する。裁判所は、その診断書の内容を踏まえて鑑定の要否の判断を行う。

　東京家庭裁判所では、提出された診断書の記載や親族等からの聴取内容等の資料を勘案して鑑定の要否を検討している[64]。

6　実務上の注意点

(1) 鑑定事項の整理

　医療事件や建築関係事件において、「当該医療行為に過失があるか」、「当該建物に瑕疵があるか」といったような法的評価を含む包括的な鑑定事項が、鑑定申出書に記載されることがある。

　しかし、これでは具体的に何を鑑定資料として何を鑑定してよいのか不明であり、意味のある鑑定を実施することはできない。

　当該訴訟において意味のある鑑定を行うためには、適切な鑑定事項を定める必要がある。

　鑑定申出に至るまでの主張立証を踏まえ、どのような鑑定結果を得るために鑑定を実施しようとしているのかを考えたうえで、正確な知識に基づき鑑定事項を作成する必要がある。

---

[64]　東京家庭裁判所ホームページ「診断書を作成して頂く医師の方へ・診断書・診断書付票」〈http://www.courts.go.jp/tokyo-f/saiban/koken/seinen-koken/index.html〉1頁。

(2) 鑑定資料の確認及び鑑定人とのやりとり

　鑑定申立てから採用までにタイムラグが生じることがある。通常その間に提出された証拠は鑑定人に交付され、訴訟の進行も共有されていると思われるが、時にはその点が不十分な場合もある。正確な鑑定を行なうためにも、最終的にどの訴訟資料が鑑定人に交付され、そこまで訴訟の進行が共有されているのか確認しておくことが望ましい。

　訴訟資料の交付や訴訟経過の説明を、裁判所を介さず直接代理人から鑑定人に行ってよいのか、どこまで鑑定人と接点をもってよいのかについて明確な指針はない。

　鑑定の過程に疑問を生じさせず、公平な鑑定を実施するため、直接鑑定人に資料送付等を行う場合には、期日や期日間のやりとりを通じて、裁判所と相手方のコンセンサスをとったうえで行うことが望ましい。

(3) 鑑定結果と私的鑑定書の証拠価値

　訴訟では、いきなり鑑定の申出がされるのではなく、当事者の一方又は双方から私的鑑定書が書証として提出されることが多い。私的鑑定書のみでは心証が得られない場合や、当事者双方が提出した私的鑑定書の結論が大きく異なる場合には、鑑定が行なわれることになるが、その鑑定の結果が両当事者のいずれの私的鑑定書とも異なるということはめずらしくない。

　裁判官が私的鑑定書や鑑定結果の証拠価値を判断する際には、「①鑑定人がその分野に専門性を有するか否か、鑑定人が訴訟当事者との関係で中立の立場で鑑定を行えるものか否かという鑑定人の適格性の吟味、②鑑定意見それ自体の合理性の吟味、③他の証拠との関連ないし整合性の吟味」を行うことになるとされている[65]。

　そして、鑑定と私的鑑定では、鑑定人の選任、報告、報酬支払の過程や、忌避権の有無、宣誓の有無、といった点から、一般的には裁判所の鑑定結果の方

---

65) 塩崎勤・澤野順彦編『新・裁判実務大系　不動産鑑定訴訟法Ⅰ』(青林書院、2001) 23頁、26頁。

が、証拠価値が高いとみるべきとされている。[66]

上記の記載は、不動産鑑定訴訟事件を念頭に置いてされたものであるが、鑑定一般に妥当しうるものである。

この考え方を前提とすると、鑑定結果の内容自体に不合理な点がなく、かつ、他の証拠との整合性にも問題がなければ、特段の事情がない限り鑑定結果が採用され、それと結論を異にする私的鑑定書は排斥されることになろう。[67]

代理人の立場で私的鑑定書の作成を依頼する際には、どのように中立性を確保するかを十分に検討する必要があり、又私的鑑定書の内容を精査し、加筆修正の依頼をすべき点はないか、他の証拠や事実との関係で問題になりそうな部分はないかといったことの検討が必要となる。

また、自身が提出した私的鑑定書と裁判所の鑑定結果が異なる場合には、上記の①～③の観点から、裁判所の鑑定結果を吟味し、自身の提出した私的鑑定書の証拠価値の方が高いという主張を行なうべきである。

(4) 鑑定結果の批判的検討の必要性

鑑定は、裁判所の専門的知見を補充するための手続であるが、裁判所はその結果に拘束されるわけではない（民事訴訟法247条）。

鑑定結果が自身の主張立証に添わない場合であっても、その結果を受入れなければならないものではなく、鑑定結果に対する批判的検討を怠ってはならない。

訴訟代理人に専門的知識がないゆえに、専門家である鑑定人の意見に対する漠然とした信頼感を抱くことがあるが、専門家に対する過度の信用は、主張立証に対する責任を事実上放棄することにもなりかねないので注意が必要である。

鑑定結果については、鑑定理由が用いている事実が証拠上認められる事実と合致しているか、鑑定過程に疑問が生じる余地はないか、鑑定の際に用いられている物理法則等が当該事案に適したものか、鑑定手法や技術が適切かといった観点から十分に検討しなければならない。

---

66) 塩崎・澤野編・前掲注65) 27頁
67) 塩崎・澤野編・前掲注65) 29頁参照。

実際に鑑定結果が排斥されたものとして、東京地判平成元年 11 月 10 日判時 1361 号 85 頁や東京地判平成 10 年 10 月 7 日判タ 1020 号 208 頁がある。
　前者は、当事者の一方が提出した私的鑑定書と鑑定結果のいずれについても問題点を指摘したうえで、いずれを採用すべきかにわかに決しがたいとし、諸般の事情を踏まえたうえで裁判所が自ら判断を行ったものである。後者は、鑑定結果を導く過程の計算方法に合理性がないとして、鑑定結果はそのまま採用することはできないとしたものである。
　上記の裁判例は、いずれも相当賃料額につき争われた事例ではあるが、これらの事例のように鑑定結果が排斥されることもあるため、自身に有利な鑑定結果がでたか否かにかかわらず、鑑定結果の内容については十分な検討が必要である。

(5) 鑑定費用

　鑑定費用は、事案によっては高額になることから、最終的に誰がどのように負担するのかを考えておかなければならない。
　鑑定費用は訴訟費用であることから、判決の場合には敗訴者負担となるが、和解した場合には各自負担とすることが多く、その場合には予納した当事者が負担することになる。
　また、鑑定申出をした当事者が勝訴し、相手が訴訟費用を負担することになった場合であっても、訴訟費用確定処分の手続をしなければならないため、手続が煩雑であるうえ、相手方の資力によっては回収できないこともある。
　鑑定申出を行う代理人としては、申出にあたって鑑定実施の費用対効果を検討する必要があるし、鑑定の結果を踏まえて和解する場合には鑑定費用の実質的負担についても念頭に置いたうえで和解協議をする必要がある。
　予納の段階で、不用意に最終的には回収可能であると当事者に説明してしまうと、後に依頼者との間で訴訟費用をめぐるトラブルにもなりかねないので、注意する必要がある。

7 実際の鑑定費用

上記6(5)で、鑑定費用の負担に注意すべきと記載したが、鑑定費用の金額について明確な基準があるわけではない。

「不動産の適正賃料額の鑑定では30万円前後、医療関係訴訟の鑑定では50万円前後、建築関係訴訟の鑑定では40万円ないし70万円程度の額を定めた例が多いと言われている」とするものもあるが[68]、不動産に関する鑑定では200万円近くの鑑定費用がかかることもある。

以下では、著者らの経験した事案や文献等の記載をもとに、一定の目安としてどの程度の金額が見込まれるのかということを記載する。

鑑定方法や各裁判所の運用によっても変わるものであるから、実際に鑑定を検討する際にはあらかじめ裁判所に確認する必要がある。

(1) 医療事件での鑑定

東京地方裁判所でカンファレンス鑑定を実施した場合は鑑定人1人あたり20万円(合計60万円)、大阪地方裁判所では単独書面鑑定を一応念頭に置いて50万円を基本とし、補充鑑定を実施した場合には10万円を加算する場合が多いとされている[69]。

このほか、おおむね30万円から80万円と説明するものもある[70]。

(2) 不動産価格鑑定

不動産価格や相当賃料額の鑑定に関しては一般的に高額であるといわれ、

---

68) 門口編集代表・前掲注2) 32頁。
69) 福田剛久・髙橋譲・中村也寸志編著『最新裁判実務大系 第2巻 医療訴訟』(2014、青林書院) 227頁。
70) 医療過誤問題研究会編『医療事故紛争の上手な対処法(全訂版)』(民事法研究会、2010) 225頁。

100万円や200万円といった金額が例示されることも多い。

不動産鑑定の場合、鑑定対象となる不動産の規模やその数に応じて金額が決定されるため、事件ごとの鑑定費用のばらつきは特に大きい。

(3) 筆跡鑑定

30万円程度とされることが多い。また、鑑定する文字数が増えるとその分金額が加算されることが多い。

(4) DNA鑑定

通常の親子関係の鑑定であれば、6～10万円程度、叔父叔母と甥姪のような親族関係の鑑定であれば、10～15万円程度が目安となる。

これに加えて、当事者の居住地等によっては、別途交通費や出張日当が生じる。

(5) 株価と鑑定

株価が争われる事件で鑑定が行なわれる場合、鑑定対象の会社の純資産額に応じて鑑定料を算出したりするため、鑑定料が何百万、場合によっては1千万円を超えるということもある。[71]

専門委員が関与しその意見を求める場合にはこのような費用は生じないが、東京地方裁判所では専門委員は積極的には活用されていない。大阪地裁では積極的に専門委員が活用されているようであり、その運用は裁判所によって異なる。[72]

実際に株価が争われる事件の場合には、当事者から私的鑑定書が提出されることが多い。

---

71) 門口正人・大竹明彦・岩井直幸「裁判官に聴く訴訟実務のバイタルポイント第11回会社訴訟(2)」ジュリ1520号70頁。
72) 門口ほか・前掲注71) 70頁。

(6) 後見申立と鑑定

　東京家庭裁判所では、一般的に10万から20万円程度の費用がかかるとのアナウンスがされている[73]。

　東京家庭裁判所では、提出された診断書の記載や親族等からの聴取内容等の資料を勘案して鑑定の要否が検討されており、全件で鑑定が行なわれているわけではない。

---

73) 東京家庭裁判所・東京家庭裁判所立川支部「成年後見・保佐・補助申立ての手引」7頁。この手引きを含めた東京家庭裁判所における成年後見、保佐、補助の申立については、東京家庭裁判所後見センターのウェブサイト〈http://www.courts.go.jp/tokyo-f/saiban/kokensite/moushitate_seinenkouken/index.html〉を参照のこと。

第5章　専門委員

1　概説

　専門委員制度は、特に専門的知見を必要とする訴訟手続において、その分野の専門的知見を有する専門家に、争点又は証拠の整理等、証拠調べ、和解の各手続に専門委員として関与してもらい、その手続に必要な高度の専門的知見を提供してもらう制度である（民事訴訟法92条の2以下）。

　紛争解決のために専門的知見を必要とする複雑な内容の訴訟が増加していることを踏まえ、平成15年の民事訴訟法改正において新たに設けられた制度である。

　専門委員は、争点又は証拠の整理、証拠調べ、和解の各手続において、専門的事項について説明し、当事者や証人等に質問する権限があるが、鑑定や人証と異なり、説明した内容は証拠にならない。すなわち、専門委員制度は証拠の収集手段とはいえないのである。

　しかし、専門委員は、審理に必要とされる場面で、裁判所に専門的知見を与えるものであり、証拠調手続に関与することもある。

　また、専門委員が関与した弁論準備手続等の結果陳述がなされ、口頭弁論に上程されれば、専門委員の説明は弁論の全趣旨となり、専門委員の説明を聴いた当事者の態度、反応、専門委員の説明の前後における主張内容ないし立証活動の変化といった事情が弁論の全趣旨として事実認定に斟酌されることもあるとされる。[74]

---

[74] 林圭介「専門委員の関与の在り方」判タ1351号8頁。

そこで、証拠収集手段ではないが、専門委員制度についても本稿で取り上げることとする。

2 専門委員の関与

(1) 関与決定の手続・要件

専門委員を手続に関与させるための手続・要件については、関与する訴訟上の手続によって違いがある。

(A) 争点若しくは証拠の整理又は訴訟手続の進行に関し必要な事項の協議をする場合（民事訴訟法92条の2第1項）

裁判所が、①訴訟関係を明瞭にし、又は訴訟手続の円滑な進行を図るため必要があると認めるときに、②当事者の意見を聴いたうえで、専門委員の関与の決定及び専門委員の指定を行う。

①については、（ア）裁判所が当事者の主張事実や提出証拠の意味内容、立証趣旨等を理解するために専門的知見を要する場合や、（イ）裁判所がこれらの事項を明確にするために、事実上及び法律上の事項に関して当事者に釈明を求める際に専門的知見を要する場合、（ウ）争点整理を行うために重要な事実を取捨選択する際に専門的知見を要する場合、（エ）証拠調べの対象とすべき証拠を整理する際に専門的知見を要する場合等が考えられる。

②については、当事者の意見を聴けば足り、当事者の同意までは必要とされていない。

(B) 証拠調べの場合（民事訴訟法92条の2第2項）

裁判所が、①訴訟関係又は証拠調べの結果の趣旨を明瞭にするため必要があると認めるときに、②当事者の意見を聴いたうえで、専門委員の関与の決定及び専門委員の指定を行う。

①については、証拠調べによって証拠から得られた内容（書証の内容、検証結果、鑑定意見、証言、当事者本人供述等）の趣旨や意味をより明確に理解す

るために専門的知見を要する場合等が考えられる。
　②については、上記（A）の場合と同様、当事者の意見を聴けば足り、当事者の同意までは必要とされていない。

（C）和解の場合（民事訴訟法92条の2第3項）
　裁判所が、①和解を試みるにあたり必要と認めるときは、②当事者の同意を得た上で、専門委員の関与の決定及び専門委員の指定を行う。
　①については、当事者双方が自主的に紛争解決のために専門委員制度を利用したいとの意向がある場合等が考えられる。
　②については、上記（A）及び（B）の場合と異なり、当事者の同意が必要とされている。これは、たとえ当事者の意思に反して専門委員を関与させたとしても、当事者の合意形成に向けた協議を充実させることはできないことから、当事者の同意を必要としたものである。

(2) 関与決定の方法

　手続ごとに決定を行う必要がある。
　ただし、上記(1)の（A）（B）（C）の複数の手続への関与が想定される場合には、各手続への関与を一括で決定する場合もある。関与の対象とする手続に和解が含まれる場合には、和解関与について当事者の同意を得ておく必要がある。

(3) 人数

　原則として1事件について1人の専門委員を関与させることになる。
　ただし、専門的知見が必要となる領域が複数にまたがる場合や複雑な事案の場合、バランスをとる必要がある場合（たとえばソフトウェア開発訴訟におけるユーザー出身者とベンダー出身者）には、例外的に複数専門委員を関与させることがある。

第3編　訴訟係属中にできる証拠収集

(4) 関与の態様

(A) 争点若しくは証拠の整理又は訴訟手続の進行に関し必要な事項の協議をする場合（民事訴訟法92条の2第1項）

専門委員の説明は、書面もしくは口頭弁論、弁論準備手続又は進行協議期日における口頭でなされ（民事訴訟法92条の2後段、民事訴訟規則34条の2第1項）、これに対して、当事者には意見を述べる機会が保障される（民事訴訟法34条の5）。

なお、当事者には意見を述べる機会が保障されているため、この場面における専門委員の関与については、比較的緩やかな要件で認められていると考えられる。

(B) 証拠調べの場合（民事訴訟法92条の2第2項）

当事者から提出された書証や鑑定人の鑑定意見、証人、当事者本人等の証拠調べ期日において、専門委員から専門的知見に基づく説明を聴くことが考えられ、当事者には専門委員の説明に対して意見を述べる機会が保障される（民事訴訟規則34条の5）。

専門委員の説明は、口頭弁論調書又は証人等尋問調書に記載されることがあるが、たとえ記載がなされても証拠にはならない。

さらに、専門委員は、尋問期日において、裁判長が当事者の同意を得たうえで許したとき、訴訟関係又は証拠調べの結果の趣旨を明瞭にするため必要な事項について、証人、当事者本人又は鑑定人に対して直接に問いを発することができる（民事訴訟法92条の2第2項後段）。この場合、専門委員の問いそのものは証拠にならないが、これに対する証言や供述は証拠となる。

証人尋問期日において専門委員が説明する際、裁判長は、必要があると認めるときは、当事者の意見を聴いて、専門委員の説明が証人の証言に影響を及ぼさないように、証人を退廷させるなどの措置をとることができる（民事訴訟規則34条の4第1項）。

(C) 和解の場合（民事訴訟法 92 条の 2 第 3 項）

　裁判所が和解勧試に際して専門委員の専門的知見に基づく説明を聴く場合、専門委員の説明には裁判所の判断に関わる事項が含まれることが多いと考えられる。

　しかし、専門委員の説明は証拠となるものではなく、あくまで当事者が和解を検討するにあたって参考にするものにすぎない。

　なお、一方当事者を退席させて他方当事者のみが在席する状況で、和解の協議をしている際に専門委員の説明を聴くことができるかについては、民事訴訟法 92 条の 2 第 3 項が専門委員の説明を聴くことができるのは「当事者双方が立ち会うことができる和解を試みる期日」と規定していること、退席している当事者に意見を述べる機会が確保されないおそれがあることから、消極的に考えるべきである。

(5) 関与決定の取消し

　裁判所は、相当と認めるときは、申立て又は職権で専門委員を手続に関与させる決定を取り消すことができる（民事訴訟法 92 条の 4 本文、民事訴訟規則 34 条の 8）。

　また、裁判所は、当事者双方の申立てがあるときは、決定を取り消さなければならない（民事訴訟法 92 条の 4 ただし書、民事訴訟規則 34 条の 8）。

3　活用方法

(1) 活用が考えられる訴訟類型

　専門委員が関与できる訴訟類型に特に限定はないが、専門家の専門的知見を活用する制度趣旨から、以下のような訴訟類型で活用することが考えられる。

(A) 医療訴訟
医療過誤の有無等が争点となる場合に、医師から、専門用語の解説、カルテ

の分析、病状や後遺障害に関する知見、手術方法・手技についての説明、被害者の素因とその程度等の説明をしてもらうことが考えられる。

(B) 建築関係訴訟

建物の瑕疵の有無や積算価格等が争点となる場合に、建築士から、専門用語の解説、建築・土木技法の解説、設計書の分析、地盤・地質の分析、完成物の検証（瑕疵の有無）、現象発生に至る機序の説明、損害額（建築・設計代金の相当額等）算定の基礎事情等の説明をしてもらうことが考えられる。

(C) 知的財産権関係訴訟

特許権等の侵害の有無等が争点となる場合に、最先端の科学技術の研究に従事している大学教授等の教職員や研究機関の研究者等から、技術の内容や位置付け、技術の背景、周辺技術等の説明をしてもらうことが考えらえる。

(D) ソフト開発・プログラミング等のコンピュータ関係訴訟

ソフト開発の完成の有無や瑕疵の有無等が争点となる場合に、コンピュータ専門家から、専門用語やシステム開発の手法の解説、仕様書の分析、完成物の検証（瑕疵の有無）、損害（代金相当額）算定の基礎事情等の説明をしてもらうことが考えられる。

(E) 賃料増減額請求訴訟

適正賃料の金額等が争点となる場合に、不動産鑑定士から、当事者が提出した私的不動産鑑定書の分析、賃料額算定の基礎事情等の説明をしてもらうことが考えられる。

(F) 不動産明渡請求訴訟

賃貸借契約終了原因の有無や敷金返還等が争点となる場合に、建築士や不動産鑑定士から、建物の朽廃の有無や老朽の程度に関する主張等の分析、立退料相当額や原状回復費用相当額の算定の基礎事情の説明をしてもらうことが考えられ、又、和解協議を行う場合に、不動産を買い取る場合の借地権及び借家権

を含む不動産価額の算定の基礎事情等の説明をしてもらうことが考えられる。

(G) 製造物責任訴訟

技術者や弁理士に、専門用語の解説、設計書の分析、問題個所（原因）の指摘及び現象発生に至る機序の説明、機械や技術の構造分析等をしてもらうことが考えられる。

(2) 運用上の工夫

法制度上、専門委員による説明は意見に亘るものではなく、一般的な説明にならざるをえないが、他方で、当該事案における専門家の意見や当該事案の内容に踏み込んだ評価的な説明を聴くことで紛争の解決に繋がることが多いのも事実である。

そこで、当事者双方の同意を得たうえで、専門委員による説明を弾力的に運用し、当該事案における専門家としての意見や当該事案の内容に踏み込んだ評価的な説明も含めて行うことで、早期の紛争の解決に結びつけることも考えられ、現在の実務でも行われている[75]。

また、その際、専門委員が当事者の予期しない事項について意見を述べることを避けるため、専門委員に求める説明の対象事項をあらかじめ具体的に特定する等の工夫も行われている。

4 留意点

専門委員は、専門的な知見に基づく説明を聴くため手続に関与させる制度であって、本来意見を述べてもらう手続でもなければ、争点等に対する判断を行うものでもなく[76]、その説明は当然には判決の資料にならない。

---

75) 証拠とすることについては、弁論主義の枠を超えた問題ではないかとの指摘もなされている（山本和彦ほか「座談会　専門委員の活用について」判タ1373号29頁）。
76) 事件類型によっては、当事者が専門委員の意見を期待することもあり、実務上、当事者双方の同意がある場合、専門委員に意見を述べてもらうこともある。

当事者としては、自身の主張立証活動を怠ることのないように留意しつつ、裁判所が過度に専門委員の説明に依存することのないように注意を払う必要がある。まして、専門委員の説明が裁判所の判断事項に及んでしまうおそれもあり、この場合、かかる説明が裁判所の心証形成に影響を与えないように注意すべきである。

そのためにも、当事者及び裁判所が、専門委員の関与を決定した目的（争点もしくは証拠の整理等）を果たすために必要とされる専門的知見を要する点について、あらかじめ具体的かつ明確にし、共通の認識としておくことが肝要である。

5　メリット及びデメリット

(1)　メリット

専門家の専門的知見を要する訴訟で、専門的知見を有する者を活用することができれば、訴訟の充実・迅速化に資することになる。

そして、必要に応じて上記3(2)のような運用上の工夫がなされれば、迅速かつ適切な紛争の解決にも資すると考えられる。

また、専門委員の説明は書面でなされるか、口頭弁論期日等において訴訟当事者の面前で口頭によりなされることから、各当事者は必ず専門委員の説明を知ることができ、それに対して意見を述べる機会も保障されている。この点では、調停手続における調停委員制度と比べ、手続の透明性に配慮がなされているといえる。

(2)　デメリット

専門委員の説明が専門的知見に基づく説明を超えて、意見にわたることもあり、本来裁判官が判断すべき事項に及んでしまうおそれもある。さらに、鑑定と異なり証拠となるものではないにもかかわらず、その説明内容が裁判官の心証に影響を与える懸念は払拭できない。

そもそも専門的知見に基づく説明と意見との境界は必ずしも明確でないこともあるため、あらかじめ専門委員に求める説明事項の範囲を明確にするなどの対応を検討する必要がある。

なお、このような懸念が払拭できないとして、実務上、専門委員を関与させるのではなく、協力的な専門家に依頼し、必要に応じて私的鑑定書を提出したり、専門家の証人尋問を行うことで、争点整理や証拠調べ等を進めるなどの対応も行われている。

第3編　訴訟係属中にできる証拠収集

第6章　検証

1　概説

(1) 検証とは

検証（民事訴訟法232条以下）とは、「裁判官が五感の作用によって、直接に事物の性状、現象を検閲して得た認識を証拠資料にする証拠調べ」をいう[77]。

検証は、裁判所が直接目的物に接して行う事実判断であるから、直接目的物に対して施行される。検証の結果を得るための資料は検証の目的物自体であって、検証の目的物に関する当事者の指示説明は、裁判所の事実判断を補助するものであり、証拠資料となるものではない[78]。

(2) 検証の対象

検証の対象となる目的物は、人の感覚作用によって感知しうる物体であれば足り、人体や物、有体物（電気や光線）、生物と無生物、既存物と新たに製作された物とを問わない[79]。

土地そのものや、瑕疵の有無が争われている建物や商品、騒音の有無程度が問題となる当該場所といったものが対象となる。

---

[77] 秋山ほか・前掲注10）537頁。
[78] 裁判所職員総合研修所監修・前掲注36）184頁。
[79] 裁判所職員総合研修所監修・前掲注36）184頁。

2 手続・要件

(1) 検証の申出

　検証は、当事者の申出によって行われる（民事訴訟法232条、219条）。

　検証の申出には、検証により証明しようとする事実を明らかにし（民事訴訟法180条）、その事実と証拠の関係を具体的に明示したうえで（民事訴訟規則99条1項）、検証の目的を表示する必要がある（民事訴訟規則150条）。

　検証の目的は、検証によって証明すべき事実と検証の目的物とを明示することによって明らかになるのが通例とされている[80]。

　検証の対象物が有体物の場合には、その物を表示する。証明しようとする事実が、特定の場所における騒音という場合のように、対象物という概念で特定の有体物を表示することができない場合には、検証を実施しようとする特定の場所を明らかにすれば足りる。

　検証申出は、期日前においても行なうことができる（民事訴訟規則180条2項）。

　なお、弁論準備期日では、文書及び準文書の証拠調べ以外の証拠調べはできないので（民事訴訟規則170条2項参照）、弁論準備期日で検証の目的物を提示した場合でも、口頭弁論期日でも重ねて提示しなければならない[81]。

書式例19　検証申出書

```
○○年（ワ）第○○号　○○事件
原告　○○○○
被告　○○○○

                 検証申出書
```

---

80) 裁判所職員総合研修所監修・前掲注36) 185頁。
81) 門口編集代表・前掲注2) 101頁。

第3編　訴訟係属中にできる証拠収集

```
                                            ○○年○○月○○日
○○地方裁判所　民事第○部○係　御中

                              原告訴訟代理人弁護士　　○○○○

頭書事件について、下記のとおり検証の申し出をします。

                        記
1. 証明しようとする事実
2. 検証の目的（物）
3. 検証によって明らかにしようとする事項
                                                    以上
```

(2) 検証の目的の提示

　検証は、裁判所が直接目的物に接して行う事実判断であるから、単に検証申出をするだけでなく、目的物を提示することが必要となる。
　検証申出をした当事者が目的物を所持している場合と、相手方又は第三者が所持している場合で以下のように手続が異なってくる。

（A）目的物を所持している場合
　この場合、検証申出をした当事者が裁判所に提示すれば足りる（民事訴訟法232条1項、219項）。
　検証の目的物が移動できないか移動に困難を伴う物であるときは、裁判所外における証拠調べの決定をうけ、現地で検証の目的物を提示する（民事訴訟法185条1項）。
　なお、検証申出者自身が検証の目的物を所持していない場合でも、公道における検証のように管理者の承諾がいらない場合は、検証物提示命令や検証受任命令の申立ては不要であり、検証申出をすれば足りる[82]。

82）門口編集代表・前掲注2) 107頁。

(B) 検証物提示命令・検証受忍命令

相手方又は第三者が検証の目的物を所持している場合で、任意の提出や受忍が期待できない場合には、検証の申出と合わせて文書提出命令の申立てに準じて検証の目的物の提示命令又は検証受忍命令の申立てをする（民事訴訟法232条1項、219項）。人を検証の目的物とする場合には、提示命令ではなく出頭命令の申立てにより検証を申し出ることになるが、手続の内容は同じである。[83]

裁判所は、第三者に検証物提示命令・検証受任命令を命じようとする場合には、第三者を審尋する（民事訴訟法232条1項、223条2項）。

相手方又は第三者が検証の目的物の所持を否認し争う場合には、検証申出をした当事者が、目的物の所持を証明する必要がある。

一方、相手方や第三者は、提示・受任を拒むことにいての正当事由を主張することができ、この正当事由の存在については、疎明で足りるとされている。

申出をした当事者に疎明ではなく証明が求められるのは、決定がなされれば事実上の間接強制を課せられうる効果が生じるためである。[84]

裁判所は、検証の必要性があり、相手方・第三者が目的物を所持し、目的物提示義務・検証受忍義務があると認めた場合には、決定で命令を発する。

命令又は申立却下の判断に対しては、それぞれ即時抗告をすることができる（民事訴訟法232条1項、223条7項）。

(C) 検証目的物の送付嘱託の申立て

相手方又は第三者が検証の目的物を所持している場合で、任意の協力が期待できる場合には、検証の申出とあわせて、文書送付嘱託の申立てに準じて目的物の送付を嘱託すべき旨の申立てをする（民事訴訟法232条1項、226条）。

送付嘱託の申立てを伴う検証申出の場合には、裁判所書記官が所持者に対し送付嘱託をし（民事訴訟規則31条2項）、裁判所はその送付を待って口頭弁論期日又は証拠調べ期日に置いて検証を実施する。

---

83) 門口編集代表・前掲注2) 107頁。
84) 門口編集代表・前掲注2) 108頁。

第3編　訴訟係属中にできる証拠収集

書式例 20　検証物提示命令申立書

○○年（ワ）第○○号　○○事件
原告　　○○○○
被告　　○○○○

検証物提示命令申立書

○○年○○月○○日

○○地方裁判所　民事第○部○係　御中

原告訴訟代理人弁護士　　○○○○

頭書事件について、下記のとおり検証物の提示命令を申し立てる。

記

1. 検証の目的（物）の表示
2. 検証の目的（物）の所持者
3. 証明すべき事実
4. 検証によって明らかにしようとする事項

（3）検証の実施

　裁判所は、検証の目的物の大きさや距離などの測量を行い、必要な観察をして事実判断をする。
　この際、裁判所のみが検証の目的物に接するだけでは争点の判断に必要な事実認識を直ちに得られない場合が多い。そのため、「能率的な進行のためには、検証申出者が検証によって証明しようとする事実と検証の目的物の関連について指示説明をし、次に相手方当事者がこれに対する認否の形式によって指示説明を行なうのが適当な場合が多いであろう」とされている。[85]

---

[85] 門口編集代表・前掲注2）118頁。

（4）検証協力義務違反への対応

　検証目的物を所持する相手方が、検証物提示命令に従わない場合や、検証を妨害する目的で毀損してしまった場合などには、検証の目的物を提示することができないため、検証を実施することができない。

　このような場合、検証物提示命令に従わない当事者には、文書提出命令に従わない場合と同様の制裁が課される（民事訴訟法232条1項、224条）。

　すなわち、裁判所は、検証の目的物に関する検証申出当事者の主張を真実と認めることができ（民事訴訟法232条1項、224条1項）、検証の目的物に関して具体的な主張をすること及び当該検証物により証明すべき事実を他の証拠により証明することが著しく困難であるときは、裁判所は、その事実に関する検証申出当事者の主張を真実と認めることもできることになる（民事訴訟法232条1項、224条3項）。

　検証目的物を所持する第三者が、検証物提示命令に従わない場合には、過料の制裁が課される（民事訴訟法232条2項）。

3　検証の活用例

（1）不動産の検証

　境界確定や所有権確認などの事件では、その土地や周辺の状況を直接確認するため、検証が実施されることがある。

　土地を検証の目的物とする場合、土地の範囲を明確にしなければならないため、境界標や境界杭を基点とすることになる。このようなものがない場合は、近い将来移動するおそれの少ない物件を基点として利用するしかない。

　工事代金や瑕疵が争われる建築訴訟では、対象となる建物の施工箇所や瑕疵部分を直接確認するため、検証が実施されることがある。

　建築訴訟では、争点となる箇所の写真が証拠として提出されていることが多いが、光の当たり方や遠近の違いによって印象が変わることもあり、写真だけではその状態が正確に把握できないこともある。

そのような場合には、実際に現地に行き、検証をする意味はあるといえる。

(2) 動産の検証

物体の構造や機械の作動状況を直接確認する必要がある場合には、その物の検証を行なう。

(3) 騒音、振動、悪臭の検証

近隣紛争などの事件では、騒音、振動、悪臭が問題となることがある。これらは、書面にあらわれる数値だけでは実際の状況を把握できないことも多く、直接体感するため検証が実施されることがある。

あらかじめ測定場所を決め、騒音計等の計器を準備したうえで、実施する。

(4) 証拠保全における検証

証拠保全における証拠調べの方法には、人証、鑑定、書証、検証があるが（民事訴訟法234条）、実際には検証がとられることがほとんどである。

これは、保全事由として改ざんや廃棄等が主張される結果、その現状を保存しておくために検証という証拠調べが選択されるためである。[86]

4　検証の実施状況

地方裁判所での検証は、平成27年には100件の事件で0.17件（0.17％）しか実施されておらず、40年前の約20分の1まで減少している。

高裁における検証も、平成27年には、口頭弁論を経た事件（1万4164件）の約0.1％（19件）しか実施されていない。[87]

---

86) 門口編集代表・前掲注2）164頁。
87) 大阪弁護士会司法改革検証・推進本部高裁民事問題プロジェクトチーム「民事控訴審の審理の充実—実態調査を踏まえた提言（上）」判時2342号141頁。

このように、実際に検証手続がとられるケースはまれである。

実務では、「準文書による証拠調べが活用され、又進行協議期日を現地において開いたり、目的物をそのまま検証の目的物として留置して検証調書を作成しないという扱いも広まっている」[88]。

5 検証に代わる手段

証拠保全の場面では検証が用いられるものの、それ以外の場合で実際に検証の手続がとられることはまれである。

実務では、以下のような準文書による証拠調べや進行協議期日、現地調停といった手続が用いられている。

(1) 準文書による証拠調べ

写真やビデオは、準文書として提出され取り調べられる（民事訴訟法231条、民事訴訟規則147条）。

現地、現物の状態は、写真やビデオを提出することで把握できることも多い。むしろ、撮影の仕方や提出の仕方が整理されていれば、やみくもに現地を、現物を確認するよりわかりやすいこともある。

実務でも、写真やビデオを提出したうえで、写真やビデオだけでは伝えきれない部分を検証や後述する進行協議期日、現地調停といった手続で補完するといった運用をされることが多いと思われる。

写真やビデオを証拠として提出する際には、単にデータそのものを提出するだけでなく、写真撮影報告書のような形で、写真の内容を説明する書面をあわせて提出するよう心がける。

撮影場所や撮影方向を記載した図面と組み合わせる、必要な部分の停止画像を抜き出したうえで、その秒数も記載するといった工夫をすることで、証拠の内容を明確にすることができ、実際に現地に行くことと同等の効果が得られる

---

[88] 門口編集代表・前掲注2) 78頁。

こともある。

(2) 進行協議期日、現地調停

　実際に現場に行く場合であっても、検証ではなく、進行協議期日や現地調停といった扱いになることが多い。

　この手続では、当事者による写真、ビデオ撮影や、当事者からの指示説明がされるが、その内容が調書に記載されるわけではない。

　この場合、撮影した写真やビデオは、必要に応じて後日証拠として提出されることになる。

　進行協議期日や現地調停の際、裁判官や調停委員が写真、ビデオ撮影を行なうことがあるが、これは後に裁判官や調停委員が記憶喚起のために用いるものである。期日終了後に謄写等を行なうことはできないので、訴訟当事者自ら写真、ビデオ撮影を行なわなければならない。事前準備の際には注意が必要である。

6　注意点

(1) 事前準備

(A) 事前準備の必要性

　検証を申し出る側の代理人としては、どのような指示説明を行うか、撮影をする場合にはどこからどのように撮ればわかりやすいか、効率よく簡潔に説明するためにはどのような順序で行うべきか、事前に提出しておくべき資料の整理、といった事前準備が必要不可欠である。

　目的物が申立人側の所有するものである場合、当事者とリハーサルをするなどして、時間内に十分な説明を行えるだけの工夫をすべきである。

　これとは逆に、申し立てられた側の代理人としては、相手方が何度もリハーサルをしており、十分な準備をしていることを念頭に置くべきである。検証当日に申立人が、客観的な証拠に反した指示説明をそれと気付かず行うこともあ

るので、注意すべきである。

検証に至るまでの主張立証内容から、行われるであろう申立人側の指示説明はおおよそ想定できるはずであるから、あらかじめ反論の準備をしておく必要がある。

(B) 具体的な準備の内容

検証すべき範囲が広範囲に及ぶときは、事前に各地点を表示する標識などを設置し、効率的な指示説明ができるようにする。

また、指示説明の順序や予定時間についての調整も行う。

検証に必要な機材は何か、いくつ必要か、誰がどのように使用するのか、といったことも調整する。機材は、ものによっては業者からレンタルできるので、事前に確認をしておく必要がある。

検証物が土地や建物の場合、隣地所有者や居住者との調整が必要となることもある。隣地への立ち入りをする場合などには、その所有者の承諾を得ておかなければならず、それを怠ると新たな紛争が生じかねないので十分注意する必要がある。

(2) 検証調書への意識

(A) 検証調書

検証の結果は、検証調書に記載される。検証調書には、検証の目的物、検証によって明らかにする事項、当事者の指示説明、検証の結果が記載される[89]。

現場の指示説明を踏まえて詳細な検証調書が作成されることもあれば、指示説明の内容や現地の状況をビデオで撮影し、詳細な検証調書までは作成しないということもある[90]。

裁判所との間で、どのように実施し、どのような調書を作成することになるかについて調整したうえで検証に臨むべきであり、後になって、調書に記載されると思っていたが記載がない、といったことがないように注意する必要があ

---

89) 裁判所職員総合研修所監修・前掲注36) 234頁。
90) 山浦ほか・前掲注62) 22頁。

る。

(B) 検証調書における指示説明

当事者の指示説明は、「イ点は、『東側石積み』と『南側石積み』の各外側の線の交点である」、「ハーニ線は石垣の東端線である」、「ホーヘ線は、行動との境にあるコンクリート塀が公道側で接地する線である」といったように、地点や線を特定するための位置及び状況が調書に記載される[91]。

代理人として現場で説明する際には「ここからここまで」、「この地点」といった説明にとどまり、具体的な調書の記載方法は裁判所に委ねてしまうことも多い。

代理人の認識と裁判所の認識にずれが生じないようにするためには、代理人があらかじめ、上記のような記載となることを意識して、指示説明の内容を検討しておく必要がある。

また、実際の検証の場では、両当事者から様々な説明がなされるが、そのすべてが検証調書に記載されるわけではない。

代理人として、検証調書に残す必要があると考える説明に関しては、その説明内容を整理したうえで、裁判所に対し、この説明は調書に残してほしい旨明確に伝えておく必要がある。

(3) 裁判官の交代

訴訟が長期間に及ぶと、検証を行なった裁判官が交代することもある。

その場合、検証の結果は調書に記載され引き継がれるものの、裁判官の知覚それ自体は、新しい裁判官に引き継ぐことはできない。

このようなことも想定したうえで、再現性の高い検証調書作成に向けた事前準備が必要といえる。

---

91) 裁判所職員総合研修所監修・前掲注36) 235頁。

(4) 検証のタイミング

　事案によっては、訴訟が長期化し、それに伴い、鑑定を要する範囲や箇所が拡大する場合、拡大したと主張される場合がある。

　検証した後も期日が重ねられた場合や、控訴審に移行した場合などには、未検証の箇所に関する検証の必要がでてくることも考えられる。

　控訴審に移行した場合であればともかく、第一審の場合には、検証手続に入る前に争点を十分に整理したうえで、再度の検証の必要が生じないようにすべきである。

第7章　文書提出命令

1　概説

　相手方当事者又は第三者が文書を所持するときに、その所持者が文書の提出義務（民事訴訟法220条）を負う場合に限り、裁判所がその所持者に対し当該文書の提出を命ずる制度である（民事訴訟法219条）。
　民事訴訟法に関して公刊物に登載される判例がもっとも多い分野の1つであり、論点も多く、若手法曹にとってもなじみのある制度である。
　しかしながら、次のような理由から、文書提出命令の申立ては、他に選びうる手段のないときに行うべきである。
　民事訴訟法221条2項において、220条4号に掲げる場合（一般義務文書）であることを文書の提出義務の原因とする申立ては、書証の申出を文書提出命令の申立てによってする必要がある場合でなければすることができないと明示されているだけでなく、他の場合であっても、この手続によることの必要性が要件であると考えられている（補充性）。
　また、本手続は、後述のように厳格な要件の下、本案とは別途に審理される。その決定に対して抗告や許可抗告がなされた場合には、本案の審理の迅速な進行が阻害されるおそれがある。文書の所持者である訴訟の相手方に対する文書提出命令が発令されたにもかかわらず、当該文書が提出されない場合には、真実擬制という法律効果が生じることがあるとされている。これらの事情から、係属裁判所が文書提出命令の発令に消極的な姿勢を示すことも少なくない。[92]

---

[92] 好ましくない現象であるが、申立てを行っても、判決まで判断を避けられ、判決文でようやく却下される、という事例も存在する。

訴訟手続において、自らが所持していない書証を提出する方法としては、相手方等の所持者に任意の提出を受けたり、情報公開法等の他の法律上の根拠により取得したりしたうえで、一般的な書証の申出を行うか、本書の他の稿（第3編第2章・第3章）にもあるとおり、本手続より比較的簡易な、調査嘱託、文書送付嘱託等の手続によるべきである。[94]

2　要件

(1) 申立権者

訴訟の当事者及び補助参加人である。

(2) 申立ての時期

期日において行うのが原則であるが、期日前に行うこともできる（民事訴訟法180条2項）。

(3) 申立ての方式

書面でしなければならない（民事訴訟規則140条）。書面の記載事項について次項参照。

(4) 文書の特定のための手続

文書提出命令の申立てをしようとするものが文書を特定することが困難であ

---

[93] 行政機関の保有する情報の公開に関する法律（平成11年法律42号）、独立行政法人等の保有する情報の公開に関する法律（平成13年法律140号）のほか、各地方公共団体が制定している情報公開条例が存在する。

[94] 文書提出命令を申し立てても、裁判所は、相手方に事実上の提出を促したり、文書送付嘱託への切り替えを求めたりすることもある。

る場合には、裁判所は、その情報を明らかにするよう求めることができるとされている（民事訴訟法222条2項）。

(5) 文書提出命令申立書の記載事項

文書提出命令には、以下の事項を記載しなければならない（民事訴訟法221条1項・2項）。
① 文書の表示
② 文書の趣旨
③ 文書の所持者
④ 証明すべき事実
⑤ 文書の提出義務の原因
⑥ 文書提出命令によってする必要性

（A）①文書の表示
　文書の種別、表題、作成者、日付などによって特定する。文書提出命令の申立人は、必ずしも当該文書の記載内容を具体的に知っているわけではない。この場合には、文書所持者にとって特定可能な程度に概括的な記載でもよい。
　ただし、物体としての1つの書面中にも、作成者や趣旨の異なる複数の文書が併存していることがあり、又、名実ともに1つの文書であっても、除外事由該当性や、証拠調べの必要性の程度が、部分によって異なる場合もあるため、申立てを行っても、範囲を限定するよう促されることもある。

（B）②文書の趣旨
　文書の記載内容のあらましを書く。自ら所持していない文書の詳しい内容を記載できないことは当然であるので、概略や要点を記載すればよい。文書の表示と相まって、文書の所持者にどの文書のことであるかを特定させ、認識させ、裁判所に当該文書を取り調べる必要性を示せればよいから、概括的記載で足りる。

(C) ③文書の所持者

　文書の所持者を氏名、住所によって特定する。訴訟に表れている当事者等であれば、氏名及び住所は明らかであるからそれを示せば足りる。

(D) ④証明すべき事実

　民事訴訟法180条1項の「証明すべき事実」と同義である。文書により立証しようとする事実を具体的に記載し、かつ、その証明すべき事実と証拠との関係（民事訴訟規則99条1項）も具体的に記載する。文書によって証明される事実が間接事実である場合には、さらに、それによって究極的に認められる主要事実も明らかにすべきである。

　裁判所は、申立人が、真実擬制効果を狙った文書提出命令の申立てもあると意識している。それゆえ、この「証明すべき事実」が、擬制される可能性のある事実と明確に対応していることが要求されることに留意しなければならない。

(E) ⑤文書の提出義務の原因

　文書提出義務の発生原因たる事実を記載する。主張する提出義務の内容に従い、民事訴訟法220条各号のいずれによるのかを各条文の要件に該当する具体的事実を記載する。

(F) ⑥文書提出命令によってする必要性

　民事訴訟法220条4号に掲げる場合であることを文書提出義務の原因とする文書提出命令の申立てにおいては、書証の申出を文書提出命令の申立てによってする必要がある場合でなければならないので、この点も記載する必要がある。また、4号以外の事由による場合も、上述のように補充性を要すると解されているので、同様に記載すべきである。

　文書提出命令は、制裁を伴う強い処分であり、厳格な要件の下で慎重に審理が行われることから、他に取りうる手段があれば、認められない。現実に、当事者間での任意の請求、文書送付嘱託、調査嘱託など他の手段を尽くした後に申し立てられるべきである。

(6) 個別提出義務と一般的提出義務

　現行法は、文書の所持者が提出義務を負う文書の範囲について、引用文書（民事訴訟法 220 条 1 号）、引渡し、閲覧文書（同条 2 号）、利益文書（同条 3 号前段）、法律関係文書（同条 3 号後段）に対する個別提出義務規定に加えて、220 条 4 号以下のイからホまでのいずれにも該当しない文書に対する一般的提出義務規定を設けている。[95][96]

　　イ　文書の所持者又は文書の所持者と第 196 条各号に掲げる関係を有する者についての同条に規定する事項が記載されている文書
　　ロ　公務員の職務上の秘密に関する文書でその提出により公共の利益を害し、又は公務の遂行に著しい支障を生ずるおそれがあるもの
　　ハ　第 197 条第 1 項第 2 号に規定する事実又は同項第 3 号に規定する事項で、黙秘の義務が免除されていないものが記載されている文書
　　ニ　専ら文書の所持者の利用に供するための文書（国又は地方公共団体が所持する文書にあっては、公務員が組織的に用いるものを除く。）
　　ホ　刑事事件に係る訴訟に関する書類もしくは少年の保護事件の記録又はこれらの事件において押収されている文書

---

95) 民事訴訟法 220 条 1 号から 3 号までは、平成 8 年改正前の条文をそのまま引き継いでおり、その存在意義は失われているという指摘もある。確かに、3 号前段に該当するか否かは、独自の意義を有しないといえるが、同号後段は、刑事関係文書がこれに該当する場合には、同条 4 号ホに該当する場合であっても提出義務があることになり、少なくともこの場合には独自の意義を保っているといわれている。

96) 特許法 105 条 1 項にも民事訴訟法 220 条の特則として文書提出命令の定めがある。イン・カメラ手続の特則もあり、秘密保持命令の定めがある。ただし、知的財産に関する訴訟を扱う弁護士が比較的限られているため、訴外の合意で処理される例が多いとの指摘もある（山本和彦ほか編『文書提出命令の理論と実務（第 2 版）』（民事法研究会、2016）142 頁）。

3 審理

(1) 相手方の対応（意見聴取）

　文書提出命令の申立て及びそれに付随する文書特定のための申出に対し、意見がある相手方は、書面で裁判所に提出しなければならない（民事訴訟規則140条2項）。

　相手方側の主な反論としては、当該文書は、要証事実と無関係であること、文書が、元々不存在であること、ある時点では存在していたが、廃棄、紛失等の事情により存在していないことが考えられる。

　文書が現に存在していることについての立証責任は、申立人にあると解されている（東京高決昭和54年8月3日下民集30巻5～8号366頁、大阪高決昭和56年10月14日判時1046号53頁）。

　したがって、相手方は、その不存在、廃棄又は紛失したことを立証する必要はないが、過去の一定時点での当該文書の存在を自認したり、これを証する客観的証拠があったりする場合には、経験則上、それが現時点でも存在すると推認されることがありうる。

　これに対しては、文書の内容や性質、その作成又は取得の経緯や期間、その保管の体制や状況等から現時点での存在に疑問を差し挟む程度の反証をすることが考えられる[97][98]。

(2) 必要的第三者審尋

　相手方が訴訟当事者ではない第三者である場合には、必要的に審尋が行われ

---

[97] 最判平成26年7月14日判時2242号51頁は、行政文書に関する判例であるが、参考になる。
[98] 当事者が相手方の使用を妨げる目的で提出の義務がある文書を滅失させ、その他これを使用することができないようにした（民事訴訟法224条2項）との疑いを生じさせないようにしつつ、廃棄をしたことを主張立証するために、文書の保存規定を整備し、文書を廃棄した際の記録を適切に保存しておくことが有効である。

る（民事訴訟法 223 条 2 項）。

(3) 公務秘密文書

公務員の職務上の秘密に関する文書については、原則として、当該監督官庁の意見を聴かなければならない。この場合において、当該監督官庁は、当該文書について、除外事由に該当する旨の意見を述べるときは、その理由を示さなければならない。（民事訴訟法 223 条 3 項）[99]

(4) イン・カメラ手続

当該文書が民事訴訟法 220 条 4 号イからハまでに規定する除外事由に該当するか否かを判断するため、必要があると認めるときは、文書の所持者に対し、その文書の提示をさせることができる（民事訴訟法 223 条 3 項前段）[100]。この提示は、非公開で裁判所に対してのみ行われ、何人もその提示された文書の開示を求めることができない（民事訴訟法 223 条 3 項後段）。

4　裁判

(1) 申立却下決定

裁判所が、申立てに理由がないと判断した場合、決定で却下される。

これに対し、申立人は、裁判の告知を受けた日から 1 週間の不変期間以内に即時抗告することができる（民事訴訟法 223 条 7 項、332 条）。ただし、証拠の採否は裁判所の裁量であるため、取調べの必要がないことを理由とする場合

---

[99] 衆議院又は参議院の議員の職務上の秘密に関する文書についてはその院、内閣総理大臣その他の国務大臣の職務上の秘密に関する文書については内閣。

[100] このイン・カメラ手続は、守秘義務文書、公務支障文書、自己利用文書について、裁判所が一般的提出義務の除外事由を判断するために認められたものである。現行の民事訴訟法上、裁判所のみが証拠の取り調べをし、一定の事実の存否を判断するという制度は、他に存在しない。

には、即時抗告をすることはできないと解されている。

(2) 提出命令

　文書提出命令に理由があると認めるとき、裁判所は、決定で文書の所持者に対し、その提出を命ずる。この場合、取り調べる必要のないと認める部分又は提出義務があると認めることができない部分を除外することができる（民事訴訟法223条1項後段）。提出命令に対しては、相手方当事者又は文書の所持者とされた第三者は、裁判の告知を受けた日から1週間の不変期間以内に即時抗告することができる（民事訴訟法223条7項、332条）。

(3) 裁判の告知方法

　この裁判は、却下又は提出命令の謄本を送達する方式によって告知される。即時抗告期間の起算点を明確にするために、送達の方法によるのが一般的である。

5　命令後の手続

(1) 提出の方法

　文書の提出は、その原本、正本又は認証ある謄本でしなければならない（民事訴訟規則143条1項）。また、裁判所は、原音の提出を特に命ずることができる（民事訴訟規則143条2項）。裁判所が、文書の一部の提出を命ずるときにおいて（民事訴訟法223条1項後段）、その文書が不可分で原本を提出することができないときは、文書の一部の写しを提出することになる。

(2) 文書到着後の措置

　文書到着後、口頭弁論において提示される。法文上は、文書提出命令の申立

てを書証の申出としていることから、命令に従って裁判所に提出された文書は、一括して取調べの対象となり、当事者が選別、援用する余地はないと解するのが理論的ではある。しかし、命令に従って裁判所に提出された文書のうち、申立てをした当事者があらためて選別して書証の申出を行うのが実務の慣行となっている。

(3) 提出命令に従わない場合の効果

当事者がこの提出命令に従わない場合や相手方の使用を妨げる目的で当該文書を滅失させた場合には、裁判所は、当該文書の記載に関する相手方の主張を真実と認めることができ（民事訴訟法224条1項、2項）、さらには挙証者が証明すべき事実を他の証拠によって証明することが著しく困難であるときは、裁判所は要証事実を真実と認めることができる（同条3項）。

真実擬制が認められた例としては、特許権侵害事件が多く、被告における一定期間の各製品の販売の数量、価格、直接経費等に関する資料の提出を求める文書提出命令が発令され、被告がこれを提出しなかったので、原告が主張する利益が認められたもの（東京地判平成26年3月28日判例秘書L07130043）、販売の事実とその数量を認めたものがある（知財高判平成21年1月28日判時2045号134頁、大阪地判平成20年5月29日判例秘書L06350097）。その他では、貸金業法に基づく取引履歴開示が行われていなかった時期に、文書提出命令により求められた取引履歴の開示を拒んだ貸金業者に対し、原告の主張する取引履歴の事実を真実であると擬制し、その請求を認容した例がある（本庄簡判平成19年6月14日判タ1254号199頁）。

また、第三者が提出命令に従わない場合には、過料の制裁を科すことができるが、公刊されている資料中で、これが行われた例は見当たらない。

6　活用

文書提出命令は、制度の本来的な位置付けとしては、証拠提出の方法であって、証拠を探索することを目的とするものではない。しかし、提出義務を負い

ながら、任意に提出しない相手方又は第三者に対して裁判所が提出を命じることができる文書提出命令制度は、証拠収集のための機能を有しているといえる。

近時、医療過誤事件については、病院側から診療録や画像データなどの基本的な書証については任意に積極的に開示する実務が確立されているものの、製造物責任訴訟、公害訴訟事件をはじめとする事件においては、欠陥、因果関係といった事実の存在に係わる資料は、被害者側に存在せず、専ら事業者側に偏在しがちである。このような、事実関係について証明責任を負わない被告側が提出を欲しない資料について、提出を命じ、証拠として法廷に顕出することにより、より真実に迫ることが可能となる。

以下、過去の裁判例で肯定された主なものを掲げる。[101]

書式例21　文書提出命令申立書（東京地決平成23年10月17日判夕1366号243頁をモデルとした例）

```
基本事件　　年（ワ）第　　号　○○請求事件
原　告　　○　○　○　○
被　告　　○　○　○　○

                       文書提出命令申立書

                                            ○○年○○月○○日

○○地方裁判所第○民事部　御中

                          申立人（原告ら）訴訟代理人弁護士　　○○○○　印

　申立人（原告ら）は、次のとおり文書提出命令を申し立てる。

1　文書の表示
　　Z（生年月日：昭和22年＊月＊日生、住所：東京都葛飾区〈番地等略〉）に関して行
　われた司法解剖の鑑定書の控え及び同解剖に関して作成された書面若しくは図面の控え
```

---

[101] 各文書提出命令が申し立てられた基本事件の内容との対応関係は、山本ほか編・前掲注96）474頁以下を参照。上記の表中の番号は、同書の番号に対応している。

第3編　訴訟係属中にできる証拠収集

一切

2　文書の趣旨
　本件文書は、基本事件に関連する刑事事件に関し、捜査機関の嘱託を受けて鑑定（司法解剖）を行った医師である相手方が作成し、所有している司法解剖の鑑定書の控え及び同解剖に関して作成された書面ないし図面の控えである。

3　文書の所持者
　　○○県……
　　医療法人社団●●会□□総合病院

4　証明すべき事実
　　Ｚの死亡当時の客観的状況及び死因等の事実

5　文書提出義務の原因
　本件文書は、相手方が捜査機関からの嘱託を受けて鑑定を行い作成した文書の控えであるものの、これが提出されたとしても、およそ関係者の名誉及びプライバシーが侵害されず、又、捜査及び刑事裁判が不当な影響を受けるおそれがないことが明らかである文書であって、その公開・非公開の判断に、もはや裁量の余地はないというべきであるから、民事訴訟法220条4号ホにいう刑事事件関係書類等には該当しない。Ｚの共同相続人は、申立人らのみであることが認められること、本件文書の性質上、同文書の内容が明らかになることによってＡの名誉等が害されることも考えられないことからすると、本件文書が民事訴訟において提出されたとしても、関係者の名誉及びプライバシーが侵害されることは、想定されない。
　また、本件文書は、その性質上、医学的知見に基づいてＺの死亡当時の客観的状況を記載したものであって、このような本件文書の内容に加えて、基本事件において既にＺの診療録等が提出されており、診療経過が明らかになっていること、本件において被疑者と想定される者は明らかであり、しかも、当該刑事事件における捜査及び公判手続は、Ｚの死亡当時の客観的状況を前提としてＡの過失の有無及びその過失と結果との間の因果関係の有無を究明することになるものであることからすると、上記のような内容の本件文書が民事訴訟において提出されたとしても、具体的な罪証隠滅のおそれが生じるとは考えがたく、捜査及び刑事裁判が不当な影響を受けるおそれはないと考えられる。

6　本申立ての必要性
　基本事件においては、Ｚの死因等が争われているところ、本件文書が、Ｚの死亡当時の客観的状況及び死因等を明らかにする上で極めて重要な価値を有するものであり、証拠としての必要性が高いことは明らかである。

本件文書の提出義務を肯定し、基本事件の当事者が証拠として提出する道を開くことによって、民事の医療訴訟における実体的真実発見の要請に応える必要性がある。

7　結語

これらの事情からすれば、本件文書は、刑事事件関係書類等に該当せず、同文書の保管者として有する裁量権の範囲の逸脱・濫用にも当たるというべきである。

その他本件文書が、民事訴訟法220条4号が定める各除外文書に該当することを基礎づける事実は存在しない。

よって、相手方は、民事訴訟法220条4号により、本件文書の提出義務を負う。

以上

図表2　文書提出命令一覧[102]

番号	裁判所等	裁判日付	主な掲載誌	基本事件名等	申立人	所持者	主な対象文書	肯定範囲	主な理由	備考
1	高松高決	S50.7.17	行裁集26-7・8-893	原子炉設置許可取消	原告(住民)	被告(国)	許可申請者(電力会社)が提出した調査資料等	一部	法律関係文書に該当する	
2	大阪高決	S53.3.6	高民集31-1-38	発電所操業差止め	原告(住民)	被告(電力会社)	二酸化硫黄の測定記録等を記録した磁気テープ	全部	法律関係文書に該当する	
4	大阪高決	S56.10.14	下民集32-9〜12-1599	証拠保全(医療過誤)	(患者)	(病院)	診療録	差戻し	保存義務のある文書の存在についての審理不尽	
6	東京高決	H8.3.26	判時1566-37	国家賠償(在監中の暴行)	原告(元在監者)	被告(国)	診療録等	差戻し	法律関係文書に該当する	
8	東京高決	H9.5.20	判時1601-143	特許権侵害	原告	被告	貸借対照表、損益計算書	一部	特許法105条に該当する	

102）過払金請求における取引履歴開示は省略。基本事件の内容が確認できた内容に限定。
　本表は山本ほか編・前掲注96）474〜617頁を参考として筆者作成。なお、表中の番号は同書の番号に対応。

第3編　訴訟係属中にできる証拠収集

番号	裁判所等	裁判日付	主な掲載誌	基本事件名等	申立人	所持者	主な対象文書	肯定範囲	主な理由	備考
なし	東京地決	H9.7.22	判時1627-141	特許権侵害	原告	被告			特許法105条に該当する	基本事件は8番と同一※訴訟指揮による閲覧方法を定めた判断
9	東京高決	H10.7.7	高民集51-2-25	国家賠償	原告	被告（市）	市議会が設置した特別委員会の会議要録	一部	法律関係文書に該当する	
11	東京地決	H10.7.31	判時1658-178	特許権侵害	原告	被告			特許法105条に該当する	基本事件は8番と同一※訴訟指揮による閲覧方法を定めた判断
13	東京高決	H10.10.5	判タ988-288	不当利得等（変額保険）	原告	被告（銀行）	貸出稟議書	全部	法律関係文書に該当する	
14	東京高決	H10.11.24	金商1058-3	損害賠償	原告	被告（銀行）	貸出稟議書	全部	自己利用文書に該当しない	
15	大阪高決	H11.2.26	金商1065-3	不当利得等（変額保険）	原告	被告（銀行）	貸出稟議書	全部	自己利用文書に該当しない	
16	京都地決	H11.3.1	労判760-30	賃金差別	原告	被告	賃金台帳	全部	秘密文書・自己利用文書に該当しない	
17	東京高決	H11.6.9	判タ1016-236	国家賠償（教科書検定）	原告	被告（国）	検定意見答申書等	一部	自己利用文書に該当しない	
18	札幌地決	H11.6.10	金商1071-3	債務不存在確認	原告	被告（銀行）	貸出稟議書	全部	自己利用文書に該当しない	

第 7 章　文書提出命令

番号	裁判所等	裁判日付	主な掲載誌	基本事件名等	申立人	所持者	主な対象文書	肯定範囲	主な理由	備考
22	大阪地決	H11.7.23	金商1117-18	損害賠償（有価証券報告書虚偽記載）	原告	被告（監査法人）	監査調書	一部	秘密文書に該当しない	
28	大阪高決	H12.1.17	判時1715-39	損害賠償（有価証券報告書虚偽記載）	原告	被告（監査法人）	監査調書	一部	秘密文書に該当しない	22番と同一
30	最決	H12.3.10	民集54-3-1073	損害賠償	原告	被告	機器の回路図及び信号流れ図	差戻し	秘密文書該当性についての審理不尽	
なし	大阪地決	H12.3.28	判時1726-137	保証債務履行請求	被告	原告	貸出稟議書	一部	自己利用文書に該当しない	40番と同一
31	大阪高決	H12.9.20	家月53-7-134	相続人廃除	原告（遺言執行者）	第三者（病院）	診療録等	差戻し	旧家事審判法7条・非訟手続法10条により、民事訴訟法220条、221条は準用される。	
35	神戸地決	H13.1.10	判タ1087-262	損害賠償（安全配慮義務違反）	原告	第三者（労働基準監督署長）	関係者聴取書及び労働基準局地方労災医員作成の意見書	全部	利益文書に該当する	
36	最決	H13.2.22	集民201-135	損害賠償（有価証券報告書虚偽記載）	原告	被告（監査法人）	監査調書	一部	秘密文書に該当しない	22番と同一
なし	大阪高決	H13.2.25	金商1141-32	保証債務履行請求	被告	原告	貸出稟議書	一部	自己利用文書に該当しない	40番と同一
40	最決	H13.12.7	民集55-7-1411	保証債務履行請求	被告	原告	貸出稟議書	一部	自己利用文書に該当しない	

第3編　訴訟係属中にできる証拠収集

番号	裁判所等	裁判日付	主な掲載誌	基本事件名等	申立人	所持者	主な対象文書	肯定範囲	主な理由	備考
42	神戸地決	H14.6.6	労判32-24	損害賠償（安全配慮義務違反）	原告	第三者（労働基準監督署長）	関係者聴取書及び労働基準局地方労災医員作成の意見書	全部	公務秘密文書に該当しない	
44	福岡高決	H15.4.25	判時1855-114	産業廃棄物処理施設使用差止め等	原告	被告	燃焼に関するデータを記録した文書	一部	秘密文書・自己利用文書に該当しない	
48	大阪高決	H15.6.26	労判861-49	人事移動命令無効確認	原告	被告	売上集計表	全部	引用文書に該当し、秘密分ションに該当しない	
49	東京高決	H15.7.15	判時1842-57	損害賠償（医療過誤）	原告	被告（病院）	調査報告書	一部	自己利用文書に該当しない	
50	東京高決	H15.8.15	判時1843-74	損害賠償（保険金詐取）	被告	第三者（検察庁）	刑事事件の捜査の過程で作成された供述調書の一部	全部	法律関係文書に該当し、刑訴法47条の制約を受けない	
51	東京地決	H15.9.12	判時1845-101	清掃工場の建設及び操業行為の差止め	原告	被告（事務組合）	清掃工場に係る一般廃棄物焼却施設設置届出書の添付書類及び図面の写し	全部	法律関係文書に該当し、秘密文書に該当しない	
54	神戸地決	H16.1.14	労判868-5	差額賃金の支払	原告	被告	所得の金額の計算に関する明細書、退職給与引当金の損金算入に関する明細書、及び役員報酬手当及び人件費の内訳書	全部	自己利用文書に該当しない	大阪高裁H16.4.9（判例集未登載）は原決定を維持した（57番本表では掲載省略）

248

第 7 章　文書提出命令

番号	裁判所等	裁判日付	主な掲載誌	基本事件名等	申立人	所持者	主な対象文書	肯定範囲	主な理由	備考
なし	金沢地決	H16.3.10	労判903-14	損害賠償	原告	労働基準監督署長（第三者）	災害調査復命書	全部	利益文書に該当する	74番と同一
58	東京高決	H16.5.6	判時1891-56	法人税更正処分取消	原告	第三者（国税不服審判所）	土地売買取引に係る関係者の答述を記載した書面	全部	公務秘密文書に該当しない	被告は本所税務署長
60	東京高決	H16.8.16	判時1882-25	国家賠償	原告	検察庁	犯行の再実施状況報告書等	一部	法律関係文書に該当し、刑訴法47条の制約を受けない	
61	東京地決	H16.9.16	判時1876-65	損害賠償（医療過誤）	原告・被告	消防署長（第三者）	救急活動記録票	全部	公務秘密文書にも秘密文書にも該当しない	
62	大阪地決	H16.10.13	判時1896-127	損害賠償・国家賠償	原告	日本銀行（第三者）	日本銀行の所見通知	一部	秘密文書に該当しない	
	大阪地決	H16.10.14	判時1896-128	損害賠償・国家賠償	原告	近畿財務局	検査に関する示達書	一部	公務秘密文書にも秘密文書にも該当しない	但し、大阪高決H17.1.18判時1921-71で、範囲不特定であるとして差戻し
	大阪地決	H16.10.15	判時1896-129	損害賠償・国家賠償	原告	被告（信用金庫）	日本銀行の所見通知	一部	秘密文書に該当しない	
63	大阪地決	H16.11.12	労判887-70	損害賠償等（違法な男女差別賃金）	原告	被告	賃金台帳、労働者名簿、資格歴等	一部	秘密文書にも自己利用文書にも該当しない	

249

第3編　訴訟係属中にできる証拠収集

番号	裁判所等	裁判日付	主な掲載誌	基本事件名等	申立人	所持者	主な対象文書	肯定範囲	主な理由	備考
64	最決	H16.11.26	民集58-8-2393	損害賠償請求	原告	被告	保険管理人によって設置された弁護士及び公認会計士を委員とする調査委員会が作成した調査報告書	全部	秘密文書にも自己利用文書にも該当しない	
65	大阪高決	H16.12.27	判時1921-27	損害賠償・国家賠償	原告	日本銀行（第三者）	日本銀行の所見通知	一部	秘密文書に該当しない	62番の1つ目と同一
67	東京地決	H17.4.8	判タ1180-331	債務不存在確認	原告	被告（リース会社）	リース営業管理規定、Yらがリース対象物件の開発者等について調査した際の信用調査会社の調査報告書等	一部	自己利用文書に該当しない	
68	大阪高決	H17.4.12	労判894-14	損害賠償等（違法な男女差別賃金）	原告	被告	賃金台帳、労働者名簿、資格歴等	一部	秘密文書にも自己利用文書にも該当しない	63番と同一
なし	横浜地決	H17.7.6	金商1237-35	貸金返還等（変額保険に関する融資）	被告（顧客）	原告（銀行）	原告内部のの通達	全部	理由不明	79番と同一
70	最決	H17.7.22	民集59-6-1837	国家賠償	原告	検察庁	捜索差押許可状	一部	法律関係文書に該当し、刑訴法47条の制約を受けない	
72	広島地決	H17.7.25	労判901-14	損害賠償	原告	労働基準監督署長（第三者）	災害調査復命書	一部	公務秘密文書に該当しない	

第 7 章　文書提出命令

番号	裁判所等	裁判日付	主な掲載誌	基本事件名等	申立人	所持者	主な対象文書	肯定範囲	主な理由	備考
なし	東京高決	H17.9.30	金商1237-33	貸金返還等（変額保険に関する融資）	被告（顧客）	原告（銀行）	原告内部のの通達	全部	自己利用文書に該当しない	79番と同一
74	最決	H17.10.14	民集59-8-2265	損害賠償（労災）	原告	労働基準監督署長（第三者）	災害調査復命書	差戻し	公務秘密文書に該当しない	却下した原審を破棄差戻し
75	さいたま地決	H17.10.21	労判915-114	損害賠償等（違法な男女差別賃金）	原告	被告	賃金台帳	一部	法律関係文書に該当する	
77	東京高決	H17.12.28	労判915-107	損害賠償等（違法な男女差別賃金）	原告	被告	賃金台帳	一部	秘密文書に該当しない	
78	宇都宮地決	H18.1.31	金商1241-11	損害賠償（旧証取法上の虚偽記載等）	原告	被告	勘定科目内訳書及び法人税申告書（控）	一部	秘密文書にも自己利用文書にも該当しない	
79	最決	H18.2.17	民集60-2-496	貸金返還等（変額保険に関する融資）	被告（顧客）	原告（銀行）	原告内部のの通達	全部	自己利用文書に該当しない	
80	東京高決	H18.3.29	金商1241-2	損害賠償（旧証取法上の虚偽記載等）	原告	被告	勘定科目内訳書及び法人税申告書（控）	一部	秘密文書にも自己利用文書にも該当しない	

第3編　訴訟係属中にできる証拠収集

番号	裁判所等	裁判日付	主な掲載誌	基本事件名等	申立人	所持者	主な対象文書	肯定範囲	主な理由	備考
81	東京高決	H18.3.30	判タ1254-312	法務大臣による出入国管理及び難民認定法49条1項の異議の申出が理由がない旨の裁決及び東京入国管理局主任審査官による退去強制令書の発付処分の各取消し	原告	法務大臣	法務省が外務省を通じて外国公機関に照会を行った際に同省に交付した依頼文書の控え	一部	公務秘密文書に該当しない	
82	福岡地決	H18.6.30	判時1960-102	求償（保険代位）	被告	原告	調査会社の作成した事故調査報告書	一部	自己利用文書に該当しない	
83	宇都宮地決	H18.7.4	金法1784-41	損害賠償（有価証券報告書虚偽記載）	原告	被告	銀行が繰延税金資産を算出するについて作成する一時差異等解消計画の基礎資料	一部	自己利用文書にも秘密文書にも該当しない	
なし	東京地決	H18.8.18	金商1282-65	損害賠償	原告	被告	融資先の経営状況の把握、同社に対する貸出金の管理及び同社の債務者区分の決定等を行う目的で作成・保管していた自己査定資料一式	全部	自己利用文書にも秘密文書にも該当しない	92番と同一

第 7 章　文書提出命令

番号	裁判所等	裁判日付	主な掲載誌	基本事件名等	申立人	所持者	主な対象文書	肯定範囲	主な理由	備考
なし	東京地決	H18.9.1	金商1250-14	株主代表訴訟（独禁法違反の課徴金相当額の損害賠償）	原告（株主）	国（第三者）	独占禁止法違反事件の調査過程で得られた供述人の供述調書	一部	公務秘密文書に該当しない	86番と同一
なし	名古屋地決	H18.12.19	金商1288-71	遺留分減殺	原告	銀行（第三者）	取引履歴が記載された明細表	全部	秘密文書に該当しない	93番と同一
86	東京高決	H19.2.16	金商1303-58	株主代表訴訟（独禁法違反の課徴金相当額の損害賠償）	原告（株主）	国（第三者）	独占禁止法違反事件の調査過程で得られた供述人の供述調書	一部	公務秘密文書に該当しない	
89	最決	H19.8.23	集民225-345	損害賠償（競業避止義務違反）	原告	被告が代表を務める法人	介護サービス事業者が介護給付費等の請求のために審査支払機関に伝送する情報	一部	自己利用文書にも秘密文書にも該当しない	
91	横浜地決	H19.9.21	判タ1278-306	国家賠償・損害賠償	原告	被告（国）	元海上自衛隊員の自殺事件の原因究明・再発防止を目的として作成された文書、人事管理や訓育のために作成された文書など、海上自衛隊内で作成された文書	一部	公務秘密文書に該当しない	

第3編　訴訟係属中にできる証拠収集

番号	裁判所等	裁判日付	主な掲載誌	基本事件名等	申立人	所持者	主な対象文書	肯定範囲	主な理由	備考
92	最決	H19.11.30	民集61-8-3186	損害賠償	原告	被告	銀行が法令により義務付けられた資産査定の前提として債務者区分を行うために作成し、保存している自己査定資料	差戻し	自己利用文書に該当しない	原審（高裁）は全部却下
93	最決	H19.12.11	民集61-9-3364	遺留分減殺	原告	銀行（第三者）	取引履歴が記載された明細表	差戻し	秘密文書に該当しない	原審（高裁）は全部却下
94	最決	H19.12.12	民集61-9-3400	国家賠償	原告	被告	被疑者の勾留請求の資料とされた告訴状及び被害者の供述調書	一部	法律関係文書に該当し、刑訴法47条の制約を受けない	
なし	東京高決	H20.4.2	金商1295-58	損害賠償	原告	被告	銀行が法令により義務付けられた資産査定の前提として債務者区分を行うために作成し、保存している自己査定資料	一部	秘密文書に該当しない	92番と同一
95	名古屋地決	H20.11.17	判時2054-108	損害賠償	原告	警察署長（第三者）	死体検案書の写し、供述録取書及び写真撮影報告書	一部	公務秘密文書にも刑事関係文書にも該当しない	
96	最決	H20.11.25	民集62-10-2507	損害賠償	原告	被告	銀行が法令により義務付けられた資産査定の前提として債務者区分を行うために作成し、保存している自己査定資料	一部	秘密文書に該当しない	92番と同一

第 7 章　文書提出命令

番号	裁判所等	裁判日付	主な掲載誌	基本事件名等	申立人	所持者	主な対象文書	肯定範囲	主な理由	備考
99	名古屋地決	H21.9.8	判時2085-119	国家賠償	原告	被告（国）	勾留請求書において「被疑事実の要旨」として引用されている「司法警察員送致書記載の犯罪事実」が明らかになる司法警察員送致書の当該記載部分（青少年の氏名等個人が特定できる記載を除く）	一部	法律関係文書に該当し、刑訴法47条の制約を受けない	
101	東京地決	H22.5.6	金商1344-30	損害賠償（金商法）	原告	国（第三者）	証券取引等監視委員会が、課徴金調査の結果をまとめた検査報告書	一部	公務秘密文書に該当するが、公務の遂行に著しい支障を生ずるおそれがあるとはいえない	
102	東京地決	H22.5.11	判時2080-44	賃料増額等	原告	不動産鑑定士（第三者）	新規賃貸事例に関する、賃貸借物件詳細	一部	秘密文書に該当しない	104番と同一
103	東京地決	H22.5.13	判タ1358-241	損害賠償（医療過誤）	原告	医師（第三者）	司法解剖の鑑定書の控え等	全部	刑事事件関係書類等に該当しない	
104	東京高決	H22.7.22	判時2106-37	賃料増額等	原告	不動産鑑定士（第三者）	新規賃貸事例に関する、賃貸借物件詳細	一部	秘密文書に該当しない	
105	さいたま地決	H22.8.10	民集65-3-1300	損害賠償等	被告	原告	タイムカード	全部	利益文書に該当する	116番と同一
116	最決	H23.4.13	民集65-3-1290	時間外勤務手当	原告	被告	タイムカード	差戻し	審理不尽（文書の存在）	原審（高裁）は全部却下

255

第3編　訴訟係属中にできる証拠収集

番号	裁判所等	裁判日付	主な掲載誌	基本事件名等	申立人	所持者	主な対象文書	肯定範囲	主な理由	備考
122	東京地決	H23.10.17	判タ1366-243	損害賠償（医療過誤）	原告	医師（第三者）	司法解剖の鑑定書の控え等	全部	刑事事件関係書類等に該当しない	
125	名古屋地決	H23.12.27	裁判所ウェブサイト	国家賠償	原告	被告（国）	令状請求簿	全部	法律関係文書に該当し、刑訴法47条の制約を受けない	
126	仙台地決	H24.2.3	裁判所ウェブサイト	国家賠償等	原告	被告（国）	被害者の供述調書並びに申立人の弁解録取書及び供述調書	一部	法律関係文書に該当し、刑訴法48条の制約を受けない	
129	名古屋地決	H24.2.27	裁判所ウェブサイト	国家賠償	原告	被告（国）	捜査報告書、被疑者の勤務先への事情聴取についての電話通信書、勤務先関係の書類の謄本が添付された捜査報告書	全部	法律関係文書に該当し、刑訴法47条の制約を受けない	
132	東京高決	H24.4.17	金商1395-40	株主代表訴訟	原告	会社	内部会議資料、出金伝票、請求書、稟議書等	一部	自己利用文書にも秘密文書にも該当しない	
137	大阪地決	H24.6.15	判時2173-58	株主代表訴訟（独禁法違反の課徴金相当額の損害賠償）	原告（株主）	国（第三者）	独占禁止法違反事件の調査過程で得られた供述人の供述調書	一部	公務秘密文書に該当しない	
138	福井地決	H24.9.4	金法1992-97	預金払戻請求（債権者代位訴訟）	原告	被告（銀行・貸金会社）	債務者名義の預金口座の取引履歴・預金通帳	一部	自己利用文書に該当しない	

第 7 章　文書提出命令

番号	裁判所等	裁判日付	主な掲載誌	基本事件名等	申立人	所持者	主な対象文書	肯定範囲	主な理由	備考
なし	東京高決	H24.11.16	労判1102-9	損害賠償等	原告	被告	調査報告書の一部、調査委員会の議事録	一部	自己利用文書にも秘密文書にも該当しない	145番と同一
139	奈良地決	H25.1.31	判時2191-123	損害賠償（労災）	原告	被告	従業員の健康診断記録等	一部	4号の除外事由のいずれにも該当せず、必要性も認められる。	
141	名古屋高決	H25.5.27	裁判所ウェブサイト	債務不存在確認	原告	病院（第三者）	診療録	一部	秘密文書に該当しない	
142	大阪高決	H25.6.19	労判1077-5	損害賠償（労災）	原告	被告	従業員の健康診断記録等	一部	4号の除外事由のいずれにも該当せず、必要性も認められる。	
143	大阪高決	H25.7.18	判時2224-52	損害賠償	原告	被告	タイムカード	全部	自己負罪拒否特権の事由は正当な拒否理由ではなく、秘密文書にも該当しない	
144	大阪高決	H25.10.4	判時2215-97	損害賠償	被告	労働基準監督署長（第三者）	遺族（原告等）が作成し、労働基準監督署長に提出した陳述書等	一部	公務秘密文書に該当しない	
145	最決	H25.12.19	民集67-9-1938	損害賠償（パワハラ）	原告	被告	調査報告書の一部、調査委員会の議事録	一部	自己利用文書にも秘密文書にも該当しない	
150	横浜地決	H26.5.30	判時2252-48	損害賠償（証券被害）	原告	被告	業務改善命令に対する改善報告書を作成する前提となった被告従業員作成の調査票等	全部	自己利用文書に該当しない	153番と同一

257

第3編　訴訟係属中にできる証拠収集

番号	裁判所等	裁判日付	主な掲載誌	基本事件名等	申立人	所持者	主な対象文書	肯定範囲	主な理由	備考
153	東京高決	H26.8.8	判時2252-46	損害賠償（証券被害）	原告	被告	業務改善命令に対する改善報告書を作成する前提となった被告従業員作成の調査票等	全部	自己利用文書に該当しない	
154	最決	H26.10.29	集民248-15	不当利得等（政務調査費）	原告	被告（県議会議員）	政務調査費の支出に係る1万円以下の支出に係る領収書その他の証拠書類及び会計帳簿	全部	自己利用文書に該当しない	
155	東京地決	H27.7.27	判時2280-120	営業秘密の使用差止め及び損害賠償等	原告	被告	方向性電磁鋼板を製造する方法に関する文書、営業秘密の漏洩を行った者の供述書等	全部（一部取下げ）	秘密文書に該当せず、取調の必要性がある。	
なし	知財高決	H28.8.8	裁判所ウェブサイト	著作権に基づく収益金配分	原告	被告	チャットワークといわれるコミュニケーションツール上でなされた相手方内部の情報共有の内容を記載したログ	全部	自己利用文書に該当しない	追加分
なし	大阪高決	H28.11.24	判タ1434-80	立替金支払	被告	原告（銀行）信販会社	信販会社が加盟店と締結した基本契約書、加盟店基本契約書、付帯契約書兼誓約書、付帯契約書等	一部	自己利用文書に該当しない	追加分

第4編

判決を得た段階(確定前と確定後)にできる証拠収集——執行を見据えて

第4編　判決を得た段階（確定前と確定後）にできる証拠収集

第1章　強制執行準備

1　23条照会による預金口座の照会

　金融機関が23条照会に応じるための条件として名義人の「承諾書」を要求することがほとんどであることは、第1編第1章においてすでに述べた。
　しかし、昨今「債務名義」がある場合に限って、照会に応じる金融機関が増えた。

(1)　「債務名義」があっても……

　従前は、債務名義があっても回答拒否事例が横行していた。
　そこで、執行の場面で特定の緩和（具体的には預金債権差押の際に差押債権を「全店一括順位付け方式」で記載）という試みが行われたが（東京高判平成23年3月30日金法1922号92頁[1]）、結局、最判平成23年9月20日民集65巻6号2710頁[2]が当該方法では原則として差押債権の特定がないと判断したことで、回答拒否があった場合における債権執行の実効性は確保されなかったという経緯がある。

---

1) 債権差押命令申立却下決定に対する執行抗告事件。当該判決では、23条照会を行って探知しようとしたのに対し第三債務者（金融機関）の方で名義人の同意がないことを理由に回答しなかった場合（検索の困難性を理由としての拒否ではない）まで、支店の特定を求めるべきでないとして、取扱店舗を特定しないで行った預金債権差押命令申立は適法とした。
2) 大規模な金融機関のすべての店舗、又は貯金事務センターを対象として順位付けをする方式による預金債権差押命令の申立は、差押債権の特定を欠くとして不適法と判断した（上記東京高裁判断に対する許可抗告事件ではない）。

(2)「債務名義」の実効性確保

(A)「全店」照会へ

そして、かような執行の場面の葛藤を経て、近年、債務名義（民事執行法22条。ただし、同条5号（執行認諾公正証書）については除かれることが多い）のある場合には、各金融機関の支店が照会に応じる傾向が強まり、かつ、（本店ないしは担当部署に対する）1件の照会申出によって当該金融機関の全店に対する照会（以下、便宜上「全店照会」と称す）が可能となる傾向がみられるようになったのである。

この全店照会は、平成26年7月に大阪弁護士会と三井住友銀行の運用を皮切りに、東京弁護士会では、現在（平成31年2月現在）、三井住友銀行・みずほ銀行及びみずほ信託銀行・三菱UFJ銀行、ゆうちょ銀行の5行に対し可能となった。

(B)「全店照会」により得られる回答事項

「全店照会」における回答事項は、各金融機関において個々に定めているようであるが、原則的に、①預金口座の有無、②口座がある場合の本店支店名、口座科目、科目ごとの預金残高（基本的に回答日のもの）について回答するとされ、取引履歴までは回答しないとのことである。

各金融機関により書式や添付資料、手数料の有無が異なっているため、申立の際には、最新の申立様式を所属弁護士会の23条照会の担当課（東京弁護士会の場合は「会員課照会請求担当」）に確認する必要がある。[3][4]

---

3) 三井住友銀行本店総務部法務室宛に全店照会する場合には、照会申出書及び照会事項書に加えて、三井住友銀行所定の書式を要する。事前に弁護士会から書式を準備（取得）する必要があることに注意。

4) みずほ銀行、みずほ信託銀行においても、本店・支店宛の口座照会には照会申出書及び照会事項書に加えて、みずほ銀行／みずほ信託銀行所定の「弁護士法23条の2に基づく照会に関する補充書（みずほ銀行所定）」を用いることが要求されているので、事前に同書面を準備する必要がある。

第4編　判決を得た段階（確定前と確定後）にできる証拠収集

(C) ゆうちょ銀行の取扱い

ゆうちょ銀行は、従前は管轄地域の貯金事務センター（平成16年以降現在は、11か所のセンターと1か所の貯金事務管理部の計12か所）宛の個別の照会を実施すれば当該管轄地域内の支店については報告を得られる状態であったが、今般、「所属弁護士会の最寄りの貯金事務センター宛てに照会申出を行う」ことにより、「全店照会」に応じるようになった。

ゆうちょ銀行においては、必要性の疎明などがなされれば、預金残高だけではなく、取引履歴についても照会が可能である（ただし、解約済貯金の調査可能期間は通帳・証書の盗難・紛失された貯金等を除き、調査基準日／照会書受入日から過去7年までとなっているようである）。

さらに、ゆうちょ銀行への「全店照会」においては、債務名義の種類を問わない、つまり「執行調書」（民事執行法22条5号）でも「仮執行宣言付支払督促」（同条4号）でも可能とのことである。

第2章　財産開示手続

1　財産開示手続とは

　財産開示手続（民事執行法197条）は、一定の債務名義等を有する債権者が債務者財産に関する情報を取得するため、債務者に対し、その有する財産の開示を求めるという制度である。

　金銭債権の請求において勝訴判決等を得て債務名義を取得しても、債務者から任意の履行が得られない場合、強制執行を行うことになる。

　この金銭債権の強制執行は、場所の特定で足りる動産執行の場合を除き、債務者の有する特定の財産に対してしなければならないことから、債務者が具体的にどのような財産を有しているかを把握できている必要がある。

　しかしながら、債務者の財産を把握することは必ずしも容易ではなく、私人、私企業である債権者が取引先情報などを収集するにも限界があり、こういった財産情報を十分に取得できていなければ、強制執行申立てをしても空振りに終わる結果となり、十分な権利の実現が図れないこととなる。

　このようなことから、権利実現の実効性を高めるべく、平成15年の民事執行法改正において設けられたのが財産開示手続の制度である。

2　財産開示手続の要件（民事執行法197条1項・2項）

　財産開示手続申立て及び実施決定の要件は次のようなものである。

第4編　判決を得た段階(確定前と確定後)にできる証拠収集

(1) 申立権者

次の債権者が申立てをすることができる。
① 執行力のある債務名義の正本を有する金銭債権の債権者(ただし、仮執行宣言付判決、支払督促及び執行証書を除く)(民事執行法197条1項)
② 債務者の財産について一般の先取特権を有することを証する文書を提出した債権者(民事執行法197条2項)

(2) 実施決定

(A) 実施決定の要件

裁判所は、①強制執行又は担保権の実行における配当等の手続(申立ての日より6月以上前に終了したものを除く)において、完全な弁済を得ることができなかったとき(民事執行法197条1項、2項ともに1号で、1号要件と呼ばれる)、又は、②知れている財産に強制執行(担保権の実行)を実施しても、当該金銭債権の完全な弁済を得られないことの疎明があったとき(民事執行法197条1項、2項ともに2号で、2号要件と呼ばれる)には、実施決定をしなければならない。

(B) 1号要件に該当する場合

1号要件は配当等の手続において完全な弁済を得ることができなかった場合であるが、この強制執行の不奏功の場合につき、「配当等」に含まれるのは何かが問題となる。

これについて、実務上、東京地裁や大阪地裁をはじめとする多くの裁判所では、強制執行又は担保権実行を行い配当又は弁済金交付を受けたが、それが当該金銭債権の一部にとどまった場合のみが1号要件に該当するとの扱いをしている(限定説)。

この限定説の考え方によると、債権執行において転付命令を受けた場合、取

---

5) 申立人自身が申立てをしたものに限られないが、実際に配当等の手続に参加したことが必要である。

立てを行ったものの当該金銭債権の一部の回収にとどまった場合、銀行預金を差し押さえたものの債務者名義の預金口座が存在しない、あるいは存在しても残高が0円であるなどのため回収ができなかった場合（いわゆる「空振り」）、預金残高が少額のため執行申立ての取下げをした場合、動産執行において執行不能となった場合、不動産執行において売却困難や無剰余を理由とする取消しがなされた場合などは、2号要件に該当することになる。[6]

(C) 執行開始要件の具備が必要であること

また、執行力のある債務名義の正本に基づき申立てをする場合、当該債務名義につき執行開始要件が備わっていないとき（たとえば、確定期限が未到来の場合など）は、手続を実施することができない（民事執行法197条1項柱書ただし書）。

(3) 疎明の程度、方法

この1、2号各要件の疎明の程度であるが、1号は、配当等の手続結果より客観的に明らかにすることが可能である。具体的には、配当表の謄本などを疎明資料として提出することが考えられる。

他方、2号についてはどの程度の疎明を要するか問題となる。これについては、申立人が債権者として通常可能な程度の調査、たとえば、動産、給与等の仮差押えの際に求められるのと同程度の疎明で足りるのではないかと考えられる。

具体的にいうと、不動産であれば、居住地や法人の所在地等に不動産を有していないことを疎明資料として提出（当該地の不動産登記事項証明書など）するなどの方法によることになる。[7][8]

---

[6] 限定説に対し、1号要件の「配当等」を配当又は弁済金交付に限定しない考え方は非限定説といわれ、この立場をとる有力な学説もある。非限定説では、債権執行によって取立てをしたものの当該金銭債権の一部の回収にとどまった場合や動産執行が執行不能となった場合、不動産執行が無剰余等により取り消された場合、債権差押えにおいて差押金額が少額のため取り下げをした場合なども1号要件に該当するとしている。（小柳茂秀『財産開示の実務と理論』（日本加除出版、2013）72頁）。

また、債権であれば、申立人が債務者の有している債権（売掛金や給与債権であれば、勤務先など）を知っていれば、その内容を聴取して報告書を作成する。債権については、申立人は、売掛先（債務者が事業者で取引関係がある場合など、売掛先を知っていることがある）や勤務先などを知っていても、その額までは知らない場合が多く、また詳細な調査も困難と思われるが、代理人としては、その知っている範囲のことを聴き取り、それが執行可能か、どの程度の回収が可能かを検討して報告すればよいと思われる。

動産については、申立人においても債務者の動産を把握することは困難と思われるが、代理人において、申立人から知っている内容を聴取（債務者が事業者で申立人と取引関係があれば、債務者の在庫商品の存在を知っている場合もある）してその結果を報告書とすることになろう（聴取の結果、不明ということであれば「調査手段がなく不明である。」という結論になると思われる）。

（4）管轄

債務者の普通裁判籍の所在地を管轄する地方裁判所（民事執行法196条）の管轄となる。なお、公示送達の規定の適用はない（開示義務者の出頭による財産の開示が前提となっているため）。

（5）再申立ての制限（3項）

申立ての日から3年以内に財産開示期日において陳述をしたときは、実施決定をすることができない。この点、申立人において債務者が過去3年以内にそのような陳述をしたかどうかを調査することは困難である。そのため、申立人においては、これについての具体的な立証は要しないとされている。

---

7) このほか、不動産は所有しているが無剰余あるいは強制執行等を行ったとしても完済を得られないなどの事情がある場合には、不動産登記事項証明書、固定資産評価証明書、不動産取引業者の査定書などを提出することが考えられる。
8) 不動産登記事項証明と住所地の地番表記が異なる場合がある。その場合、通常では、ブルーマップの写しや公図などをあわせて疎明資料とし、両者が同一の場所であることを疎明している。

また、①債務者が当該財産開示期日において一部の財産を開示しなかったとき、②債務者が当該財産開示期日の後に新たに財産を取得したとき、③当該財産開示期日後に債務者と使用者の雇用関係が終了したときはこの限りではない。

3 申立てに要する費用等

手数料（収入印紙）2000円、予納郵券6000円（500円×8枚・100円×10枚・82円×5枚・50円×5枚・20円×10枚・10円×10枚・2円×10枚・1円×20枚、東京地方裁判所の例）[9]となっている。

4 開始決定後の進行

(1) 期日の指定及び財産目録の提出

実施決定が確定すると、執行裁判所は期日を定めて申立人及び開示義務者を呼び出す（民事執行法198条1項・2項）。通常は申立てから約1か月半から2か月後が指定される。

そして、期限を定め開示義務者に財産目録の提出を求める（民事執行規則183条）。これについては、財産目録の書式が裁判所に用意されている。提出された財産目録は、申立人において事前閲覧が可能である。

(2) 期日の進行

開示義務者は宣誓のうえ、期日時点における財産を開示しなければならない（民事執行法199条7項、民事訴訟法201条1項）。そして、開示義務者は、前述の財産目録の内容を陳述することになる。

---

9) 予納郵券額は裁判所によって異なることがあるので、申立て前に確認をしたほうがよい。

(3) 質問権（民事執行法199条3項・4項）

（A）執行裁判所の許可

執行裁判所及び申立人は開示義務者に対して発問できる。ただし、申立人がこの質問権を行使するためには、執行裁判所の許可を要する。

（B）質問が可能な事項

申立人にとっては、この質問権行使が開示義務者から詳しく財産内容を聞きだす機会となるが、執行裁判所の許可を得た場合に限られるのと、質問内容が「債務者の財産の状況を明らかにするため」（民事執行法199条4項）のものに限られることに注意する必要がある。すなわち、財産開示手続が開示義務者の過去の詐害行為の探索を目的とする制度ではないことから、債務者が陳述すべき財産（原則として積極財産）と関連しない質問や、一般的探索的な質問をすることはできない[10]。

（C）質問の内容（どのような形での質問ができるか）

質問の内容であるが、たとえば、預金債権について質問する場合、給与の振込先や光熱費等の引落口座を質問することで、新たな口座が判明することも考えられる。また、法人や事業者が開示義務者である場合、事業内容の確認から売掛金や在庫に関する情報を聞き出せる場合もあるようである[11]。

質問権については、過去の財産関係について質問しうるかという点は問題である。現在の財産状況を明らかにするのが財産開示手続の趣旨であるから、単純に過去の財産処分を聞くことはできないとしても、現在の財産状況と関連するような質問であれば許されると考えられている。たとえば、過去のある時点において不動産が売却されていた場合、その対価が開示義務者の手元に入って保有され、現在もあるはずである、という観点から質問することは意味があると考えられる[12]。

---

[10] 合理的な根拠のある探索的質問は許容されるべきとする見解もある（小栁・前掲注6）59頁）。
[11] 小栁・前掲注6）59頁。
[12] 谷口園恵・筒井健夫編著『改正担保・執行法の実務』（商事法務、2004）145頁。

(D) 事前の質問事項書の提出

　質問権の行使については、裁判所から期日前に質問事項書の提出を求められることもある。その趣旨は、事前に質問事項を確認することで、期日における円滑に手続を進行させることや申立人から不適切な質問が出ないかを確認するということもある。円滑な期日の進行に協力すべきという観点からは、質問事項書は提出すべきであろう。

　なお、期日前に申立人の提出した質問事項書を開示義務者に送付する裁判所があることに注意を要する。裁判所としては、期日を円滑に進行させるため事前に応答内容を準備させることを考えているようであるが、開示義務者に周到に準備をされ当日質問をうまくかわされたり、期日前に資産隠しをされたりすることにもつながりかねない。そのような対応の危険のある開示義務者の場合、裁判所に送付をさせないよう事前に交渉する方法も考えてよいであろう。[13]

(E) 期日における質問の方法

　期日における質問の方法等であるが、実務的には、期日において、開示義務者が宣誓の後、裁判官が提出された財産目録をもとに質問し、申立人（代理人）に質問をするかどうかを促して、申立人（代理人）が質問を行っているようである。裁判官が事前提出された質問事項書記載の質問を行う場合もあるとのことである。

(4) 開示義務者のプライバシー保護

　財産開示期日は非公開（民事執行法199条6項）であり、記録閲覧も申立人その他一定の範囲の者に制限されている（民事執行法201条）。また、申立人や記録閲覧者は、手続によって得られた債務者の財産又は債務に関する情報をその本旨に従って行使する目的以外の目的で使用することを禁止されている（民事執行法202条）。

---

13) 小柳・前掲注6) 57頁。

(5) 不出頭の場合

期日を続行して開示義務者の出頭を待つか、続行しても出頭が見込めない場合は終了となる。

5 不出頭等の制裁

開示義務者が正当な理由なく財産開示期日に出頭せず、又は当該期日において正当な理由なく宣誓を拒んだ場合は、30万円以下の過料に処せられる（民事執行法206条1項1号）。財産開示期日において宣誓した開示義務者が、正当な理由なく陳述すべき事項について陳述をせず、又は虚偽の陳述をした場合も同様である（同項2号）。[14]

申立人も、手続において得られた財産等に関する情報を債権行使以外の目的に利用提供した場合は、30万以下の過料に処せられる（民事執行法206条2項）。

6 制度運用状況及び民事執行法の改正

(1) 制度運用の状況

財産開示手続は、権利実現の実効性確保のため民事執行法平成15年改正において導入された制度であるが、現在、この手続が活発に利用されているとは言い難い状況にあり、申立件数も平成22年に1200件を超えたのを最後に徐々に減少し、平成26年は929件となっている。その理由としては、正当な理由

---

[14] 過料の制裁を科す場合、過料事件として執行裁判所が管轄する（民事執行法207条）。過料事件は裁判所の職権で開始され、財産開示事件当事者には申立権はないが、職権発動を促すことができ、東京地方裁判所（民事執行センター）の場合、当事者の上申書の提出を待って立件するか否かを審査している。裁判所は、裁判の前に当事者に陳述の機会を与え、検察官に意見を求める（非訟事件手続法120条2項）。過料についての裁判は、決定（理由を付する）でなされる（同条1項）。東京地方裁判所は、上申した当事者が希望すれば結果を通知する運用をしているとのことである。

なき開示拒否に対する制裁が 30 万円以下の過料とされているにすぎないため、債務者が財産開示に応じない例が少なからず見られることや、申立てにあたって強制執行の不奏功が要件とされているため（民事執行法 197 条 1 項 1 号、2 項 1 号）、前記のように債務者が開示に応じない可能性が考えられるにもかかわらず手間や費用をかけて財産開示の申立てをしようというインセンティブが働かないとみられること、などが考えられる。

(2) 民事執行法の改正

　財産開示手続にはこのような課題があることから、これを含む民事執行法の改正が進められており、平成 29 年 9 月に中間試案が公表され、さらに平成 30 年 8 月に改正要綱案がとりまとめられている。この中間試案及び改正要綱案においては、申立てに必要とされる債務名義を金銭債権についての強制執行申立てに必要な債務名義の全てに拡大する、現在 30 万円以下の過料となっている制裁を強化する、といった内容が盛り込まれている。

　また、財産開示手続の改正とあわせて、第三者からの情報取得制度の整備も進められており、金融機関から債務者の預貯金に関する情報を取得する、一定の公的機関から債務者の給与債権に関する情報（勤務先の名称、所在地）を取得できるようにする、といった内容が盛り込まれている。

　債権者にとって、権利実現のための執行の場面で、債務者財産を覚知し実効性のある強制執行を実現することは現状では容易ではなく、今後このような制度を充実させることにより、強制執行の実効性が高められていくことが期待される。

書式例 22　財産開示手続申立書

```
                    財産開示手続申立書
                                              ○年○月○日
○○地方裁判所民事部　御中

              申立人代理人弁護士　　○　○　○　○
```

第4編　判決を得た段階（確定前と確定後）にできる証拠収集

　　　当事者の表示　　　　　　　　　別紙目録のとおり
　　　請求債権の表示　　　　　　　　別紙目録のとおり

　申立人は、債務者に対し、別紙請求債権目録記載の執行力ある債務名義の正本に表示された上記請求債権を有しているが、債務者がその支払をせず、下記の要件に該当するので、債務者について財産開示手続の実施を求める。

記

1　民事執行法197条1項の要件
　申立人が、債務者の財産に対する強制執行を実施しても、以下の事情により、金銭債権の完全な弁済を得られない（甲3）。[15]
(1)　債務者は、○○を業としていた。
(2)　債務者の唯一の収入源は、営業店舗の売上げであった。そこで、申立人は、債務者に対する判決（○○地裁平成○年（ワ）第○○号）を債務名義として、この売上金に対する動産執行を行った。そして、申立人は当該強制執行により、合計金○○円を回収した（甲1）。しかし、この回収額は残債権額には到底満たないものであった。
　そして、債務者は、その後、平成○○年○月頃店舗を閉店した。このため、現在、債務者には収入源が存在しないと考えられる。
(3)　また、債務者は、金融機関に預金債権も有していた。そこで、申立人は、平成○○年○月に債務者の預金債権の差押えを行い、合計金○○円を回収した（甲2）。しかし、この回収額も残債権額には到底満たない額であった。

2　民事執行法197条3項の要件
　債務者が、本件申立ての日前3年以内に財産開示期日においてその財産について陳述したことを知らない。

証　拠　書　類
1　民事執行法197条1項の要件立証資料
(1)　甲第1号証　　　　　　　差押調書

---

[15] 書式例22は、2号要件を申立て理由とする場合（限定説による）のものである。また、2号要件では、たとえば「債務者に対する債権を担保するため、申立人は、知れている債務者の財産である土地及び建物に抵当権を有している。この債務者所有建物の固定資産税評価額は金○○円、その敷地の固定資産税評価額は金○○円であり、たとえ抵当権を実行したとしても請求債権の完済を得られないことは明らかである。」といった記載も考えられる。他方、1号要件の場合は、強制執行または担保権実行を行い、配当または弁済金交付を受けたが全額の弁済に至らなかった事実を記載することになろう。

第2章　財産開示手続

(2) 甲第2号証　　　　　第三債務者の陳述書
(3) 甲第3号証　　　　　報告書

```
　　　　　　　　　　添　付　書　類
1　証拠書類写し　　　　　　各1通
1　執行力ある債務名義の正本　1通
1　同送達証明書　　　　　　1通
1　判決確定証明書　　　　　1通
1　委任状　　　　　　　　　1通
　　　　　　　　　　　　　　　　　　　　以上
```

```
　　　　　　　　　当　事　者　目　録
〒○○○-○○○○　東京都○○区○○
　　　　　　　　　申　　立　　人　　○　○　○　○
〒○○○-○○○○　東京都○○区○○
　　　　　　　　　○○法律事務所
　　　　　　　　　電　話　　○○（○○○○）○○○○
　　　　　　　　　ＦＡＸ　　○○（○○○○）○○○○
　　　　　　　　　申立人代理人弁護士　　○　○　○　○
〒○○○-○○○○　東京都○○区○○
　　　　　　　　　債　　務　　者　　○　○　○　○
```

書式例23　質問事項書

```
○○年（財チ）第○○号財産開示手続申立事件
申立人　　○○○○
債務者　　○○○○
　　　　　　　　　　質　問　事　項　書[16)]

　　　　　　　　　　　　　　　　　　○○年○○月○○日

　　　　　　　　　　　申立人代理人弁護士　　○　○　○　○
```

273

第4編　判決を得た段階（確定前と確定後）にできる証拠収集

1　債務者が店舗を閉店したのは、具体的にいつ頃か。
2　閉店前は1日あたりどのくらいの売上があったのか。1月あたりだとどのくらいになるか。
3　閉店時に残っていた金額はどのくらいか。
4　債務者は、閉店後営業活動を行っていないはずなので、閉店時に残っていた店の売上金はそのまま残っているのではないか。
5　現在どのくらい売上が残っているのか。
6　残っている売上は、どこに保管しているのか。
7　費消した分は何に使ったか。

以　上

16）書式例23）は、質問事項書の作成例の1つで、債務者の財産が店舗営業の売上げによる現預金のみという前提で質問した場合である。債務者が不動産をかつて所有していたが売却した、というような場合、たとえば、①所有していた建物を平成〇年〇月〇日に売却したと聞いているが、その売却代金はいくらか、②その売却代金は現在どのくらい手元に残っているか、③残っていない分はどのような使途に消費されたのか、といった質問が考えられるであろう。

判例索引

大判昭和7年4月19日民集11巻671頁 …………………………177
最判昭和34年2月19日民集13巻2号174頁…………………165
最決昭和41年2月21日刑集158号321頁 …………………………204
最判昭和45年3月26日民集24巻3号165頁 ………………159、194、200
最判昭和45年12月4日集民101号627頁 …………………………173
東京地判昭和46年4月26日下民集22巻3・4号454頁………87
大分地判昭和46年11月8日判例時報656号82頁 ………………92
岐阜地判昭和46年12月20日判タ283号284頁 ………………29、30、31
高松高決昭和50年7月17日行裁集26巻7・8号893頁 ………245
最判昭和52年3月15日民集31巻2号234頁 ………………………12
東京高判昭和52年7月15日判タ362号241頁………………………86
大阪高決昭和53年3月6日高民集31巻1号38頁………………245
最判昭和53年9月7日刑集32巻6号1672頁 ……………………85
札幌高判昭和53年11月20日判タ373号79頁 ……………………12
東京高判昭和54年8月3日下民集30巻5〜8号366頁…………239
大阪高決昭和56年10月14日下民集32巻9〜12号1599頁………245
大阪高決昭和56年10月14日判時1046号53頁……………………239
広島地決昭和61年11月21日判時1224号76頁 ……………………127
東京地判平成元年11月10日判時1361号85頁 ……………………209
名古屋地判平成3年4月8日判時1408号105頁 ……………………87
東京地判平成3年6月27日判時1430号3頁…………………………75
広島地決平成6年2月28日判タ875号278頁 ………………………191
東京高決平成8年3月26日判時1566号37頁 ………………………245
東京高決平成9年5月20日判時1601号143頁 ……………………245
東京地決平成9年7月22日判時1627号141頁 ……………………246
東京高決平成10年7月7日高民集51巻2号25頁 …………………246
東京地決平成10年7月31日判時1658号178頁 ……………………246

判例索引

最判平成 10 年 9 月 10 日集民 189 巻 743 頁 ……………………………139
東京高決平成 10 年 10 月 5 日判タ 988 号 288 頁 ………………………246
東京地判平成 10 年 10 月 7 日判タ 1020 号 208 頁………………………209
東京高決平成 10 年 11 月 24 日金商 1058 号 3 頁 ………………………246
大阪高決平成 11 年 2 月 26 日金商 1065 号 3 頁 …………………………246
京都地決平成 11 年 3 月 1 日労判 760 号 30 頁 …………………………246
東京高決平成 11 年 6 月 9 日判タ 1016 号 236 頁 ………………………246
札幌地決平成 11 年 6 月 10 日金商 1071 号 3 頁 …………………………246
大阪地決平成 11 年 7 月 23 日金商 1117 号 18 頁 ………………………247
大阪高決平成 12 年 1 月 17 日判時 1715 号 39 頁 ………………………247
最判平成 12 年 3 月 10 日民集 54 巻 3 号 1073 頁 ……………158、179、247
大阪高決平成 12 年 3 月 28 日判時 1726 号 137 頁 ……………………247
東京地判平成 12 年 4 月 27 日判例マスター MASTER 0004270010 ………148
大阪高決平成 12 年 9 月 20 日家月 53 巻 7 号 134 頁……………………247
神戸地決平成 13 年 1 月 10 日判タ 1087 号 262 頁………………………247
最決平成 13 年 2 月 22 日集民 201 号 135 頁 ……………………………247
大阪高決平成 13 年 2 月 25 日金商 1141 号 32 頁 ………………………247
最決平成 13 年 12 月 7 日民集 55 巻 7 号 1411 頁 ………………………247
神戸地決平成 14 年 6 月 6 日労判 32 号 24 頁……………………………248
福岡高決平成 15 年 4 月 25 日判時 1855 号 114 頁 ……………………248
大阪高決平成 15 年 6 月 26 日労判 861 号 49 頁 ………………………248
東京高決平成 15 年 7 月 15 日判時 1842 号 57 頁 ………………………248
東京高決平成 15 年 8 月 15 日判時 1843 号 74 頁 ………………………248
東京地決平成 15 年 9 月 12 日判時 1845 号 101 頁 ……………………248
神戸地決平成 16 年 1 月 14 日労判 868 号 5 頁 …………………………248
金沢地決平成 16 年 3 月 10 日労判 903 号 14 頁…………………………249
東京高決平成 16 年 5 月 6 日判時 1891 号 56 頁 ………………………249
東京高決平成 16 年 8 月 16 日判時 1882 号 25 頁 ………………………249
東京地判平成 16 年 9 月 16 日判時 1876 号 65 頁 ………………168、249
大阪地決平成 16 年 10 月 13 日判時 1896 号 127 頁 …………………249

判例索引

大阪地決平成 16 年 11 月 12 日労判 887 号 70 頁 ……………………249
最決平成 16 年 11 月 26 日民集 58 巻 8 号 2393 頁 ………………250
大阪高決平成 16 年 12 月 27 日判時 1921 号 27 頁 ………………250
東京地決平成 17 年 4 月 8 日判タ 1180 号 331 頁 …………………250
大阪高決平成 17 年 4 月 12 日労判 894 号 14 頁 ……………………250
横浜地決平成 17 年 7 月 6 日金商 1237 号 35 頁 ……………………250
最決平成 17 年 7 月 22 日民集 59 巻 6 号 1837 頁 …………………250
広島地決平成 17 年 7 月 25 日労判 901 号 14 頁 ……………………250
東京高決平成 17 年 9 月 30 日金商 1237 号 33 頁 …………………251
最決平成 17 年 10 月 14 日民集 59 巻 8 号 2265 頁 ………………251
さいたま地決平成 17 年 10 月 21 日労判 915 号 114 頁……………251
東京高決平成 17 年 12 月 28 日労判 915 号 107 頁 …………………251
宇都宮地決平成 18 年 1 月 31 日金商 1241 号 11 頁 ………………251
最決平成 18 年 2 月 17 日民集 60 巻 2 号 496 頁 …………………251
東京高決平成 18 年 3 月 29 日金商 1241 号 2 頁……………………251
東京高決平成 18 年 3 月 30 日判タ 1254 号 312 頁 ………………252
福岡地決平成 18 年 6 月 30 日判時 1960 号 102 頁 ………………252
宇都宮地決平成 18 年 7 月 4 日金法 1784 号 41 頁 ………………252
東京地決平成 18 年 8 月 18 日金商 1282 号 65 頁 …………………252
東京地決平成 18 年 9 月 1 日金商 1250 号 14 頁……………………253
名古屋地決平成 18 年 12 月 19 日金商 1288 号 71 頁………………253
京都地判平成 19 年 1 月 24 日判タ 1238 号 325 頁 …………………31
大阪高判平成 19 年 1 月 30 日判時 1962 号 78 頁 …………3、4、30、168、171
東京高決平成 19 年 2 月 16 日金商 1303 号 58 頁 …………………253
大阪高判平成 19 年 2 月 20 日判タ 1263 号 301 頁 ……………167、193
本庄簡判平成 19 年 6 月 14 日判タ 1254 号 199 頁…………………242
最決平成 19 年 8 月 23 日集民 225 号 345 頁 ………………………253
横浜地決平成 19 年 9 月 21 日判タ 1278 号 306 頁 ………………253
最決平成 19 年 11 月 30 日民集 61 巻 8 号 3186 頁 ………………254
最決平成 19 年 12 月 11 日民集 61 巻 9 号 3364 頁 ………………254

判例索引

最決平成 19 年 12 月 12 日民集 61 巻 9 号 3400 頁 ……………………………254
東京高決平成 20 年 4 月 2 日金商 1295 号 58 頁 ……………………………254
大阪地判平成 20 年 5 月 29 日判例秘書 L06350097 …………………………242
名古屋地決平成 20 年 11 月 17 日判時 2054 号 108 頁 ………………………254
最決平成 20 年 11 月 25 日民集 62 巻 10 号 2507 頁 …………………………254
最判平成 21 年 1 月 22 日民集 63 巻 1 号 228 頁 ………………………………15
知財高判平成 21 年 1 月 28 日判時 2045 号 134 頁 …………………………242
名古屋地決平成 21 年 9 月 8 日判時 2085 号 119 頁 …………………………255
さいたま地川越支判平成 22 年 3 月 4 日判時 2083 号 112 頁 ………167、193
最判平成 22 年 4 月 13 日集民 234 号 31 頁 ……………………………………21
東京地決平成 22 年 5 月 6 日金商 1344 号 30 頁 ……………………………255
東京地決平成 22 年 5 月 11 日判時 2080 号 44 頁 …………………………255
東京地決平成 22 年 5 月 13 日判タ 1358 号 241 頁 …………………………255
東京高決平成 22 年 7 月 22 日判時 2106 号 37 頁 …………………………255
さいたま地決平成 22 年 8 月 10 日民集 65 巻 3 号 1300 頁 ………………255
東京高判平成 22 年 9 月 29 日判タ 1356 号 227 頁 ……………………18、30
岐阜地判平成 23 年 2 月 10 日金法 1988 号 145 頁 ……………………………31
東京高判平成 23 年 3 月 30 日金法 1922 号 92 頁 …………………………260
最決平成 23 年 4 月 13 日民集 65 巻 3 号 1290 頁 …………………………255
最判平成 23 年 9 月 20 日民集 65 巻 6 号 2710 頁 …………………………260
東京地決平成 23 年 10 月 17 日判タ 1366 号 243 頁 ……………………243、256
名古屋地決平成 23 年 12 月 27 日裁判所ウェブサイト ……………………256
仙台地決平成 24 年 2 月 3 日裁判所ウェブサイト …………………………256
名古屋地決平成 24 年 2 月 27 日裁判所ウェブサイト ……………………256
東京地判平成 24 年 3 月 27 日ウエストロー 2012WLJPCA03278024 …………90
東京高決平成 24 年 4 月 17 日金商 1395 号 40 頁 …………………………256
大阪地決平成 24 年 6 月 15 日判時 2173 号 58 頁 …………………………256
福井地決平成 24 年 9 月 4 日金法 1992 号 97 頁 …………………………256
東京高判平成 24 年 10 月 24 日判時 2168 号 65 頁 ……………168、169、171
東京高決平成 24 年 11 月 16 日労判 1102 号 9 頁 …………………………257

奈良地決平成 25 年 1 月 31 日判時 2191 号 123 頁……………………………257
東京高判平成 25 年 4 月 11 日金法 1988 号 114 頁 ……………………………30
名古屋高決平成 25 年 5 月 27 日裁判所ウェブサイト ………………………257
大阪高決平成 25 年 6 月 19 日労判 1077 号 5 頁………………………………257
大阪高決平成 25 年 7 月 18 日判時 2224 号 52 頁 ……………………………257
福岡高判平成 25 年 9 月 10 日判時 2258 号 58 頁 ………………………………30
大阪高決平成 25 年 10 月 4 日判時 2215 号 97 頁 ……………………………257
最決平成 25 年 12 月 19 日民集 67 巻 9 号 1938 頁……………………………257
東京地判平成 26 年 3 月 28 日判例秘書 L07130043 …………………………242
横浜地決平成 26 年 5 月 30 日判時 2252 号 48 頁 ……………………………257
東京地判平成 26 年 6 月 20 日裁判所ウェブサイト……………………………88
最判平成 26 年 7 月 14 日判時 2242 号 51 頁…………………………………239
最判平成 26 年 7 月 17 日民集 68 巻 6 号 547 頁………………………………74
東京高決平成 26 年 8 月 8 日判時 2252 号 46 頁………………………………258
最決平成 26 年 10 月 29 日集民 248 号 15 頁…………………………………258
名古屋高判平成 27 年 2 月 26 日判時 2256 号 11 頁 ………………………19、31
東京地決平成 27 年 7 月 27 日判時 2280 号 120 頁……………………………258
東京高判平成 28 年 5 月 19 日ウエストロー 2016WLJPCA05196004 ………90
知財高決平成 28 年 8 月 8 日裁判所ウェブサイト……………………………258
東京地裁平成 28 年 10 月 17 日ウエストロー 2016WLJPCA10178005………94
最判平成 28 年 10 月 18 日民集 70 巻 7 号 1725 頁………………………19、31
大阪高決平成 28 年 11 月 24 日判タ 1434 号 80 頁……………………………258
東京地判平成 28 年 11 月 30 日ウエストロー 2016WLJPCA11308023………94
名古屋高判平成 29 年 6 月 30 日判時 2349 号 56 頁……………………………18

事項索引

■英数字

23条照会　2、194
DNA鑑定　73、204
DV等支援措置　48、165

■ア行

意見書　80
意見聴取　116
意見陳述の嘱託　119
意匠　101
医療過誤事件　80
イン・カメラ手続　240
訴え提起前の証拠収集処分としての調査嘱託　171
訴えの提起前における照会　104
訴えの提起前における証拠収集処分　113

■カ行

開示義務者　266-270
開示請求手数料　65
開示請求の拒否　65
改製原戸籍　38
過料　270
鑑定　195
鑑定嘱託　171、200
鑑定費用　197、209、210

カンファレンス鑑定　199、201
関与決定　214
関与決定の取消し　217
休日送達　141
強制執行　263、264、271
強制執行の不奏功　264、271
行政文書　68
記録　125
記録の提示　177
刑事事件記録　24、95
現況調査の命令　120
検証　8、222
検証協力義務　227
検証受忍命令　225
検証調書　231
検証物提示命令　225
建築紛争　79
公示送達　139、141、266
公務秘密文書　240
個人情報保護委員会　4
戸籍個人事項証明書　37
戸籍抄本　37
戸籍全部事項証明書　37
戸籍謄本　37
戸籍の附票　39
固定資産課税台帳　56
固定資産評価証明書　56

事項索引

■サ行

財産開示期日　266、269、270
財産開示手続　263、268、270、271
財産目録　267
裁判所の釈明処分としての調査嘱託　171
債務名義　263、271
執行力のある債務名義　264、265
質問権　268、269
質問事項書　269
実用新案　101
私的鑑定　72、207
釈明権　149
住民基本台帳　40
住民票　38
住民票記載事項証明書　39
住民票の除票　39
照会事項に対する回答　108
照会者　110
証拠保全　8、115、121、228
証拠保全の事由　123
証拠保全の費用　126
証人尋問　136
商標　101
職務上請求　24、36
除籍個人事項証明書（除籍抄本）　37
除籍全部事項証明書（除籍謄本）　37
専門委員　213

送達　138
送達の不奏功　138
送達場所　138、141
疎明　127、264、265
疎明資料　265

■タ行

担保権の実行　264
調査嘱託　28、119、152、189、191、201
調査報告書　79
賃料増減額請求の相当賃料の算定　78
付郵便送達　138、141
定額小為替　46、59
同意書　167、188、193
当事者照会　8、144
特許　101

■ハ行

反社会的勢力　98
被照会者　111
筆跡鑑定　75、204
不開示事由　66
文書送付嘱託　16、119、167、173、225
文書提出命令　8、194
弁護士会照会　99、
弁護士法23条の2による照会　115
報告書　140、265
暴力団　98

事項索引

■マ行
面接　128

■ヤ行
予告通知　104

執筆者一覧

名前・執筆担当章
① 肩書・所属弁護士会
② 所属事務所
③ 所属委員会
④ 出身大学／法科大学院

阿久津　透　　第1編第7章、第3編第4章・第6章
① 　弁護士（東京弁護士会）
② 　今村記念法律事務所
③ 　東京弁護士会民事訴訟問題等特別委員会
④ 　慶應義塾大学法学部法律学科、中央大学法科大学院

木下　貴博　　第2編第4章、第4編第2章
① 　弁護士（東京弁護士会）
② 　四谷栄法律事務所
③ 　東京弁護士会民事訴訟問題等特別委員会、東京弁護士会中小企業法律支援センター
④ 　早稲田大学法学部

寺﨑　京　　第1編第1章・第6章、第4編第1章
① 　弁護士（東京弁護士会）
② 　りべる総合法律事務所
③ 　東京弁護士会民事訴訟問題等特別委員会
④ 　明治大学法学部

永石　一恵　　第1編第2章・第3章・第5章
① 　弁護士（東京弁護士会）
② 　永石一郎法律事務所
③ 　東京弁護士会民事訴訟問題等特別委員会、日本弁護士連合会民事裁判手続に関する委員会（幹事）
④ 　慶應義塾大学法学部法律学科、明治大学法科大学院

長濱　晶子　　第2編第1章・第3章
① 　弁護士（東京弁護士会）
② 　長濱・水野・井上法律事務所
③ 　東京弁護士会民事訴訟問題等特別委員会、日本弁護士連合会民事裁判手続に関する委員会（幹事）
④ 　早稲田大学政治経済学部政治学科

林　　康弘　　第3編第2章・第3章
① 　弁護士（東京弁護士会）
② 　沙門外国法共同事業法律事務所
③ 　東京弁護士会民事訴訟問題等特別委員会、企業法実務研究会、賠償・補償・保険法判例研究会
④ 　中央大学法学部法律学科、慶應義塾大学大学院法務研究科

松原　崇弘　　第1編第4章、第2編第1章
① 　弁護士（東京弁護士会）
② 　岩田合同法律事務所
③ 　東京弁護士会民事訴訟問題等特別委員会、日本弁護士連合会民事裁判手続に関する委員会（幹事）
④ 　早稲田大学法学部、中央大学法科大学院

矢作　和彦　　第3編第1章・第5章
① 弁護士（東京弁護士会）
② 矢作・市村法律事務所
③ 東京弁護士会民事訴訟問題等特別委員会、東京弁護士会労働法制特別委員会
④ 早稲田大学法学部、ロンドン大学キングス・カレッジ大学院（LL.M）

山﨑雄一郎　　第3編第7章
① 弁護士（東京弁護士会）
② みとしろ法律事務所
③ 東京弁護士会民事訴訟問題等特別委員会、東京弁護士会法曹養成センター、日本弁護士連合会債権回収会社に関する委員会
④ 明治大学法学部

民事証拠収集
——相談から執行まで

2019年3月20日　第1版第1刷発行

編　者　民事証拠収集実務研究会

発行者　井　村　寿　人

発行所　株式会社　勁草書房
112-0005　東京都文京区水道2-1-1　振替　00150-2-175253
（編集）電話　03-3815-5277／FAX　03-3814-6968
（営業）電話　03-3814-6861／FAX　03-3814-6854
大日本法令印刷・中永製本

©Minjishoukoshuushuujitsumukenkyukai　2019

ISBN978-4-326-40364-6　　Printed in Japan

JCOPY　〈出版者著作権管理機構　委託出版物〉
本書の無断複製は著作権法上での例外を除き禁じられています。
複製される場合は、そのつど事前に、出版者著作権管理機構
（電話　03-5244-5088、FAX　03-5244-5089、e-mail: info@jcopy.or.jp）
の許諾を得てください。

＊落丁本・乱丁本はお取替いたします。

http://www.keisoshobo.co.jp

喜多村勝德
契約の法務（第2版） …… 3,300 円

喜多村勝德
損害賠償の法務 …… 3,500 円

丸橋透・松嶋隆弘　編著
資金決済法の理論と実務 …… 4,800 円

ロタ・ディターマン　渡邊由美ほか　訳
データ保護法ガイドブック …… 4,000 円
―グローバル・コンプライアンス・プログラム指針

宮下　紘
EU一般データ保護規則 …… 4,000 円

クリス・フーフナグル　宮下紘ほか　訳
アメリカプライバシー法 …… 5,000 円
―連邦取引委員会の法と政策

松尾剛行
最新判例にみるインターネット上の名誉毀損の理論と実務（第2版） …… 5,500 円

第二東京弁護士会情報公開・個人情報保護委員会　編
AI・ロボットの法律実務Q＆A …… 3,500 円

―――― 勁草書房刊

＊表示価格は2019年3月現在。消費税は含まれておりません。